JN299226

マンションの社会学

住宅地図を活用した社会調査の試み

大谷信介
［編著］

ミネルヴァ書房

はじめに

　本書は，日本の「マンション」および「マンション居住者」の実態を，新たな社会調査手法を用いて解明しようとした研究書である。
「マンション」という言葉自体，とても不思議な言葉である。英語のmansionは，中世のイギリス荘園領主の邸宅という意味や，アメリカでは「豪壮な大邸宅」を意味する言葉として使われており，和製英語「マンション」が意味する内容とは全く異なっている。また，「マンション」に類似する言葉として「アパート」「共同住宅」「集合住宅」など数多くの言葉が存在している。これらの概念を正確に定義することだけでも，おそらく膨大な研究書が必要となる課題と考えられる。日常会話でよく使われてきた「集合住宅」を意味する言葉は，1960年代以前では，「アパート」という言葉が一般的であったようだが，その後「マンション」という言葉が普及してきたような印象もある。また賃貸の集合住宅を「アパート」，分譲のものを「マンション」といったイメージで使われているような印象もあるのである。本書では，こうした問題を不問にしたままで，「一戸建て」以外の住宅すべてをとりあえず「マンション」と位置づけ，その実態を正確に捉えようと試みたものである。それでも「共同住宅」や「集合住宅」よりは「マンション」という言葉の方が圧倒的に「なじみ」のある言葉であることを鑑み，本の題名は『マンションの社会学』とすることとした。
　本書の最大の特徴は，学部学生が調査を実施し，その結果を分析し，学部学生自身が原稿を執筆して出版したという点にある。具体的には2008年の調査実施時に，関西学院大学社会学部大谷ゼミ（研究演習）に所属していた4年生23名，3年生20名とゼミ履修予定の2年生21名が，「西宮マンション調査」を実施した。調査時には1年生だった16名も3年次以降ゼミに入り分析作業を進め最終的に原稿を完成させた。執筆作業には，2011年に大学院博士前期課程に入

学した山岸知弘も参加した。すなわち2007年の4月からマンション調査の調査設計を開始し，2008年11月に調査を実施し，追跡調査や解析作業，執筆作業を進め，2012年3月に出版できることになったのである。このように本書は，丸5年の歳月と総勢81名の学生の力を結集して完成させたものである。一連の調査・分析・論文作成・編集・校正作業に関わったゼミ構成員は以下の通りである。

・調査時4年生（2009年卒業生23名）
青木香保里・浅田祐輔・家田雪奈・磯部南・太田光俊・奥友美・門裕美・北野早希子・國貞理恵・後藤美保・澤田有里・白藤貴宏・竹谷絵梨子・都竹菜穂・西良子・根本哲郎・野中祐史・深森雅昭・藤本正太・槙原達浩・松本祥子・三浦麻貴・山岡美香
・調査時3年生（2010年卒業生20名）
大岡実紗・大迫真美・大澤華子・大杉実可・笠原久嗣・小舘稔大・谷麻祐美・田之頭佳寛・塚原春・筒井達也・中井庸介・沼田舞子・広山景子・福田緑子・船越悠作・松原一裕・南絵里子・宮本悠乃・青井大樹・和田龍郎
・調査時2年生（2011年卒業生21名）
岩木静穂・岩岸亮太・遠藤聡・岡本翔太・奥田恵莉・織田崇司・尾辻未来・河合里香・風貴久・後藤貴弘・小林邦彰・武田眞由・高田絵里佳・中治理愛子・橋本充弘・福井竜平・藤原遥香・的場俊・真鍋芳紀・山下久美・吉田瑛美
・調査時1年生（2012年卒業16名）
上田真規子・上村香南子・表田浩明・木村恵・桜井藍・土屋悠・豊田桂子・中前勇太・長谷川卓也・日野原駿・藤尾綾子・牧野杏里・松岡泰昌・武藤諒・矢野広樹・山本香菜子
・（大学院博士前期課程1年）山岸知弘

　一連の調査・分析作業は，週2コマ2年間の授業科目（3年時＝研究演習Ⅰ・社会調査実習Ⅰ，4年時＝研究演習Ⅱ・社会調査実習Ⅱ）の一環として

はじめに

進められた。社会調査実習Ⅰは，社会調査協会の社会調査士資格認定科目Ｇ科目として申請した科目である。Ｇ科目は，調査協会によって「調査の企画から報告書の作成までにまたがる社会調査の全過程をひととおり実習を通じて体験的に学習する授業」と位置づけられている。しかし実際に報告書を作成するまででも，90分×30週では足りないのが現実で，その4倍の週2コマ2年間でやっと報告書にまとめることができたのが実情である。各学年の卒業論文を再編集して完成させた報告書は次の3冊にまとめられている。

2011年卒業生報告書『マンションの社会学――西宮マンション調査による実態把握』関西学院大学社会学部大谷研究室，2011年3月（160頁）。
2010年卒業生報告書『西宮マンション居住に関する社会学的研究――西宮アパート・マンション調査報告書（2）』関西学院大学社会学部大谷研究室，2010年3月（184頁）。
2009年卒業生報告書『西宮アパート・マンション調査報告書――新たな社会調査手法への挑戦』関西学院大学社会学部大谷研究室，2009年3月（135頁）。

　本書は，上記の3冊の報告書をベースとして，さらなる追加調査・解析作業を加え，出版に堪える最終原稿に仕上げたものである。大谷ゼミでは，以前にも学生が実施した調査研究を出版したことがある。大谷信介編著『これでいいのか市民意識調査――大阪府44市町村の実態が語る課題と展望』（ミネルヴァ書房，2002年）である。10年前のこの時は，2001年時点の4年生（20名）と3年生（30名）によって，調査実施を含めて丸2年で出版にこぎつけている。当時と今回とで大きく異なっているのは，未曾有の就職氷河期であったという事実である。ほぼ調査実施時直前に起こったリーマンショック以降，2010年卒業生以降の学生たちは，本業である勉学のほかに厳しく長い就職活動を強いられてきたのである。10年前に比べ出版までに倍以上の歳月を必要とした事実は，就職活動が大学教育を圧迫している現実を象徴的に示しているといえるだろう。大学生が不景気な時期に卒業を迎えるということだけで，勉学環境が制限され

iii

てしまっている実態は，まったく理不尽なことでありわが国の深刻な問題と位置づけられる。早急にこの問題が打開されるよう，大学（教育機関）を挙げて取り組んでいかなければならないと痛感している。

　本書ができるまでに最も苦労したのは，前回の出版の時と同様，やはり執筆作業であった。今回は，前回よりも読みやすい文章を目指して執筆することを皆で心がけた。しかし，最初にミネルヴァ書房に原稿を提出した2011年11月8日時点から，最終原稿に変えていくまでの3か月間は，本当に大変な毎日の連続であった。10年前の前回は，電子メールの便利さに驚いた記憶があるが，今回はそれに加えてスカイプが大活躍したのである。学生たちは，ほぼ毎晩のようにスカイプで議論を繰り返し，原稿を出版に堪えうる完成稿に仕上げていった。その過程では，メールで送られた学生の原稿に，私が赤を入れメールで返信した後に，スカイプで皆で議論するという作業が，授業時間以外に相当数続いたのである。夜型の学生と朝型の私でスカイプ開始時間が，夜10時からか9時からかでせめぎ合っていたことが印象深く思い出される。この過程が学生にとっても私にとっても，本当に忍耐の要る作業であったといえるだろう。

　各章の執筆担当者は，以下の通りである。下線を引いてあるのが最終執筆者で，名前が掲載されているのが，最終原稿のもととなった報告書論文を執筆した者である。

執筆担当者（下線が最終執筆者）
　はじめに　<u>大谷信介</u>
　第1章　<u>山本香菜子</u>・尾辻未来・遠藤聡・和田龍郎・北野早希子
　第2章　<u>土屋悠</u>・吉田瑛美・風貴久・塚原春
　第3章　<u>牧野杏里</u>・上村香南子・日野原駿・橋本充弘・真鍋芳紀
　第4章　第1節　<u>長谷川卓也</u>・後藤貴弘・松原一裕・竹谷絵梨子・後藤美保
　　　　　第2節　<u>上田真規子</u>・岩木静穂・磯部南・山岡美香
　第5章　<u>松岡泰昌</u>・藤尾綾子・河合里香・太田光俊・白藤貴宏・三浦麻貴
　第6章　<u>豊田桂子</u>・木村恵・武藤諒・中前勇太・桜井藍・表田浩明・山岸知弘

はじめに

第7章　山岸知弘・上村香南子
終　章　大谷信介
巻末資料・データ監修　矢野広樹

　第1章から第7章までの文章は，最終的にすべて学生が書いたものであるが，内容についてはすべて大谷がチェックを入れており，論文の責任は一切大谷にあると理解していただきたい。なお，調査にかかった経費（交通費等の実費）は，この調査が2005－2008年度日本学術振興会科学研究費基盤研究（A）「危機的調査環境下における新たな社会調査手法の開発」（研究代表者，大谷信介）の一環として実施されたため，その研究費を使用した。
　本書の出版にあたっては，数多くの方々にお世話になった。科学研究費の共同研究者であった後藤範章（日本大学教授）・木下栄二（桃山学院大学教授）・小松洋（松山大学教授）の3人の先生には，研究会を通じて，調査設計，論文作成過程でさまざまなコメントをいただいた。また「マンション調査」の実施過程では，前西宮市都市局長森田順氏および西宮市役所住宅政策グループの方々，とくに正井陽子氏にはデータ提供を含め学生の度重なる訪問にも親身に対応していただいた。長時間にわたって調査の回答に協力してくださった西宮市民の皆様を含め一連の調査にご協力いただいたすべての方々に対して，この場を借りてお礼を申し述べたいと思う。
　最後に，学生が執筆するという本書の意義をよく理解していただき，学生の卒業式に間に合うように社長みずから出版作業を進めていただいたミネルヴァ書房杉田啓三社長と編集の柿山真紀氏にはとくに感謝を申し上げたい。

2012年1月19日

大谷信介

マンションの社会学
——住宅地図を活用した社会調査の試み——

目　次

はじめに

第1章　マンションに関する住宅政策と既存統計データ……1

第1節　戦後日本の住宅政策と共同住宅の実態……1
- 1 戦後の住宅政策の特徴……2
- 2 既存研究……3

第2節　マンションについての統計データはどのようなものがあるか……5
- 1 国が実施している共同住宅に関するデータ……5
- 2 市が実施・管理しているデータ——西宮市役所の場合……10
- 3 都道府県がもつデータとは……12
- 4 その他のデータ……13

第3節　既存統計データの活用と限界……15
- 1 国勢調査を使ったデータ分析の可能性……16
- 2 民間データを再入力して理解できること……22

第2章　住宅地図から作成した「西宮マンションデータベース」……27

第1節　ゼンリン住宅地図への注目……27
- 1 ゼンリン住宅地図の概要……27
- 2 住宅地図は利用可能なのか——高松調査の結果から……29
- 3 住宅地図の実験的利用——西宮調査の実施……33

第2節　「マンションデータベース」の作成……35

第3節　西宮市にはどのようなマンションが存在しているのか……39
- 1 データベースで判明した西宮マンションの特徴……39
- 2 マンションデータベースで「分譲」「賃貸」は判別できるか……46

第4節　マンションデータベースはどの程度信頼できるのか？……49
- 1 公的データとの照合……49
- 2 公的データとの照合結果……51

目　次

第3章　西宮市におけるマンション空間立地分析 …………… 59
第1節　西宮市の概要と都市計画による規制 ……………………… 59
1　西宮市の地理的概況 ……………………………………………… 59
2　西宮市の都市計画 ………………………………………………… 63
第2節　マンションデータベースへの項目追加手順 ……………… 65
第3節　西宮市のマンションの空間的分析 ………………………… 70
1　立地条件でみる西宮市のマンション …………………………… 70
2　用途地域情報からみる西宮市のマンション …………………… 78

第4章　複数年住宅地図を利用した経年変化分析 …………… 85
第1節　西宮市における社宅の減少とその実態 …………………… 85
1　社宅は減少しているのか？ ……………………………………… 85
2　西宮市「社宅データベース」作成過程 ………………………… 91
3　西宮市にある社宅はどのように減少しているのか？ ………… 92
第2節　マンション建設の増加が与える社会問題──大社校区の事例… 104
1　マンション建設が与える影響とは ……………………………… 104
2　校区変更問題に対する西宮市役所の説明 ……………………… 106
3　複数年分の住宅地図を活用した校区変更問題の分析 ………… 112
4　城山のマンション建設の実態 …………………………………… 118
5　用途地域制・校区変更という市の政策 ………………………… 120

第5章　西宮アパート・マンション調査の実験的試み ……… 123
第1節　調査概要──どのような実験的試みをしたのか ………… 123
第2節　マンション調査の設計・準備 ……………………………… 126
1　サンプリング設計 ………………………………………………… 126
2　調査票の作成 ……………………………………………………… 132
第3節　マンション調査の実査作業 ………………………………… 138
1　実査にあたっての作業 …………………………………………… 138

ix

2　実際の配布状況……………………………………………………… 143

第4節　回収率・受け渡し成功率が良かったマンション…………… 145
　　　1　回収状況と「回収率」……………………………………………… 145
　　　2　どのようなマンションで調査がしやすかったか……………… 146
　　　3　「オートロック付きマンション」では回収率が低下するのか…… 150

第5節　アパート調査の企画と結果の分析………………………………… 152
　　　1　アパート調査の概要――アパート調査設計の考え方………… 152
　　　2　アパート調査の設計・準備……………………………………… 153
　　　3　回収状況…………………………………………………………… 154
　　　4　回収できた標本――アパートとマンションの違い…………… 155

第6節　「マンション調査」「アパート調査」が抱える問題点……… 158
　　　1　マンション調査の問題点………………………………………… 158
　　　2　アパート調査の問題点…………………………………………… 160

第6章　回収票が語る西宮マンションの特徴……………………… 163

第1節　居住形態別特徴――分譲・賃貸・公営・社宅の特徴………… 164
　　　1　階数と間取り……………………………………………………… 164
　　　2　家賃・購入価格・年収…………………………………………… 166
　　　3　居住年数・年齢…………………………………………………… 168

第2節　マンション居住者の特徴………………………………………… 170
　　　1　誰と暮らしているのか…………………………………………… 170
　　　2　働き方と年収……………………………………………………… 173
　　　3　どのように暮らしているのか…………………………………… 177

第3節　マンション居住者の近隣関係…………………………………… 181
　　　1　居住形態別の特徴………………………………………………… 181
　　　2　過去の調査との比較……………………………………………… 182
　　　3　質問項目の妥当性の検証………………………………………… 187

目　次

第7章　マンション居住者の移動実態……………………………………193
　　第1節　マンション居住者はどこから来たのか………………………193
　　　　1　マンション居住者の出身地……………………………………193
　　　　2　どこからどのように来たのか…………………………………195
　　第2節　西宮マンション居住者の通勤実態……………………………197
　　　　1　調査票の回答者本人の通勤実態………………………………197
　　　　2　夫婦共働きの通勤実態…………………………………………200
　　第3節　マンション居住者の転居と住居選定要因……………………203
　　　　1　マンション居住者の転居パターン……………………………203
　　　　2　マンション居住者の住居選定要因……………………………210
　　第4節　マンション居住者の将来像……………………………………217

終　章　「西宮マンション調査」が提起している実践的課題………223
　　第1節　今後の「調査方法論」に示唆的な問題提起…………………223
　　　　1　「住宅地図」を使った共同住宅標本調査……………………224
　　　　2　「調査実施過程」で明らかとなったファインディングス……228
　　第2節　「西宮マンション研究」が明らかにした「住宅政策」の課題…230
　　　　1　「市内にマンションが何棟あるかわからない」という現実……231
　　　　2　西宮市のマンションの実態と今後の課題……………………234

巻末資料……………………………………………………………………239

第1章
マンションに関する住宅政策と既存統計データ

第1節　戦後日本の住宅政策と共同住宅の実態

表1-1は，国勢調査の「住宅の建て方」から世帯数の推移を表したものである。図書館の文書データと総務省統計局のホームページの双方を利用して1980～2005年の5年ごとの総世帯数と各建て方の世帯数を調べ，それを時系列に並べて1つの表にまとめたものである。この質問自体が1980年から始まったため，これ以前のデータは存在しない。この表をみると，1980年に25.6%だった共同住宅率がわずか25年後の2005年には39.5%にまで増えていることがわか

表1-1　住宅の建て方別一般世帯数の推移　(単位は万)

年	総世帯数	一戸建て	長屋建て	共同住宅	その他
1980	3,401 (100%)	2,203 (64.8)	313 (9.2)	871 (25.6)	14 (0.4)
1985	3,664 (100%)	2,344 (64.0)	278 (7.6)	1,033 (28.2)	10 (0.3)
1990	3,932 (100%)	2,433 (61.9)	228 (5.8)	1,261 (32.1)	10 (0.3)
1995	4,261 (100%)	2,534 (59.5)	207 (4.9)	1,513 (35.5)	8 (0.2)
2000	4,569 (100%)	2,675 (58.5)	172 (3.8)	1,711 (37.4)	11 (0.2)
2005	4,817 (100%)	2,753 (57.2)	154 (3.2)	1,901 (39.5)	8 (0.2)

(出典)　「国勢調査」をもとに作成。

る(2)。いまや共同住宅に住む世帯数は，全世帯数の約4割を占めているのである。これはわが国の住宅事情における大きな変化であり，着目すべき点である。しかし，こうした共同住宅に住む国民が増えているという事実は，これまであまり注目されてこなかったし，その実態や原因が実証的に研究されることもほとんどなかった。

1 戦後の住宅政策の特徴

　日本の住宅政策が本格的に始まったのは戦後である。戦争によって住宅の多くが消失したこと等を理由に，日本は深刻な「住宅不足」に陥っていた。住宅不足を解消するため，さまざまな住宅政策が実行され，1980年代に入ると「住宅余剰」の時代を迎えた。今日でも都市部を中心にマンション建設が進み，空家が多く存在する問題が生じている(3)。このように多くの空家が存在するようになった原因として，住宅政策の問題がある。住宅研究を続けてきた平山洋介は，「政府の住宅政策は，1950年代に体系化され，住宅金融公庫法（1950年），公営住宅法（1951年）および日本住宅公団法（1955年）の「三本柱」を中心手段とした。住宅金融公庫は，中間層の持家取得に低利の住宅ローンを供給した。地方公共団体は低所得者のために低家賃の公営住宅を建設し，住宅公団は大都市の中間層に向けて集合住宅の団地を開発した」と述べている。平山氏によると，前世紀の後半という限られた時期に成立したパターンをライフコースの社会標準とみなし，その保全を目指してきたのが，戦後日本の住宅システムである。住まいの条件を再構築するには複数のライフスタイルを中立的に支える必要があるが，現実は，社会標準とみなされた以外のライフスタイルには厳しいもので，日本には低所得者が利用可能な住宅が依然として少なく，「住宅余剰」の中に「住宅不足」が存在しているのが実態であるとしている(4)。
　こうした戦後日本の住宅政策の特徴を整理してみると，次の2点にまとめることが可能であろう。

(1) 金融政策として行われた住宅政策

　1950年に長期低利資金の融資による住宅建設の促進を目的として，住宅金融公庫法がつくられた。このように戦後の住宅政策は，中間層の持家取得を支援するという金融政策として進められた。住宅金融公庫の金利は1965年の5.5%から2003年には2.6%へ変遷しているが，多くの国民が住宅ローンを組んで住宅を取得してきたのは確かな事実である。

(2) バラバラな主体による住宅建設

　日本の住宅政策の中心的な目的となってきたのは，「住宅ストックを増やすこと」であった。1955年に住宅公団がつくられ，その後数多くの集合住宅の団地やニュータウンが開発されてきた。地方公共団体は公営住宅を建設し，これによりこれまで持家を持てなかった低所得者層も住居を手にすることができるようになったが，量的にはきわめて不十分なものであった。分譲マンションの建設については，基本的に民間企業に任せ，1980年代には「住宅余剰」の時代を迎えたにもかかわらず，その後も規制緩和等によって多くのマンションが建てられてきているのが実態である。

　このように戦後日本の住宅政策は，金融政策，公営住宅・ニュータウン開発，建築規制や規制緩和による民間開発規制政策等が，個別独立的に複数の主体によってバラバラに展開されてきたと位置づけられる。すなわち，市町村住民や大都市圏住民が「どのように〈住まう〉のが望ましいのか」という視点から，総合的に住宅政策が展開されてきたことはまったくなかったのである。その結果，「住宅余剰」の一方で「住宅不足」が存在するという実態や，「景観破壊」・「空家問題」等のさまざまな問題が，現在深刻な住宅問題として山積しているのである。

2　既存研究

　わが国の共同住宅に関する先行研究は，建築学，居住学，都市計画学，法律

学をはじめさまざまな問題関心から研究が進められてきた。社会学領域でも共同住宅に関する研究は，比較的古くから「団地研究」として進められてきた。団地という新しい居住形態が問題となったのは，1955年以降である。東京都市社会学研究会（代表，古屋野正伍）は，「社会学者は，比較的よく団地社会を問題にし，調査研究している」として，1955年から1968年にかけて発表された48の研究論文をリストアップしている。そして「団地が問題にされるゆえんは，都市の新しい，あるいは典型的な，社会関係，社会意識，自治活動，ひいてはコミュニティのあり方を，団地は示しているのではないか，といった点にある」と述べている。このような問題関心は，その後の都市社会学研究でも一貫して進められ，共同住宅は一つの居住形態として位置づけられるようになっていった。マンションという言葉が自覚的に取り上げられたのは，倉沢進編『大都市の共同住宅——マンション・団地の社会学』においてであった。その本に所収されている竹中英紀の「ニュータウンの住宅階層問題」という論文は，練馬区の旧米軍住宅跡地に建設された中高層集合住宅団地「光が丘パークタウン」を対象として，都営住宅・公団賃貸住宅・公団分譲住宅住民を調査し，住宅種別間に明確な格差が存在することを指摘した。この研究は，共同住宅を総合的に捉え比較したという意味で新しい分析視点を提示したものといえる。1990年代に入ると，再都市化の文脈から都心の大規模高層マンションを対象としたウォーターフロントシティ調査をはじめとする調査が実施されている。これらの問題関心は，都心の再開発事業とアッパーミドル層の生活様式の関連にあったといえる。最近では，「都心回帰」の文脈から，大阪中心部のタワーマンションを対象とした調査が，鰺坂学によって進められている。この調査の問題関心も，京阪神地区の都心回帰の検証という点にあったと位置づけられる。

　以上，社会学領域でのマンションに関わる調査研究では，基本的に都市化の段階ごとの居住者の生活様式やコミュニティ形成の問題が取り扱われてきたといえる。郊外化段階の「団地研究」，再都市化段階での「ウォーターフロント調査」，都心回帰段階での「タワーマンション調査」はまさにその典型といえるだろう。そのことは，これまでの研究では，ある地域に存在する共同住宅を

網羅的に調べ,「都市住民がどのように住まっているのか」の実態把握から,住宅政策の在り方を問い直すといった研究がほとんどなされてこなかったということである。

第2節　マンションについての統計データはどのようなものがあるか

　表1-1からもわかるようにわが国の共同住宅率は年々増加しており,マンションについて知ることが重要であるといえる。では,国や市役所が,マンションに関してどのような統計データを作成しているのか。そしてそれらはどのように利用することが可能で,それらのデータによってどのようなことが理解できるのだろうか。この節では,わが国のマンションに関する統計データを,国,市町村,都道府県,その他のデータに分けて整理し,それぞれの特徴について言及する。

1　国が実施している共同住宅に関するデータ

　わが国ではこれまで,多くの官庁統計が実施され,結果が公表されてきた。今ではその結果の多くが,インターネットを使って閲覧可能である。方法としては,独立行政法人,統計センターが運用管理する「政府統計の総合窓口」にアクセスし,「統計データを探す」というところから検索することができる。そして,表1-2は,実際に「政府統計全体から探す」の「住宅・土地・建設」からと,「キーワードで探す」のキーワードを「住宅」としたときの2つの検索方法で把握できた統計調査を整理し,概要をまとめたものである。[9]
　これらのなかで定期的にかつ大規模に実施されているマンションに関する主要な統計である,（1）国勢調査,（2）住宅・土地統計調査,（3）住宅着工統計をとりあげ整理してみよう。

表 1-2 マンションに関する官庁統計

名　称	所　管	概　　要
国勢調査	総務省統計局	人口や世帯の実態を明らかにする国の最も基本的な統計調査として、1920（大正9）年以来5年ごとに実施されている全数調査。
住宅・土地統計調査	総務省統計局	住宅とそこに居住する世帯の居住状況、世帯の保有する土地等の実態を把握し、現状と推移を明らかにする。1948（昭和23）年以来5年ごとに実施されている無作為抽出調査。
住宅着工統計（建築着工統計調査）	国土交通省総合政策局	建築物の建築の着工動向についての調査のなかで住宅部分について集計したものが住宅着工統計である。住宅建設のフローに関する基礎的データで、住宅投資の動きを見るための代表的な指標となる。
住生活総合調査	国土交通省住宅局	住宅政策の基礎的資料を得ることを目的としている。2003（平成15）年までは「住宅需要実態調査」という名称で5年ごとに実施していたが、2008（平成20）年から住宅・土地統計調査との関係を整理し、名称を改めて実施。
空家実態調査	国土交通省住宅局	既存の住宅ストックとして重要な役割を果たす空家の実態を把握し、今後の住宅政策の展開の検討に関する基礎資料を作成することを目的として、1980（昭和55）年度よりほぼ5年ごとに実施している。
マンション総合調査	国土交通省住宅局	マンション管理に関し基礎的な資料を得ることを目的として、約5年に一度実施している。管理組合向け調査と区分所有者向け調査の2種類がある。

（1）国勢調査

　10年ごとの大規模調査とその中間年の簡易調査とに大別される。調査は、調査時において本邦内に常住しているすべての人を対象とした留置調査法（国勢調査員による訪問配布・留置・訪問回収）で行われる。ただし、世帯員の不在等の事由により、留置調査方法による調査ができなかった世帯については、国勢調査員が当該世帯について「氏名」・「男女の別」及び「世帯員の数」の3項目に限って、その近隣の者に質問するという方法で調査が行われている。[10]

〈調査項目〉

　住宅に関する調査項目としては、次のようなものがあげられる。

第1章 マンションに関する住宅政策と既存統計データ

〈2005年国勢調査の住宅関連項目〉
(1) 世帯員の数　総数 □人（男 □人，女 □人）
(2) 住居の種類
　①持ち家　②都道府県・市区町村営の賃貸住宅　③都市再生機構・公社等の賃貸住宅
　④民営の賃貸住宅　⑤給与住宅　⑥住宅に間借り　⑦会社等の独身寮・寄宿舎　⑧その他
(3) 住宅の建て方
　①一戸建　②長屋建　③共同住宅（建物全体の階数，住んでいる住宅のある階）　④その他
(4) 住宅の床面積の合計（延べ面積）　□平方メートル　又は　□坪

〈集計方法〉

マンションに関係のあるデータは，基本集計で全国編と都道府県編の2つで集計されている。

〈特　徴〉

①集計が「世帯ベース」であるということ。居住形態や階数別に何世帯が住んでいるのかを把握することは可能だが，「建物ベース」では集計することができない。②データ利用に制約がある。国勢調査の個票は，例外的に特別に公務員が使用を認められている制度を利用する場合を除けば，基本的に公開されていない。文書として公開されているものはあるが，有効なものは少なく，重要と思われるクロス集計ができないという問題がある。

（2）住宅・土地統計調査

住宅及び住宅以外で人が居住する建物に関する実態，並びに現住居以外の住宅及び土地の保有状況その他の住宅等に居住している世帯に関する実態を調査し，その現状と推移を全国及び地域別に明らかにすることにより，住生活関連諸施策の基礎資料を得ることを目的としている。1948（昭和23）年に第1回調査が全数調査により実施されたが，その後は標本調査により実施されている。調査は，調査単位区ごとに調査票甲または乙の一方のみを配布する。調査単位区の甲・乙の割り振りは，全国平均で6対1となるように無作為に行う。また，調査票は世帯が記入する欄については世帯主または世帯の代表者が記入し，住宅・土地統計調査員が記入する欄については調査員が世帯主等に質問するなど

して記入する。空家などの居住世帯のない住宅については，一部の項目は調査員が外観判断し記入する[11]。2008（平成20）年の調査では，2006（平成18）年に今後の住宅政策の基本となる「住生活基本法」が公布・施行され，住宅政策が「量」の確保から「質」の向上へと本格的な転換が図られることとなったことをふまえ，既存住宅の改修の実態や耐震性，防火性，防犯性など，住宅の質に関する事項の把握の充実を図っている。

〈調査項目〉

全調査単位区共通の調査事項と調査票乙対象調査単位区のみの調査事項の2つがある。前者は，①住宅等に関する事項，②住宅に関する事項，③世帯に関する事項，④家計を主に支える世帯員または世帯主に関する事項，⑤住環境に関する事項についてである。また後者は，⑥現住居以外の住宅および土地に関する事項についてである。

〈集計方法〉

集計には追加集計と確保集計と速報集計の3つがある。追加集計については，全国編で全国，都道府県編で都道府県，18大都市，市区，町村別に集計が行われている。確保集計については，全国編で全国，大都市圏・都市圏・距離帯編で大都市圏，都市圏，距離帯，都道府県編で都道府県，18大都市，市区，町村別に集計が行われている。速報集計については，全国，3大都市圏，都道府県，18大都市別に集計が行われている。

〈特　徴〉

全国すべての市町村を網羅していない点，国勢調査と同様に「世帯」単位で集計がなされている点が問題点としてあげられる。調査項目は家具や設備に関するものもあり，住宅に関して国勢調査と比べてより具体的なものが多く，抽出調査とはいえわかることは多くある。

（3）住宅着工統計

建築動態統計調査は建築着工統計調査と建築物減失統計調査の2つの統計か

らなっており，前者である建築着工統計調査はさらに3つの統計からなっている。そのうちの1つが住宅着工統計である。着工建築物のうち，住宅の着工状況（戸数，床面積の合計）を構造，建て方，利用関係，資金等に分類して把握する。建築基準法では，「建築主が建築物を建築しようとする場合又は建築物の除却の工事を施行する者が建築物を除却しようとする場合には，これらの者はそれぞれの旨を都道府県知事に届け出なければならない」と定めている。建築動態統計は，これらの届出や報告をもとに都道府県の建築主事等が必要事項を調査票に転記作成して国土交通省に送付する方法により行われている。

〈調査項目〉

　工事別，新設住宅の資金，建築工法，利用関係，住宅の種類，建て方，住宅の戸数，住宅の床面積の合計，除却住宅の戸数。

〈集計方法〉

　月次（1か月後の月末），年計（毎年1月末），年度計（毎年4月末）の3つに分けて公表されている。

〈特　徴〉

　床面積が公表されることにより，住宅の規模水準の推移が読み取れる。翌月下旬には結果が判明するため，全数調査としてはきわめて速報性が高い。

　以上マンションに関係する主要な官庁統計を整理してきたが，それらは日本の住宅事情をある程度説明できる統計データではあったが，市町村に現存するマンションを網羅的に把握することができるデータは存在していないと位置づけられる。国勢調査・住宅土地統計は，基本的に共同住宅に住む世帯数ベースのデータであり，住宅着工統計は，新しく建築されるマンションのデータである。すなわち，「現在西宮市に，何棟のマンションが存在しているのか」ということ自体，官庁統計では把握できないのである。

表1-3 西宮市に存在する共同住宅関連データ

名称（所管）	概要	調査／記載項目	備考
建築計画概要書 （建築調整グループ）	建築基準法による建築確認申請の際に，必ず提出するもの。昭和46年4月1日以降に確認申請されたものが対象。	建築主名，建築確認番号・確認年月日，所在地，位置図，配置図，構造，階数など。	建物を特定したものについて申請書を提出すれば閲覧可能。分譲，賃貸の区別はなし。
特殊建築物定期報告 （建築指導グループ）	共同住宅については，6階以上の床面積が100㎡以上あるものが報告対象。	所在地，構造，階数，面積，所有者。	申請すれば，概要書は誰でも閲覧可能。電子データ化はしていない。
市営住宅のデータ （住宅管理グループ）	対象建物は市営住宅すべて。	建設年度，名称，位置，棟数，戸数，構造，占有面積，入居戸数，付帯施設。	個人情報に関わらない範囲で公開されている。
課税台帳 （資産税グループ）	地方税法に基づき，税金を賦課するために作成されている。	所在地番，所有者，所有者住所，建築年，構造，階数，課税面積。	非公開。分譲と賃貸の区別は，区分登記の有無によっておおまかにできる。

[2] 市が実施・管理しているデータ——西宮市役所の場合

　それでは市役所に行けば，そうしたデータを知ることはできるのであろうか。表1-3は，西宮市都市局都市計画部住宅政策グループに調査を依頼して，「西宮市に存在するマンションに関するデータ」をピックアップしていただいたものを整理したものである。

　表1-3をみると，市役所は共同住宅に関して，①建築申請のためのデータ，②課税のためのデータ，③市営住宅に関するデータという3つのデータを管理していることが理解できる。

　①建築申請のためのデータ

　建築計画概要書と特殊建築物定期報告の2種類がある。しかし問題点として，1971（昭和46）年以降に申請された6階以上の建物のみが対象であり，全体を網羅したデータではないことがあげられる。

　②課税のためのデータ

　市役所は固定資産税を徴収するため，課税台帳を整備している。この台帳は，

第 1 章　マンションに関する住宅政策と既存統計データ

表 1-4　市営住宅データの一部

住宅名	建設年度	市営住宅の名称	住所	棟数	入居戸数	総戸数	入居率
愛宕山	S30	木造	西宮市愛宕山	1	1	1	100%
田近野町	S47	田近野町1号棟	西宮市田近野町	1	80	84	95%
森下町	S54	森下町21号棟住宅	西宮市森下町	1	52	60	87%
五月ヶ丘	S63	五月ヶ丘	西宮市五月ヶ丘	1	13	16	81%
獅子ヶ口町	H1	獅子ケ口町1号棟	西宮市獅子ヶ口町	1	24	24	100%
芦原町	H5	芦原町33号棟住宅	西宮市芦原町	1	29	30	97%
樋ノ口町2丁目	H7	樋ノ口町2丁目7号棟	西宮市樋ノ口町	1	55	59	93%
甲子園口6丁目	H11	甲子園口6丁目1号棟	西宮市甲子園口	1	88	94	94%

（注）データは一部を無作為抽出。また，番地項目は略した。

税徴収が目的のデータであり，納税単位でデータが整理されている。すなわち，賃貸マンションであれば建物所有者が課税対象であり，分譲マンションであれば，区分所有者が課税対象である。そのため，建物単位のデータとして整備されているわけではないのである。またこのデータは，当然の事ではあるが，非公開の資料であり閲覧可能なデータではない。

③市営住宅に関するデータ

　市役所は，公営住宅を建設し市民に提供している。共同住宅に関するデータとしては，この市営住宅データが市役所に管理されている。**表 1-4** は，2008年10月に西宮市役所都市局住宅部入居グループから提供してもらった市営住宅データの一部である。ここでは，「住宅名」「建設年」「住所」「入居戸数」「総戸数」「入居率」等が整理されている。市営住宅に関するデータは，毎年入居募集もしているので，その時点の「家賃」に関するデータ等も管理されている。

　以上市役所が管理するマンションに関するデータを整理してきたが，それぞれのデータは，「建築許可」「徴税」「市営住宅管理」という日常業務の延長として作成されているデータしか存在していないのである。すなわち市役所においても，「西宮市に何棟のマンションがあるのか」という共同住宅に関するデータは存在しないのである。

表1-5 県土整備部 住宅建築局の部課構成

名　称	主とする仕事内容	備　考
住宅政策課	他の課の主としない仕事全般	
公営住宅課	県営住宅の建設，設計	市に対する指導・管理を行う
住宅管理課	県営住宅の入居関係，維持，修繕	
建築指導課	耐震関係，建築基準法に関するもの	建築行政の取りまとめ，実施
営　繕　課	庁舎，県立高校・施設の工事・耐震・設計	
設　備　課	建物の電気・機械の管理・設計・工事	

表1-6 西宮市にある県営住宅データの一部

団　地　名	所　在　地	構造	棟数	管理戸数	入居戸数
西宮浜松原鉄筋	西宮市浜松原6，7，8	中耐	8	319	262
今津鉄筋	西宮市今津出在家町10	中耐	2	59	50
櫨塚鉄筋（ハゼヅカ）	西宮市櫨塚町6-3，4，5，6	中耐	4	104	95
愛宕山鉄筋	西宮市愛宕山14-1，2，3，4，5	中耐	5	138	110
東町鉄筋	西宮市東町1丁目8	中耐	2	80	68
上甲子園鉄筋	西宮市上甲子園2丁目6	中耐	3	100	35
仁川高層	西宮市仁川町2丁目1-21	高層	1	202	188
西宮段上鉄筋	西宮市段上町3丁目11-1	中耐	2	50	48

3　都道府県がもつデータとは

　都道府県が管理している共同住宅に関するデータを調べるため，県土整備部住宅建築局へ2011年8月に聞き取り調査を実施した（2011年8月11日，住宅政策課まち再生企画係へのインタビュー）。
　その結果は，「共同住宅に関しては，県独自の調査は実施していない」ということであった。すなわち県庁は，市町村が実施する「住宅・土地統計調査」等を県単位で整理保存しており，そのデータは基本的に市町村単位で存在するデータであるということである。**表1-5**は，県土整備部住宅建築局の部課構成と仕事内容をまとめたものである。
　この表にも示されるように，県庁は，県が住宅政策を立案するために独自の統計データ作成等の仕事をしているわけではなく，県が建設に関わったニュー

第 1 章 マンションに関する住宅政策と既存統計データ

表 1-7 西宮市の UR 賃貸住宅データ

名　　　称	棟数	総戸数	入居戸数	入居率	最寄り駅	階　数
ACTA 西宮	2	174	173	99.40%	阪急西宮北口	18
松山町	1	108	92	85.20%	JR 甲子園口	7
ルネシティ西宮高畑町	1	100	100	100%	阪急西宮北口	14
常盤町	1	92	82	89.10%	阪神西宮	5
ルネシティ西宮津門	2	149	146	98%	阪神今津	8・9
里中	1	100	83	83%	阪神鳴尾	7
サンフラレ鳴尾北	3	146	145	99.30%	阪神武庫川	5・6
西宮マリナパークシティー丘のある街	8	405	400	98.80%	阪神西宮	7・9・12・13・14
今津浜パークタウン	12	374	373	99.50%	阪神久寿川	4・8・11
浜甲子園さくら街	14	658	657	99.80%	阪神鳴尾	6～14
浜甲子園	82	2,957	1,883	40.10%	阪神甲子園	4・5
武庫川	23	5,643	5,584	99%	阪神武庫川団地前	11～15・18・25
東山台ハイツ	6	88	83	94.30%	JR 西宮名塩	3・4
グリーンヒルズ東山台	13	77	66	85.70%	JR 西宮名塩	2～4・6
合　　計	169	11,071	9,867	90.80%		

(出典) 2010年12月に UR 梅田営業センター提供のデータと，ホームページ上のデータより作成。
　　　公表項目中住所，完成年月，家賃，構造は略した。

タウンや県営住宅といった，きわめて限られた共同住宅のデータだけを管理しているといえる。**表 1-6** は，2009年12月に兵庫県住宅供給公社から提供された県営住宅のデータの一部である。

[4] その他のデータ

ここまで国・県・市のデータを見てきたが，共同住宅に関するデータとしては他にどのようなものがあるのだろうか。ここでは，独自にデータを提供している，UR と民間データについて整理してみよう。

(1) UR のデータ
UR 賃貸住宅とは，旧公団住宅のことで，現在は国土交通省所管の独立行政法人都市再生機構が管理している。UR とは，都市再生機構の英語略称（Urban Renaissance Agency）からとっている。1955年に組織のもととなる日本住宅

表1-8 長谷工総合研究所の調査概要

調査主体	1973年から毎年行われており，調査主体は㈱不動産経済研究所。長谷工総研は調査結果の収集・分析を行い，アウトプットに努めている。
調査方法	基本的には，新聞・インターネット・住宅情報誌・事業会社の会員誌などマンション販売に関する媒体をもとに，販売を行った分譲マンションを月ごとに把握している。その後，事業会社より販売物件のパンフレット・価格表を入手し，各住戸の販売価格・占有面積などの詳細データを調査・集計している。
調査対象物件	調査対象地域は，首都圏では東京都，神奈川県，埼玉県，千葉県の1都3県で，近畿圏では大阪府，兵庫県，京都府，滋賀県，奈良県，和歌山県の2府4県である。対象物件は建物の階数が3階以上で，事業主体が民間会社の分譲マンションである。リゾートマンション及び1棟売りマンション，1戸あたりの専有面積が20㎡以下のワンルームマンションは除外している。店舗・事務所を併設している場合は住宅部分のみを集計している。

公団が設立され，その後分譲住宅の供給を停止してからは，都市基盤整備および賃貸住宅の供給のみを行う組織となった。

表1-7にも示されるように，URがもつデータも，基本的に市営・県営住宅と同様である。とくに注目されるのは，それぞれのデータはあくまで個別独立的に整理保存されており，「西宮市に存在する公的住宅（公営・公社）のデータ」としては保存管理されていないということである。すなわち西宮市民が公的住宅を検討しようとする場合は，それぞれの管理主体に出向いて資料を収集しなければならないということである。

（2）民間データ

民間データには，マンション価格や空家情報等の住宅情報系のデータを民間会社が提供しているもの等がある。冊子やインターネット上で閲覧可能なものが多く，地域ごとに情報がまとめられている場合が多い。

この住宅情報系以外で，市町村単位のデータが存在するものとしては，マンション建設会社長谷工グループの調査機関である㈱長谷工総合研究所の保持するデータをあげることができる。長谷工総合研究所では，表1-8の方法でマンションに関するデータを収集している。表1-9は，その具体的データの一部である。

第1章 マンションに関する住宅政策と既存統計データ

表1-9 市(区)ごとの分譲マンションの概要

	2002年					2001年				
	件数	戸数	平均価格	平均面積	㎡単価	件数	戸数	平均価格	平均面積	㎡単価
神戸市	97	3,213	3,486	77.76	44.8	103	4,290	3,207	78.50	40.9
東灘区	23	626	4,691	86.88	54.0	18	639	4,059	81.79	49.6
垂水区	16	494	2,807	79.47	35.3	19	980	2,966	80.16	37.0
北 区						4	107	2,814	80.48	35.0
兵庫区	3	84	2,817	71.05	39.6	19	537	2,865	69.01	41.5
中央区	28	1,172	3,340	68.41	48.8	16	531	3,310	72.77	45.5
長田区	2	110	2,334	67.30	34.7	3	81	2,848	71.38	39.9
灘 区	17	480	3,373	89.74	37.6	9	494	3,351	88.32	37.9
須磨区	6	142	3,484	75.40	46.2	10	547	2,834	75.60	37.5
西 区	2	105	3,390	84.61	40.1	5	374	3,273	82.60	39.6
西宮市	60	1,683	3,637	81.80	44.5	58	1,698	3,531	77.56	45.5
芦屋市	16	413	3,891	82.67	47.1	24	868	4,385	86.45	50.7
宝塚市	25	981	3,373	79.89	42.2	26	846	3,778	84.28	44.8
伊丹市	23	894	3,016	76.59	39.4	10	424	2,905	74.58	39.0
川西市	6	224	2,967	83.74	35.4	12	422	2,937	87.05	33.7
明石市	9	448	2,819	79.72	35.4	16	633	2,955	77.25	38.2
尼崎市	30	1,266	3,005	74.92	40.1	21	1,324	3,011	74.20	40.6
姫路市	8	3303	2,817	82.56	34.1	13	372	2,452	74.17	33.1
加古川市	1	23	2,148	74.78	28.7	8	402	2,430	73.96	32.9
三田市	1	47	2,888	83.02	34.8	2	71	2,728	71.65	38.1
川辺郡						2	38	2,911	107.11	27.2
兵庫県	276	9,495	3,339	78.83	42.4	295	11,388	3,273	78.75	41.6

(注) ㈱不動産経済研究所『全国マンション市場動向・30年史』2003年, 219頁より作成。

　これらのデータは，データ収集法の「調査対象物件」にも示されているように，対象地域は限定的であり，対象物件もまた階数や住宅の種類が限定されている。総じて民間データは，都市部，分譲マンション等需要の高い地域の動向に関心があり，全体を把握するという視点から作成されていないというのは当然といえば当然のことといえよう。

第3節　既存統計データの活用と限界

　本節では，前項で整理した国勢調査のデータと民間データを使って，「それ

表1-10 2005年の西宮市国勢調査の集計方法

住宅の所有の関係	総数	1戸数	長屋建	共同住宅					その他
				総数	1・2階	3～5階	6階以上	11階以上	
住宅に住む一般世帯	185,351	64,437	5,214	115,318	11,249	53,493	29,821	20,755	382
主世帯	183,725	63,687	5,153	114,526	11,068	53,087	29,677	20,694	359
持ち家	102,935	60,424	2,528	39,871	772	10,481	17,706	10,912	112
公営・都市機構・公社の借家	23,249	22	219	23,008	3	9,809	4,646	8,550	―
民営の借家	47,954	2,646	2,122	43,020	9,812	26,739	5,674	795	166
給与住宅	9,587	595	284	8,627	481	6,058	1,651	437	81
間借り	1,626	750	61	792	181	406	144	61	23

らのデータによってマンションに関する実態がどの程度判明するのか」という点を考察してみたい。

1 国勢調査を使ったデータ分析の可能性

(1) 市町村データを整理して理解できること——西宮市の場合

　国勢調査の市町村データは，実際どのように集計されているのだろうか。**表1-10**は，西宮市の場合を例にとり国勢調査の住宅関連項目の集計方法を示したものである。データは，住宅の種類，所有関係，階数について世帯数の内訳を整理するまとめ方で集計されている。これらの数字は，あくまでも文書データとして示されているものであるが，この数字を独自に入力し直して分析していけば，西宮市の共同住宅の状況を把握することが可能である。

①共同住宅率

　表1-11は，表1-1と同じ作成方法で，西宮市の1980年から5年ごとの住居の建て方別の世帯数の推移を表したものである。このような表を作成することによって，1980年には半分に満たなかった共同住宅率が25年後の2005年には約6割を占めるようになったという共同住宅に関する実態がみえてくるのである。こうした集計は，図書館に配架されている膨大な文書データのなかでは集

第 1 章 マンションに関する住宅政策と既存統計データ

表 1-11 西宮市の住居の建て方別世帯数と共同住宅率

年	総世帯数	一戸建て	長屋建て	共同住宅	その他
1980	128,637 (100%)	49,912 (38.8)	15,431 (12.0)	62,659 (48.7)	635 (0.5)
1985	137,400 (100%)	52,103 (37.9)	13,258 (9.6)	71,665 (52.2)	374 (0.3)
1990	147,017 (100%)	54,126 (36.8)	11,018 (7.5)	81,463 (55.4)	410 (0.3)
1995	140,708 (100%)	46,264 (32.9)	11,267 (8.0)	83,025 (59.0)	242 (0.2)
2000	170,022 (100%)	59,391 (34.9)	5,654 (3.3)	104,533 (61.5)	444 (0.3)
2005	185,351 (100%)	64,437 (34.8)	5,214 (2.8)	115,318 (62.2)	382 (0.2)

計されていない。もし定期的に集計されていたならば，長屋建てという区分があまり意味をなさないことが理解されるようになり，国勢調査の質問項目から削除されてきてもよかったはずである。

　総務省統計局によると，長屋建ての定義は「2つ以上の住宅を一棟に建て連ねたもので，各住宅が壁を共通にし，それぞれ別々に外部への出入口をもっているもの」となっている。共同住宅の定義は「棟の中に2つ以上の住宅があるもので，廊下・階段などを共用しているものや2つ以上の住宅を重ねて建てたもの」ときわめて似通っている定義である。しかし，実際に長屋建て住宅に居住している住民に実施した調査によれば，自分が居住している住宅を「長屋建て」と位置づける住民より，「一戸建て」と位置づける住民が多かったという結果が明らかになっている。[15]国勢調査の集計では基本的に自己申告が重視されることを鑑みるならば，この結果は，「長屋建て」の数字がきわめて信憑性に欠けるということを意味しているといえよう。今後の国勢調査では，「住宅の建て方の項目」の「長屋建て」区分は廃止するべきと考えられる。

②階数分布

　表 1-12 は，2005年の西宮市の階数別の世帯数を表したものである。つまり，

表1-12 西宮市における階数別世帯

都市名	共同住宅					
	総世帯数	1・2階	3～5	6～10	11～14	15階以上
西宮市	115,318 (100%)	11,301 (9.8)	53,508 (46.4)	29,867 (25.9)	13,492 (11.7)	7,265 (6.3)

表1-13 西宮市の持家率と借家率

	総世帯数	持家	借家
一戸建て	63,687 (100%)	60,424 (94.9)	3,263 (5.1)
共同住宅	114,526 (100%)	39,871 (34.8)	74,655 (65.2)

表1-10で示されている共同住宅の総数（＝11万5318）を100として，階数別世帯数の実数を比率に置き換えたものである。まずは各階数の実数をそれぞれ入力し，そのあと複数の階の世帯数を合算（1階と2階，3～5階，というふうに）し，総世帯数を100％として，比率を算出した。表から，3～5階建ての共同住宅が最も多く，6階以上と6階未満では6階未満の比率が少しだけ高いがほぼ半々であることがわかる。この数字も，文書データでは集計されていない数字である。

③持家率と借家率

表1-13は，2005年の西宮市の一戸建てと共同住宅それぞれの持家率と借家率を表したものである。第2節で示した質問内容の（2），（3）の該当項目をクロス集計してまとめた。表1-13から，西宮市の一戸建てはほとんどが持家であり，共同住宅の持家率はわずか30％台であることがわかるのである。

このように独自でデータを再入力し，それらをクロス集計することで，西宮市の共同住宅の実態を把握することが可能となるデータが得られるのである。数字の羅列でのみ保存されている文書データは，図書館のなかで膨大な空間を占める報告書となっているが，必ずしも必要とは思われないデータも多数存在しているのである。

第 1 章　マンションに関する住宅政策と既存統計データ

表 1-14　人口階級別の共同住宅と上位 5 市町村（2005年）

人口階級（市町村数）	共同住宅率(%)	共同住宅率上位 5 市町村（%）
100万以上（12）	63.7	福岡県福岡市（72.8）　神奈川県川崎市（70.5）　東京23区（69.8） 大阪府大阪市（67.3）　北海道札幌市（62.2）
50万～100万未満（14）	45.7	千葉県千葉市（56.8）　千葉県船橋市（53.9）　神奈川県相模原市（53.6） 東京都八王子市（53.5）　熊本県熊本市（50.1）
30万～50万未満（44）	41.7	大阪府吹田市（71.6）　沖縄県那覇市（69.6）　兵庫県西宮市（62.2） 大阪府豊中市（61.9）　千葉県市川市（61.1）
20万～30万未満（40）	38.9	東京都調布市（70.2）　東京都府中市（64.0）　大阪府茨木市（58.5） 神奈川県大和市（55.9）　埼玉県草加市（50.9）
10万～20万未満（142）	35.8	東京都多摩市（77.1）　千葉県浦安市（76.1）　埼玉県戸田市（72.1） 東京都武蔵野市（69.9）　沖縄県浦添市（67.4）
5万～10万未満（253）	26.1	埼玉県和光市（74.7）　東京都国立市（66.0）　兵庫県芦屋市（66.0） 東京都稲城市（65.7）　東京都狛江市（65.7）
3万～5万未満（268）	18.8	愛知県長久手町（62.4）　石川県野々市町（56.8）　福岡県粕屋町（53.6） 愛知県岩倉市（50.8）　静岡県熱海市（49.8）
1万～3万未満（657）	12.9	大阪府島本町（56.7）　香川県宇多津町（56.0）　沖縄県与那原町（50.8） 沖縄県北谷町（49.5）　山梨県玉穂町（48.9）
1万未満（787）	7.2	東京都小笠原村（65.3）　東京都青ヶ島村（41.4）　北海道歌志内市（40.2） 山梨県忍野村（36.5）　大阪府田尻町（36.0）

　次項では，西宮市で示した集計方法を使って，さらに他市町村データを入力することによって，「大都市ほど共同住宅率は高いのか？」「京都市では高層のマンションは少ないのでは？」「東京都心部では高層マンションが多いのか？」「持家率はどこで高いのか？」等の「わが国の共同住宅の実態把握」を試みてみたい。

（2）市町村データを再入力して理解できること
①大都市ほど共同住宅率は高いのか

　表 1-14 は全国の市町村について，人口階級別の共同住宅率の平均と，その階級内の共同住宅率上位 5 市町村を示したものである。この表を作成するにあたり，2005年の国勢調査データを用いて全国2217市町村（東京都23区を 1 市と数える）分の人口・居住形態・共同住宅率などの膨大なデータを，すべて手作業で入力した。この表をみると，人口規模が上がるにつれて共同住宅率も上がるという明確な傾向があることがわかる。

表 1-15　大阪市・京都市・神戸市における階数別世帯

都市名	共同住宅率	共同住宅					
		総世帯数	1・2階	3〜5階	6〜10階	11〜14階	15階以上
大阪府大阪市	67.3%	799,138 (100%)	55,141 (6.9)	242,139 (30.3)	262,916 (32.9)	179,806 (22.5)	58,337 (7.3)
京都府京都市	47.4%	299,485 (100%)	46,121 (15.4)	144,052 (48.1)	76,369 (25.5)	32,045 (10.7)	1,497 (0.5)
兵庫県神戸市	60.2%	379,465 (100%)	33,393 (8.8)	165,447 (43.6)	92,210 (24.3)	66,786 (17.6)	21,250 (5.6)

　全国の共同住宅率第1位は，東京都多摩市の77.1％で，同市の人口は14万5877人である。2位以下をみると，全国の共同住宅率上位5位のうち，人口100万人以上の市町村は4位の福岡市のみであった。このことから，意外にも上位は人口20万人未満の市が独占していることがわかる。

　また西宮市は人口46万5337人（2005年）で，共同住宅率は62.2％である。西宮市と同じ人口40万人台の全国18市町村の共同住宅率の平均値が47.3％であることを考えると，西宮市は人口のわりに共同住宅に住む世帯が多い都市だといえる。

②高層マンションが多い市町村とは

　表1-15は，西宮市の階数別世帯比率を作成した集計方法を用いて，近畿の主要3都市における階数別世帯比率を集計したものである。大阪市は6〜10階建て，京都市と神戸市では3〜5階建てが最も多くなっている。6階以上の高層の共同住宅の割合をみてみると，大阪市が62.7％で，京都市の36.7％，神戸市の47.5％と比べて，圧倒的に高層の比率が高いことが理解できる。それに対して京都市は，6階未満の割合が63.5％で，3都市のなかでも低層の共同住宅が多いことが示されている。この数字は，京都に数多くある歴史的建物の存在により街並みの景観をこわさないよう，建物の高さに関する規制が厳しいことが影響していると考えられる。

　表1-16は，階数別の世帯数比率を東京都23区間で比較したものの一部であ

第1章 マンションに関する住宅政策と既存統計データ

表1-16 東京都23区における階数別世帯

都市名	共同住宅率	共同住宅					
		総世帯数	1・2階	3～5階	6～10階	11～14階	15階以上
東京都23区	69.8%	2,747,413 (100%)	631,905 (23.0)	1,035,775 (37.7)	579,704 (21.1)	409,365 (14.9)	90,665 (3.3)
東京都中央区	86.3%	47,259 (100%)	284 (0.6)	2,174 (4.6)	11,909 (25.2)	21,692 (45.9)	11,153 (23.6)
東京都杉並区	66.5%	181,379 (100%)	79,444 (43.8)	71,101 (39.2)	23,761 (13.1)	6,711 (3.7)	363 (0.2)

る。東京都23区は23の区の平均を出したものである。中央区は23区中最も高い階数の割合が多かった区であり、反対に杉並区は23区中最も低い階数の割合が多かった区である。中央区はオフィス街が複数あり、住宅も共同住宅が多く、6階未満の共同住宅はわずかしかない。それに対して杉並区では、6階未満が83.0%と低層の共同住宅が圧倒的に多く、閑静な住宅街であることが推察されるのである。

③分譲マンションが多い都市とは

表1-17は、47県庁所在地の一戸建てと共同住宅それぞれの持家率を示したものである。共同住宅持家率が最も高いのは、横浜市の38.6%であり、続いて千葉市（35.4%）、神戸市（34.7%）、さいたま市（31.9%）、奈良市（30.5%）となっている。それらは、いずれも大都市近郊のベッドタウンであり、都心部ではそれらより低い数字を示している（東京23区27.9%・大阪市22.6%）。一方持家率が最も低いのは、鳥取市の6.0%であり、甲府市（6.2%）、前橋市（6.3%）と続いている。地方都市の共同住宅持家率は、おおむね10%前後であり、地方都市のほとんどのマンションは借家であるとみなせる数字であるといえるだろう。

以上のように、国勢調査データを再入力することによって興味深い共同住宅の実態を知ることが可能となった。しかしこの作業は、とてつもない時間と労力をかけて入力することによって初めて可能となるのである。また、国勢調査

表1-17 県庁所在都市の一戸建て持家率と共同住宅持家率

都市名	共同住宅率	共同住宅持家率	一戸建て持家率	都市名	共同住宅率	共同住宅持家率	一戸建て持家率
北海道札幌市	62.2	24.4	93.0	滋賀県大津市	33.9	29.6	95.6
青森県青森市	29.3	5.1	92.7	京都府京都市	47.4	20.0	91.4
岩手県盛岡市	43.0	10.5	90.7	大阪府大阪市	67.3	22.6	94.0
宮城県仙台市	56.4	19.7	90.3	兵庫県神戸市	60.2	34.7	95.8
秋田県秋田市	30.2	7.4	92.3	奈良県奈良市	40.7	30.5	95.0
山形県山形市	34.8	8.2	90.3	和歌山県和歌山市	26.0	11.7	95.7
福島県福島市	32.8	7.8	89.8	鳥取県鳥取市	30.0	6.0	93.4
茨城県水戸市	38.9	8.3	89.3	島根県松江市	34.1	9.8	93.0
栃木県宇都宮市	38.9	9.2	89.9	岡山県岡山市	39.5	12.2	88.8
群馬県前橋市	29.5	6.3	91.5	広島県広島市	51.9	24.0	89.7
埼玉県さいたま市	49.5	31.9	94.1	山口県山口市	35.0	6.9	92.3
千葉県千葉市	56.8	35.4	93.8	徳島県徳島市	41.5	9.6	94.6
東京都23区	69.8	27.9	93.7	香川県高松市	39.7	19.0	89.5
神奈川県横浜市	58.4	38.6	94.5	愛媛県松山市	40.1	11.0	86.4
新潟県新潟市	31.7	13.6	93.3	高知県高知市	41.7	12.2	87.4
富山県富山市	26.2	9.1	96.4	福岡県福岡市	72.8	21.6	89.0
石川県金沢市	40.1	8.8	93.3	佐賀県佐賀市	36.8	10.7	85.9
福井県福井市	29.0	9.2	91.9	長崎県長崎市	41.9	17.9	90.3
山梨県甲府市	38.0	6.2	88.7	熊本県熊本市	50.1	14.6	86.5
長野県長野市	29.8	7.5	90.4	大分県大分市	44.6	15.6	89.3
岐阜県岐阜市	32.7	11.5	92.9	宮崎県宮崎市	44.3	10.7	89.2
静岡県静岡市	37.7	12.1	94.0	鹿児島県鹿児島市	44.9	13.1	87.5
愛知県名古屋市	61.6	23.0	94.7	沖縄県那覇市	69.6	20.3	92.7
三重県津市	31.8	7.2	93.5				

の限定された住宅関連調査項目を鑑みるならば，ここで示したファインディングス以上の分析はほとんどできないというのが現状である．総務省統計局は，ただ膨大な紙データの報告書を出版するだけでなく，より実態を把握することが可能なデータを吟味していくか，誰もがデータ分析を可能とするようにデータ提供を考えていくべきであろう．

2 民間データを再入力して理解できること

民間データも国勢調査同様，データ加工次第では，共同住宅に関する新たな

第1章 マンションに関する住宅政策と既存統計データ

表1-18 兵庫県の分譲マンションの発売戸数の推移

年間平均発売戸数	兵庫県	震災前平均の何倍か	神戸市	震災前平均の何倍か	西宮市	震災前平均の何倍か	芦屋市	震災前平均の何倍か	尼崎市	震災前平均の何倍か	宝塚市	震災前平均の何倍か
震災前5年間 ①1990-94	8,413		3,630		416		160		424		476	
②1995-99	11,766	1.40	4,701	1.30	2,065	4.96	318	1.99	769	1.81	588	1.24
③2000-04	10,349	1.23	4,022	1.11	1,966	4.73	440	2.75	1,286	3.03	804	1.69
④2005-09	6,917	0.82	3,295	0.91	1,055	2.54	297	1.86	794	1.87	428	0.90

(出典) ㈱不動産経済研究所『全国マンション市場動向』をもとに作成。

発見をすることができそうである。しかし表1-9に示された長谷工総合研究所のデータを見る限り，やはり数字の羅列であり，そのままでは実態把握は不可能である。この項では，それらの数字の羅列を再入力することによって，西宮市のマンションの特徴を読み解くことにしたい。

（1）発売戸数

表1-18は，阪神間の各市・兵庫県全体の分譲マンションの発売戸数が，阪神淡路大震災（1995年1月17日発生）を機に変化したかを検証した表である。1990年から6年までの5年間の年間平均発売戸数①と，震災の起きた1995年以降5年ずつの年間平均発売戸数②③④を，データを入力し直して算出し，震災前①と比べて震災後②③④ではどれだけそれが増加したかを表している。

するとやはり公的データでは確認できなかった事実が浮かび上がった。西宮市では震災前の5年間で年間平均発売戸数が416戸であったの対して，震災直後の5年間（1995～99年）ではその約5倍の年間平均2065戸，震災後6～10年（2000～04年）では約4.7倍の年間平均1966戸もの戸数が供給されているのである。この増加は西宮市に限っていえることで，隣接した市ではここまで大きな変化はみられない。つまり西宮市のマンション事情を語るうえで，阪神・淡路大震災は大きな影響を与えていたことが窺える。

表1-19 兵庫県の分譲マンションの平均価格の推移

マンション平均価格	兵庫県(万円)	神戸市(万円)	兵庫県の何倍か	西宮市(万円)	兵庫県の何倍か	芦屋市(万円)	兵庫県の何倍か	尼崎市(万円)	兵庫県の何倍か	宝塚市(万円)	兵庫県の何倍か
1989年	3,868	4,179	1.08	11,911	3.08	10,108	2.61	4,321	1.12	5,173	1.34
1995年	3,467	3,705	1.07	4,123	1.19	5,701	1.64	3,631	1.05	4,001	1.15
2002年	3,339	3,486	1.04	3,637	1.09	3,891	1.17	3,005	0.90	3,373	1.01
2009年	3,456	3,375	0.98	4,561			1.32	3,310	0.96	3,657	1.06

(出典) ㈱不動産経済研究所『全国マンション市場動向』をもとに作成。

(2) 価格と面積

　表1-19は，阪神間の各市と兵庫県全体の分譲マンションの平均価格を，1989（平成元）年以降7年ごとに比べたものである。この表から，1989（平成元）年の西宮市のマンションの平均価格は兵庫県平均の約3.1倍，そしてバブルが弾けた影響もあり1995（平成7）年は県平均の約1.2倍，2002（平成14）年は約1.1倍の価格だということがわかる。つまり，バブル期の西宮市は高級住宅街である芦屋市よりもマンションの価格が高く，1995（平成7）年以降は徐々に平準化されていったということである。しかし，平準化してきているとはいえ，兵庫県平均から比べると依然高く，阪神間では芦屋市に次いでマンションの価格が高い地域であることも確かである。

　このように民間データも，手間や膨大な時間を費やせば新たな事実を発見できるということである。しかし前項でも述べた通り民間データは全都道府県を網羅しておらず，また，対象物件が民間企業の建てる分譲マンションに限られている。つまり，公営住宅や賃貸住宅は調査対象から外れているのである。民間データを再入力して理解できる実態は，あくまで限定的なものであり，マンションの全体像を摑むことはできないといえるだろう。

　以上，本章では戦後の住宅政策，マンションについての既存研究，共同住宅に関する既存統計を整理検討してきた。それらが共通して持っていた問題点は，マンションの実態を一面的に捉えて考察や分析が進められてきたという点である。住宅政策は，金融政策，公営住宅建設，建築規制といったバラバラな政策

として展開されてきた。既存研究は，近隣関係やコミュニティ問題や都心回帰現象といった問題関心との関連で研究が進められてきたのである。またマンションに関する統計データも，多くの場合が世帯データの延長線上で住宅に関する集計が行われてきたし，課税徴収，建築規制，公営住宅の提供という目的別のデータ管理が進められてきたのである。そのことによって，たとえば「西宮市にマンションは何棟存在しているのか？」という住宅政策を考えるうえでは最も基本となるはずであるデータすら，どこにも存在していないという異常ともいえる現実を産み出してきたのである。本章の冒頭で言及したように，年々共同住宅に住む国民が増加し，全世帯の4割近くが共同住宅に居住している実態を鑑みるならば，地域に存在する多種多様の共同住宅を総合的に実態把握したうえで，住宅政策が考えられなければならないといえるだろう。

注
(1) 総務省統計局のホームページから検出し表を作成。検出方法（1990年の場合）…総務省統計局のホームページにアクセス→「統計データ」→「国勢調査」→「過去の調査結果」→「平成2年国勢調査」→「第一次基本集計」→「全国編」→「住宅の建て方」が入っている結果を選択→レイアウト設定：「住宅の建て方」を列1，「全国市部郡部」を行1に設定→表示。
(2) 共同住宅率とは，総世帯数に占める共同住宅に住む世帯数の比率である。
(3) 2008年には空家は756万戸となり，空家率は13.1％となっている。国土交通省住宅局住宅政策課編『住宅経済データ集——豊かで魅力ある住生活の実現に向けて』住宅産業新聞社，2009年。
(4) 平山洋介『都市の条件——住まい，人生，社会持続』NTT出版，2011年，19-24頁。および平山洋介『住宅政策のどこが問題か——〈持家社会〉の次を展望する』光文社，2009年。
(5) 東京都市社会学研究会編『都市社会学に関する文献総合目録』学術書出版，1970年，43頁，48-50頁。
(6) 倉沢進編『大都市の共同生活——マンション・団地の社会学』日本評論社，1990年。
(7) 竹中英紀「ニュータウンの住宅階層問題」倉沢進編（1990）前掲書，103-130頁。
(8) 鯵坂学・徳田剛「「都心回帰」時代のマンション住民と地域社会——大阪市北区のマンション調査から」同志社大学社会学会『評論・社会科学』第97号，2011年9

月，および鰺坂学編『「都心回帰」時代における大都市の構造変容——大阪市を事例として』平成20〜22年度科研費基盤（B）研究成果報告書，2011年。
(9) それぞれの所管である，総務省・国土交通省のホームページにアクセスし，概要を閲覧。
(10) 2005年度国勢調査の場合。
(11) 2008年住宅・土地統計調査の場合。1調査単位区当たり17住戸，計約350万住戸・世帯が対象。
(12) 2012年現在，建築確認申請は，ほとんどを指定確認検査機関（民間）が建築確認を行っているが，その建築申請について指定確認検査機関（民間）で建築確認がされれば，特定行政庁である西宮市にその建築確認済の書類が報告として提出される。その中にこの「建築計画概要書」も含まれている。
(13) 建築基準法施行規則第11条の4第3項によって，西宮市で閲覧可能である。
(14) 総務省統計局のホームページから検出し表を作成。検出方法（1990年の場合）は，表1−1作成時の「第一次基本集計」までは同様。そのあと「都道府県編」→「032 住宅の建て方：支庁（北海道）・市区町村，全域・人口集中地区の別」を選択→レイアウト設定：「住宅の建て方」を列1，「在庁市区町村」で絞込を使い西宮市のみを選択して行1に設定→表示。
(15) 2005年国勢調査で，西宮市で最も長屋建て世帯数の多かった上田中町の長屋建て住宅の24世帯を対象に，国勢調査の「住宅の建て方」項目に対する回答の聞き取り調査を行った。その結果，24世帯中，一戸建ての回答が12件，長屋建ての回答が11件，その他の回答が1件であった。一戸建てと回答した住宅は，長屋建ての定義にあてはまるが，外見は一戸建てに近い印象を受けた。その他の回答であった1件は，長屋建てでもあるし一戸建てでもあるということで回答を迷った世帯であった。この実地調査により，長屋建て住民でも国勢調査の回答で一戸建てと誤申告していることがわかった。詳細については，大谷信介編「マンションの社会学——西宮マンション調査による実態把握」関西学院大学社会学部大谷研究室，2011年3月，36-40頁を参照されたい。

第2章
住宅地図から作成した「西宮マンションデータベース」

　第1章では，国勢調査や市役所，県庁，民間のデータについて扱った。そこで明らかになったのは，「それらのデータによって，市町村に現存するマンションの実態を網羅的に把握することが不可能である」ということであった。その問題を克服するために注目したのが「住宅地図」であった。本章では，「ゼンリン住宅地図」を使って地域に現存するマンションの実態を網羅的に把握することが可能かを試みた。

第1節　ゼンリン住宅地図への注目

1　ゼンリン住宅地図の概要

　「ゼンリン住宅地図」とは，株式会社ゼンリン（以下ゼンリン）が発行している住宅地図のことである。この住宅地図は，日本全国99％の地域を対象に作成されており，全国どこでも購入可能となっている。形態としては主にB4判，A4判，ファイル版が存在し，いずれもほぼ毎年（地域によっては2～3年に一度）発行されている。
　「住宅地図がどのように作成されているのか」については，2005年にゼンリンへ聞き取り調査を実施している。表2-1は3回にわたって行われた聞き取り調査の結果をまとめたものである。[1]

表2-1 ゼンリン住宅地図の作成方法

(作成方法)
- 表札・看板等の公開情報を集めて作成される。
- 情報収集のために，全国約80の拠点，1,200人の調査員を配置し調査を実施している。
- 公開情報が無い建物には，住人に対して聞き取り調査を実施。住人が留守の場合には，日を改めて再調査（集合住宅では，管理人に拒否される場合も多い）。
- 人が住んでいることが確認できない場合（人の居住は洗濯物や電気・水道メーター等で判断）は，「空家」として処理。
- 公開情報を取得して住宅地図を作成することはとくに法的に問題はない。
住民から調査拒否，掲載拒否の申し出があれば掲載しない（警察や自衛隊の官舎等は掲載拒否の要求があり情報をあえて記載していない）。
- 地図自体は，航空写真をもとに作成されている。
- 情報量によって縮尺が異なる。
  1) 建物の多い市街地や住宅地等＝1,500分の1
  2) 郊外＝3,000分の1
  3) 住宅が少ない農村，山村＝4,500分の1・6,000分の1の縮尺
- 住宅地図は基本的には市区町村単位で出版されている。
人口規模によって分冊になる（東大阪市＝3冊，豊中市・吹田市・高槻市・枚方市＝2冊）合併により市域が拡大した地域も分冊となる。複数の小規模な町村が1冊にまとめて収録される場合もある。
- 電子媒体の住宅地図も存在し，情報量は紙媒体とまったく同じだが，高価である。
高松市の場合，紙媒体：￥15,000，電子媒体：￥380,000（別途アプリケーションソフト『Zmap-TOWN Ⅱ』『OA-Light Ⅲ』＝￥150,000が必要。建物情報については Microsoft Access で利用できるファイル形式になっている）。

(住宅地図の表記上の原則)
- 住宅地図上の名称のない建物とは
  1) 公開情報が入手できなかった場合
  2) 調査拒否・掲載拒否
  3) 倉庫，駐車場・駐輪場など住宅ではない建物
- 地図上に記入される名前について
原則として世帯主と判断がつけば世帯主名を記入する。
世帯主と判断ができない場合（表札が複数出ている等）はすべて名前を掲載する。
事業所名と個人名がある場合も，すべてを記入する。そのため，1つの建物に複数の名前や，事業所名が併記されている場合がある。
住宅地図に記載する情報は，公開されている情報をそのまま記入する（すでに亡くなった人の表札がそのまま掲げられている場合等，実際の居住とは異なる）。
ページの端にある建物が切れてしまう場合
  1) 建物の大半がどちらかのページにある場合＝建物の面積の広い方にのみ名前を記載。
  2) 建物がほぼ半分ずつページをまたがってしまう場合＝両方に名前を記載。

(出典) 大谷信介『住宅地図を使ったサンプリングの可能性――高松市住宅地図分析』2010年，198-199頁をもとに作成。

第2章　住宅地図から作成した「西宮マンションデータベース」

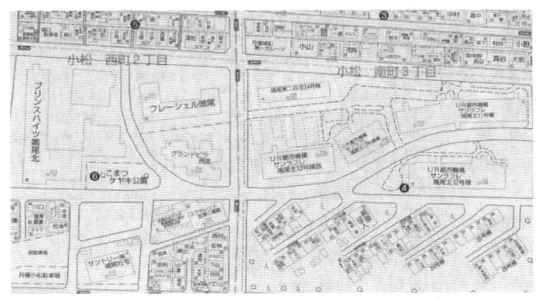

図2-1　ゼンリン住宅地図の例

（出典）『住宅地図西宮市②』をもとに作成。

《なぜゼンリン住宅地図なのか？》

　図2-1のように，ゼンリン住宅地図では地図上で住居を「建物」単位で捉えることが可能である。また，一戸建てであれば個人世帯の名前が，マンションであれば建物の名称が記載されているため，「その住居が一戸建てかマンションか」を判別することもできる。つまり，地図に記載されているマンションをすべて集計すれば，「その地域に何棟のマンションが存在しているのか」が把握可能なのである。さらに町丁字名，番地といった住所に関する事柄も記載されているため，「どこに，どのようなマンションが建てられているのか」を分析することも可能となる。

2　住宅地図は利用可能なのか──高松調査の結果から

　大谷研究室では，2005年に香川県高松市で「住宅地図はどの程度信頼できるのか」を検証している[(2)]。この検証は「住宅地図を調査のサンプリング台帳として利用できるのか」ということを研究する過程において実施されたものである。分析に用いた高松市住宅地図は，2005年7月に製品化された電子媒体と，同年8月に発行された紙媒体の住宅地図であった。検証の具体的な内容および結果は次の通りである。

表2-2 住宅地図から把握できる建物（部屋）数と国勢調査世帯数の比較

	一戸建て	共同住宅	合　計
住宅地図	87,662 (67.0)	43,083 (33.0)	130,745 (100%)
国勢調査	80,231 (62.4)	48,358 (37.6)	128,589 (100%)

（注）2005年国勢調査の数字。「長屋建て」は一戸建ての数字に組み入れた。

（1）住宅地図はどの程度情報を把握しているのか

　まず，国勢調査の世帯数データと比較することによって，住宅地図はどの程度世帯を把握することができるのかを分析した。**表2-2**は住宅地図から把握できる建物（部屋）数と2005年国勢調査の世帯数を比較したものである。国勢調査の数値は公開されているものを参考にし，住宅地図における一戸建ての数字は地図上の「名前のある建物」の数を，「共同住宅」の数字は，住宅地図の巻末の別記情報（後述）から，「人の名前の書いてある部屋」の数をそれぞれ集計した。

　住宅地図，国勢調査の合計の世帯数をみると，住宅地図が13万745世帯，国勢調査が12万8589世帯となり，住宅地図の方が多くなっている。しかし「一戸建て」「共同住宅」という形態別にみると，住宅地図は国勢調査に比べて「一戸建て」のときに世帯数が多くなり，「共同住宅」のときに少なくなっていることがわかる。このような結果となった要因として次のようなことが考えられる。

　まず，「一戸建て」の世帯数が多くなったのは，電子媒体の住宅地図を利用したことがあげられる。たとえば世帯主がわからない3名の名前が記入された建物の場合，紙媒体の住宅地図では，複数の名前が1戸の建物の中に記載されるため，地図上で1世帯と集計可能である。それに対し電子媒体の住宅地図では，名前がすべて「世帯数」としてカウントされるため，3世帯と集計されてしまうのである。そのため，電子媒体の住宅地図を利用すると，居住人数は一致しても世帯数に大きな誤差が生じてしまう可能性がある。このことから，住

第2章　住宅地図から作成した「西宮マンションデータベース」

表2-3　名前表記のパターン

	姓　名	姓のみ	その他	合　計
一戸建て	71,154 (81.2)	16,494 (18.8)	14 (0.0)	87,662 (100%)
共同住宅	10,687 (24.8)	32,357 (75.1)	39 (0.1)	43,083 (100%)
合　計	81,841 (62.6)	48,851 (37.4)	53 (0.0)	130,745 (100%)

(注)　「その他」は，個人の名前か事業所名か判別できないもの。

表2-4　名前表記の文字

漢　字	ひらがな	カタカナ	アルファベット	その他	合　計
126,897 (97.0)	408 (0.3)	3,388 (2.6)	69 (0.1)	53 (0.0)	130,745 (100%)

宅地図で世帯数を把握するためには，紙媒体のものを使用して1つ1つの世帯を手作業で集計していく必要があることがわかった。

また「共同住宅」の世帯数が少なくなったのは，管理人による拒否やオートロック等により，調査不可能なマンションがあったためだと考えられる。そのため，マンション名のみが記載され名前情報がまったく記載されていないケースが存在していた。さらに「共同住宅」の方が「一戸建て」よりも，表札等を出していない世帯が多いこととも関連すると思われる。

さらに住宅地図と国勢調査の世帯数の割合を比較してみると，一戸建てでは67.0%と62.4%，共同住宅でも33.0%と37.6%という結果となり，大きな違いはみられなかったといえる。これらのことをふまえると，住宅地図に記載されている情報は国勢調査データとある程度一致するといえるだろう。

また住宅地図が調査対象者を選定する名簿として活用できるか否かを検証するため，住宅地図上の名前表記がどの程度しっかりしているかを分析した。**表2-3**は，住宅地図上の名前表記のパターンを姓名すべて記入，姓のみ，その他（個人の名前か事業所名か判別できない場合）の次の3つに整理し，一戸建てと共同住宅ごとにまとめたものである。

全体としては，ほぼ100%に近いケースが少なくとも姓だけは記入されてお

り，そのうち62.6%は姓名すべて記入されているという結果になった。また，名前表記の文字に着目した**表2-4**に示されるように，漢字で表記されているものが97%を占めており，ひらがなやカタカナ，アルファベット表示はきわめて少ないという事実が判明した。

　住宅地図では，地図上に番地表示がほとんど記載されており，住所の把握も可能である。つまり，住所と姓だけならばほぼすべてが判明し，住所と姓名が漢字表記で判明するケースが全体の6割以上存在しているのである。さらに一戸建てに限れば，8割以上で姓名が判明するので，その意味ではサンプリング台帳として十分利用することが可能だといえよう。

（2）選挙人名簿サンプリング標本の住宅地図での照合分析

　この検証は，これまでの通常のサンプリング方法であった，公的名簿で抽出した標本を使い，住宅地図の信頼性を確かめたものである。具体的には，高松市選挙管理委員会に出向き，実際に選挙人名簿から抽出した500標本を住宅地図と照合する検証を行った。サンプリングの概要は以下の通りである。

```
場　　　　所：高松市選挙管理委員会（高松市市役所内）
実　施　　日：2005年9月20日・21日
母　集　　団：高松市全域の選挙人名簿に記載されている有権者26万9170名
サンプル数：500
抽 出 方 法：系統抽出法
閲覧転記項目：住所，名前，性別，生年月日
```

　表2-5は，選挙人名簿から系統抽出法によって抽出された標本を，ゼンリン住宅地図で確認できるかを調べたものである。照合作業では，世帯主以外の居住者の可能性もあるため判断材料は姓の一致のみで行っている。この表は，住所・姓がともに一致している，住所は一致しているが姓は不一致，住所が不一致であり姓の照合作業が不可能であった，という3つに分けて整理したものである。その結果，「住所・姓ともに一致」したのは，500標本のうちの358標本で，全体の71.6%を占めていた。

　また不一致の原因を内訳別に集計し，まとめたのが**表2-6**である。

表2-5　選挙人名簿抽出サンプルと住宅地図との照合結果

住所・姓とも一致	住所一致・姓不一致	住所不一致	合計
358 (71.6)	67 (13.4)	75 (15.0)	500 (100%)

（注）　名前の一致は，姓のみが一致している場合は一致とした。

表2-6　不一致の内訳

住所不一致：住所自体が確認できなかった標本＝75標本（15.0%）
　「番地なし」：住宅地図上で番地がまったく書かれていないケース＝46標本
　「番地違い」：サンプルの住所と住宅地図表記が異なった標本＝29標本

住所一致・姓不一致：住所は一致したが名前が一致しなかった標本＝67標本（13.4%）
　「空白」：サンプルの住所がある建物（部屋）に記入なしの標本＝38標本
　「異なった表記」：建物に表記されている名前が異なっていた標本＝29標本

　この数字をどのように考えるかは難しいものの，住所不一致と判断した住居のほとんどが単純な表記ミスであったことから，数字以上の信頼性を想定することは可能である。また，「空白」のカテゴリーは，表札等で名前情報が得られなかったケースで，間違ったデータとは異なることを考えると，この検証における照合率は高い部類に位置づけることができるだろう。

　国勢調査のデータと比較した結果，住宅地図による世帯数の把握は国勢調査とほぼ差がないことがわかり，住宅地図がある程度信頼性があると考えることが可能であろう。また住宅地図の名前表記は6割以上が姓名，3割以上が姓のみが記載されていること，また実際に市町村が把握している選挙人名簿から作成した調査名簿においても7割以上が住所・姓の一致が確認されることから，工夫次第で住宅地図を調査名簿として利用することができると判断可能である。

3　住宅地図の実験的利用——西宮調査の実施

　「高松調査」での結果を受けて，調査企画したのが「西宮調査」である。この研究の当初の問題関心は，住宅地図を使って，「西宮市のマンションの全体像を把握することは可能か」ということであった。マンションが比較的少ない

図 **2-2**　別記情報の例

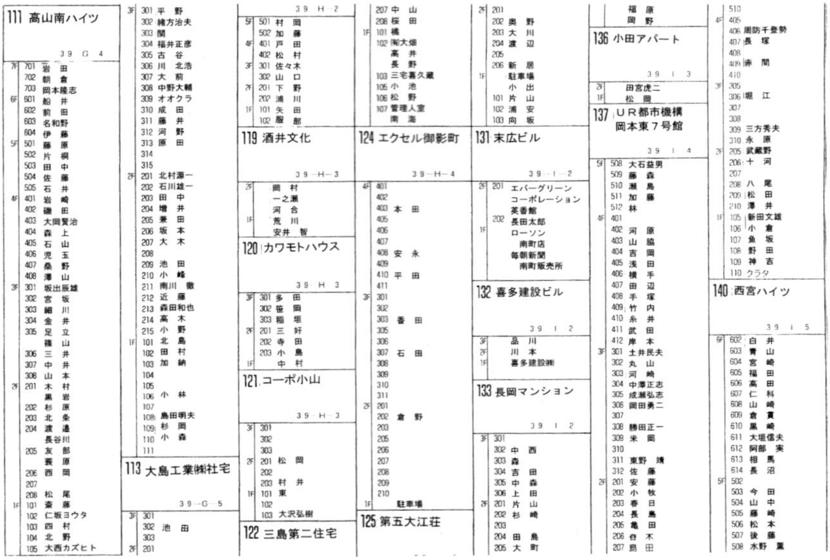
111 高山南ハイツ
39 G 4
7F 701 岩田
702 朝倉
703 岡本隆志
6F 601 船井
602 前田
603 名和野
604 伊藤
5F 501 藤原
502 片桐
503 田中
504 佐藤
505 石井
4F 401 岩崎
402 磯田
403 大岡賢治
404 森上
405 石山
406 児玉
407 桑野
408 澤山
3F 301 坂出辰雄
302 宮坂
303 細川
304 金井
305 足立
篠山
306 三井
307 中井
308 山本
2F 201 木村
黒岩
202 杉原
203 北条
204 渡邉
長谷川
205 友部
蓑原
206 西岡
207
208 松尾
1F 101 斎藤
102 仁坂ヨウタ
103 四村
104 北野
105 大西カズヒト

3F 301 平野
302 緒方治夫
303 関
304 福井正彦
305 古谷
306 川 北浩
307 大前
308 中野大輔
309 オオクラ
310 成田
311 藤井
312 河野
313 原田
314
315
2F 201 北村源一
202 石川雄一
203 田中
204 増井
205 兼田
206 坂本
207 大木
208
209 池田
210 小峰
211 南川 徹
212 近藤
213 森田和也
214 高木
215 小野
1F 101 北島
102 田村
103 加納
104
105
106 小林
107
108 島田明夫
109 杉岡
110 小森
111

113 大島工業㈱社宅
39-G-5
3F 301
302 池田
303
2F 201

39 H 2
5F 501 村岡
502 加藤
4F 401 戸田
402 松村
3F 301 佐々木
302 山口
2F 201 下野
202 浦川
1F 101 矢田
102 服部

119 酒井文化
39-H-3
2F 岡村
一之瀬
河合
1F 荒川
安井 智

120 カワモトハウス
39 H 3
3F 301 多田
302 笹岡
303 稲垣
2F 201 三好
202 寺田
203 小島
1F 中村

121 コーポ小山
39-H-3
3F 301
302
303
2F 201 松岡
202
203 村井
1F 101 東
102
103 大沢弘樹

122 三島第二住宅

207 中山
208 桜田
1F 101 橋
102 ㈲大畑
高井
長野
103 三宅喜久蔵
105 小池
106 松野
107 管理人室
南海

124 エクセル御影町
39-H-4
4F 401
402
403 本田
405
406
407
408 安永
409
410 平田
411
3F 301
302
303 香田
305
306
307 石田
308
309
310
311
2F 201
202 倉野
203
205
206
207
208
209
210
1F 駐車場

125 第五大江荘

2F 201
202 奥野
203 大川
204 渡辺
205
206 新居
1F 駐車場
小出
101 片山
102 浦安
103 向坂

131 末広ビル
39-1-2
2F 201 エバーグリーン
コーポレーション
英香館
202 長田太郎
1F ローソン
南町店
毎朝新聞
南町販売所

132 喜多建設ビル
39 1 2
3F 品川
2F 川本
1F 喜多建設㈱

133 長岡マンション
39 1 2
3F 301
302 中西
303 森
304 吉田
305 中森
306 上田
2F 201 片山
202 杉崎
203
204 田島
205 大町

福原
岡野

136 小田アパート
39 1 3
2F 田宮虎二
1F 松岡

137 UR都市機構
岡本東7号館
39 1 4
5F 508 大石益男
509 藤森
510 瀬島
511 加藤
512 林
4F 401
402 河原
403 山脇
404 吉岡
405 浅田
406 横手
407 田辺
408 手塚
409 竹内
410 糸井
411 武田
412 岸本
3F 301 土井民夫
302 丸山
303 河崎
304 中澤正志
305 成瀬弘志
306 岡田勇二
307
308 勝田正一
309 米岡
310
311 東野 靖
312 佐藤
2F 201 安藤
202 小牧
203 春日
204 長島
205 亀田
206 舎木
207 島田

510
4F 405
406 周防千登勢
407 長塚
408
409 赤間
410
3F 305
306 堀江
307
308
309 三方秀夫
310 永原
2F 205 武蔵野
206 十河
207
208 八尾
209 松田
210 澤井
1F 105 新田文雄
106 小倉
107 魚坂
108 野田
109 神吉
110 クラタ

140 西宮ハイツ
39 1 5
6F 602 白井
603 青山
604 宮崎
605 福田
606 高田
607 仁科
608 山崎
609 倉貫
610 黒崎
611 大垣信夫
612 阿部 実
613 相馬
614 長沼
5F 502
503 今田
504 山中
505 藤崎
506 松本
507 後藤
508 水野 薫

（出典）『住宅地図西宮市②』をもとに作成したイメージ（名称は仮名）。

地方都市高松市ではなく，全国的にみても共同住宅の多い（共同住宅率が62.2%，全国で22位）西宮市において実験的に試みることにしたのである。

《住宅地図をどのように利用したのか？——別記情報への注目》

マンションの実態を明らかにするには，住所・建物名だけでなく，階数・総戸数・世帯数といったより詳細な情報を集める必要がある。そこで注目したのが，巻末に記載されている別記情報である。

マンションでは，一戸建てに比べ世帯数が増えることもあり，公開情報をすべて地図上に記載することが難しくなる。そのため，地図面とは別に，巻末資料に「別記情報」として整理されている。

図2-2のように，別記情報には，各棟別に階数・部屋番号・入居者名が記載されている。この情報から，地図上に記載されている建物が「何階建てなのか」，「どの部屋に誰が住んでいるのか」といったことを把握することができる。

第 2 章　住宅地図から作成した「西宮マンションデータベース」

表 2-7　マンションデータベースの例——サミット夙川の場合

地図面から入力			別記情報から入力				
①建物名	②町丁字名	③番地	④階数	⑤総戸数	⑥形状	⑦類型	⑧入居戸数
サミット夙川Ⅲ	高塚町	4-33	3	10	横型長方形	住居のみ	7
			⑨入居率	⑩漢字姓	⑪漢字姓名	⑫カタカナ	⑬その他
			70.0%	4	1	1	1

つまり，別記情報に記載されている情報をすべて整理していけば，その地域のマンションの全体像を把握することが可能になるのである。

そこで大谷研究室では，別記情報を利用し，西宮市に存在するすべての共同住宅を網羅したデータベースを作成した。それが「マンションデータベース」である。

第 2 節　「マンションデータベース」の作成

マンションデータベースは，2007年版の「西宮市ゼンリン住宅地図」（1巻～3巻）から作成した。具体的には，地図面や別記情報を参照しながら，表 2-7 の①～⑬の項目を Excel に入力したのである。
入力の手順は以下の通りである。
①～③は地図面から入力した。

①建物名
⇒地図中に表記された通りに入力する。
　（図 2-3 の場合…「サミット夙川Ⅲ」）
②町丁字名
⇒○で囲んだように，地図中に太字で書かれたものを入力する。
　（図 2-3 の場合…「高塚町」）
③番地
⇒「●の中に書かれた番号」-「建物の隅に表記された黒い細字」を入力する。

図2-3 サミット夙川Ⅲの地図面

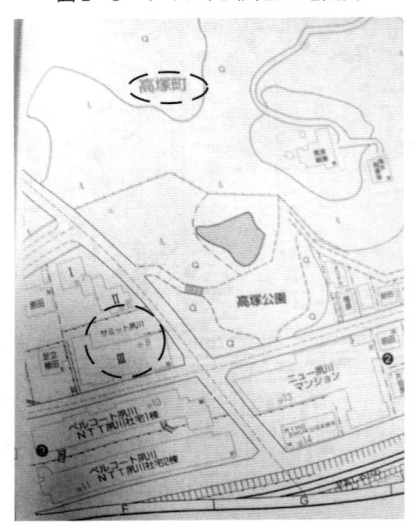

(出典)『住宅地図西宮市②』をもとに作成。

図2-4 サミット夙川Ⅲの別記情報

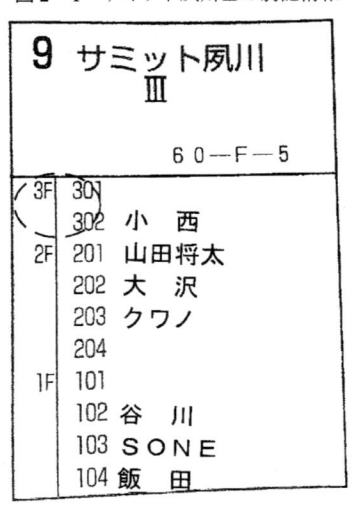

9	サミット夙川Ⅲ	
		60—F—5
3F	301	
	302	小　西
2F	201	山田将太
	202	大　沢
	203	クワノ
	204	
1F	101	
	102	谷　川
	103	ＳＯＮＥ
	104	飯　田

(出典)『住宅地図西宮市②』をもとに作成
　　　(姓名は仮名)。

図2-5 「縦型長方形」の例

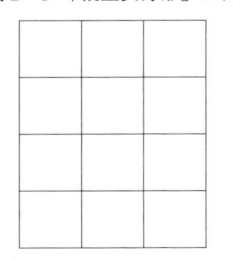

4階で12戸（4×4＝16＞12）

図2-6 「横型長方形」の例

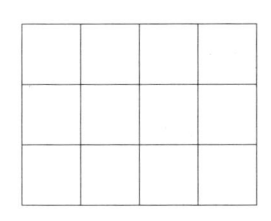

3階で12戸（3×3＝9＜12）

第2章　住宅地図から作成した「西宮マンションデータベース」

（図2-3の場合…4-33）
④～⑬は別記情報から入力した。

④階　数
⇒別記情報に記載されている最上階を判断基準とする。
　（図2-4の場合…○で囲んだ階になるので，「3階」となる）
⑤総戸数
⇒部屋番号が記載されている部屋をすべてカウントする。⁽⁵⁾
　（図2-4の場合…①101・102・103・104・201・202・203・204・301・302というが部屋あるので，「10戸」となる）
⑥形　状
⇒「④階数」と「⑤総戸数」の関係によって，マンションの形を定義することにした。たとえば，総戸数が12戸のマンションを例として説明してみよう。階数が4階建ての場合，1階あたりの部屋数は3戸となるため，図2-5のような縦に長い長方形になる。また階数が3階建ての場合，1階あたりの部屋数は4戸になるので，図2-6のような横に長い長方形となる。

このように，階数を2乗した数字が総戸数よりも少なくなるマンションを「縦型長方形」，大きくなるマンションを「横型長方形」と分類し，該当する方を入力する。なお，この手法では階数の2乗が戸数と等しくなる場合も想定できるため，今回は「正方形」というカテゴリーも用意した。
　（図2-4の場合…3階で10戸（3×3＝9＜10）のため，「横型長方形」となる）
⑦類　型
⇒マンションの中には，1階がコンビニ等の店舗になっているものや，事務所が入っているものが存在する。「類型」はこのようなマンションが「どのぐらいの数が存在するのか」または「どのような特徴があるのか」を把握するために設けた項目である。具体的には，マンションを入居者の名前だけが記載されている「住居のみ」，店舗名もしくは事務所名が記載に含まれる「テナント」

の2つに分類し,該当する方を入力した。
　（図2-4の場合…店舗,事務所と判断できるものは記載されていないため,「住居のみ」となる）
⑧入居戸数
⇒入居戸数は「1棟のマンションにおいて,人の名前が記載されている部屋がどのぐらいあるのか」を把握するために設けた項目である。具体的には,別記情報から,人の名前が記載されている部屋番号をすべてカウントした。
　（図2-4の場合…102・103・104・201・202・203・302が該当するため,「7戸」となる）
⑨入居率
⇒入居率は「別記情報に名前がどの程度書かれているか」を把握するために設けた項目である。具体的には,戸数に対する入居戸数の割合を算出し,入力した。
　（図2-4の場合…7÷10となるので,「70.0%」となる）
⑩～⑬　入居者の名前表記
⇒「⑧入居戸数」でカウントした部屋は,入居者の名前表記を「漢字姓」「漢字姓名」「カタカナ」「その他」の4パターンに分類し,各パターンの表記数を数え,入力した。[6]
　　⑩漢　字　姓…漢字表記で,姓のみ表記している場合。
　　　　　　　（図2-4の場合…4〔302小西,202大沢,102谷川,104飯田〕）
　　⑪漢字姓名…漢字表記で,姓名ともに表記されている場合。
　　　　　　　（図2-4の場合…1〔201山田将太〕）
　　⑫カタカナ…カタカナで姓のみ,または姓名を表記してある場合。
　　　　　　　（図2-4の場合…1〔203クワノ〕）
　　⑬そ　の　他…アルファベット等,漢字・カタカナ以外で表記してある場合。
　　　　　　　（図2-4の場合…1〔103SONE〕）

第3節 西宮市にはどのようなマンションが存在しているのか

ここからは，マンションデータベースによって明らかになった，西宮市のマンションの実態について説明する。このことを通じて，マンションデータベース，およびマンションを棟ベースで把握することの利点や重要性について述べていきたい。

1 データベースで判明した西宮マンションの特徴

マンションデータベースを作成した目的の一つに，「その地域に何棟のマンションが存在するのか」を明らかにすることがある。マンションデータベースを集計したところ，西宮市には7178棟のマンションが存在することがわかった。
　そして入力した項目を活用することで，次のような分析を行うことが可能となった。

（1）階数

　図2-7は7178棟の階数による分布である。この図から，西宮市には3階建てのマンションが最も多いことが読み取れる。さらに表2-8のように階数ごとに棟数と比率を整理すると，3階建ては2628棟存在し，西宮市全体の36.8%を占めていることがわかった。
　3階建てに次いで多かったのは，2階建て（1661棟，23.3%），4階建てが（1076棟，15.1%），5階建て（877棟，12.3%）であり，比率でみるとこの2～5階に約90%のマンションが集中するという結果となった。
　西宮市における最高階のマンションとして，「31階建て」というものが存在することがわかる。このマンションをデータベースで検索してみたところ，両度町にある「ラピタス31西宮」というマンションだということがわかった。

図 2-7 階数の分布

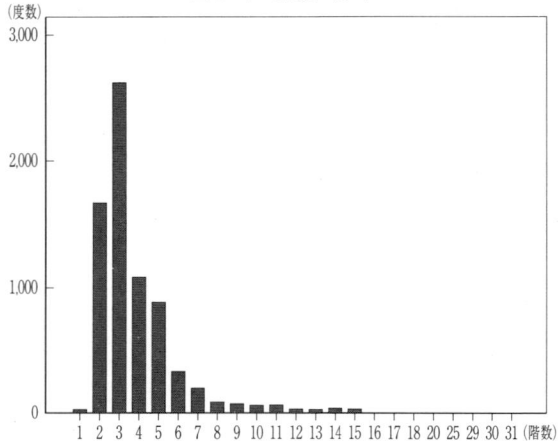

表 2-8 階数の棟数と比率

2 階	1,661 (23.3)
3 階	2,628 (36.8)
4 階	1,076 (15.1)
5 階	877 (12.8)
6 階	326 (4.6)
7 階	193 (2.7)
8 階	80 (1.1)
その他	294 (4.1)
合計	7,135 (100%)
階数不明	43
総合計	7,178

表 2-9 2005年国勢調査とマンションデータベースの比較

	1・2階	3～5階	6～10階	11～14階	15階以上	合 計
国勢調査 (世帯数)	11,249 (9.8)	53,493 (46.4)	29,821 (25.9)	13,546 (11.7)	7,209 (6.3)	115,318 (100%)
データベース (棟 数)	1,682 (23.4)	4,580 (63.8)	715 (10.0)	124 (1.7)	34 (0.6)	7,135 (100%)

(注) マンションデータベースは，階数不明43棟を欠損値として集計している。

《世帯数ベースの階数分布との比較——国勢調査との比較》

 1章でふれたように国勢調査では，世帯数が階数別に整理されている。そこで「世帯数ベース」の国勢調査を，「棟数ベース」のマンションデータベースと比較することにした（**表2-9**）。すると，国勢調査には「世帯数ベース」であるがゆえの問題点も明らかになった。

 表2-9は国勢調査の世帯数とマンションデータベースの棟数を階数別に整理し，その比率を表したものである。マンションデータベースと比較すると，国勢調査は「1・2階建て」では23.4%から9.8%に，「3～5階建て」では63.8%から46.4%に大きく減少していた。反対に「6～10階建て」では10.0%から25.9%に，「11～14階建て」では1.7%から11.7%に，「15階建て以上」では

0.6%から6.3%に，増加していたのである。

　世帯数は，マンションの部屋数に影響される部分が大きい。そして部屋数の多いマンションは，階数の高いマンションに多くなると予測できる。つまり，世帯数ベースで分析を行うと，必然的に階数の低いマンションでは比率が下がり，高いマンションでは上がる傾向があるのである。さらに言えば，国勢調査には上記のように「1・2階」「3～5階」「6～10階」「11～14階」「15階～」という大まかな区分でしか分類されていないため，各階ごとにマンションの特徴を整理することができなくなっている。

　このような点を考慮すると，マンションの実態を把握するには，世帯数ベースの指標だけでは不十分だといえる。「世帯数ベース」の弱点を補うためにも，「建物ベース」による指標も必要といえるだろう。

（2）総戸数

　図2-8は7178棟のマンションにおける1棟あたりの総戸数の分布を，表2-10はその分布の中から100棟以上存在したマンションを抜き出し，総戸数別の棟数とその比率を表したものである。この図および表からは，西宮市には1棟あたり6戸のマンション（831棟，12.8%）が最も多いこと，全体的に30戸までに集中していることが読み取れる。また，西宮市における最大戸数のマンションは「448戸」であり，このマンションをデータベースで検索すると2棟が該当した。この2棟はいずれも高須町にある「武庫川団地」であり，「UR」で「14階建て」という共通点があった。

　さらに総戸数では，階数との関係についても分析することにした。表2-11は，階数を「1・2階」「3階」「4階」「5階」「6階以上」に区分し，総戸数とクロスさせたものである。総戸数の側は，100棟以上存在したものを抜き出し，それ以外のものを「30戸以内のその他」と「31戸以上」とに分けている。なお「1・2階」については，1階建てのマンションは20棟しかないことから，ほとんどが2階建てであると解釈できる。

　この表から，1・2階建てでは「4戸」「6戸」「8戸」，3階建てでは「6

図2-8 戸数の分布

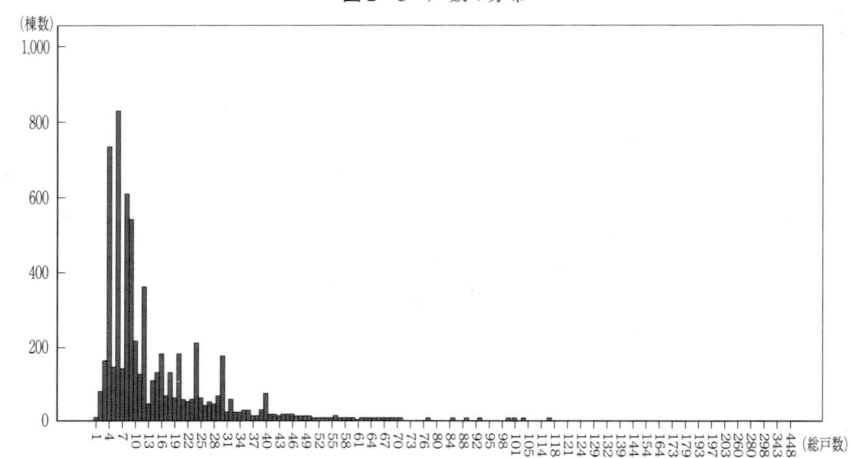

表2-10 「総戸数」の棟数とその比率

4戸	6戸	8戸	9戸	10戸	12戸	15戸	16戸	18戸	20戸	24戸	30戸	その他	合計	戸数不明	総合計
734 (11.3)	831 (12.8)	611 (9.4)	539 (8.3)	218 (3.4)	364 (5.6)	129 (2.0)	185 (2.9)	135 (2.1)	181 (2.8)	209 (3.2)	174 (2.7)	2,179 (33.6)	6,489 (100%)	689	7,178

表2-11 階数ごとに見た戸数の棟数及び比率

	4戸	6戸	8戸	9戸	10戸	12戸	15戸	16戸	18戸	20戸	24戸	30戸	～30戸その他	31戸以上	合計
1・2階	547 (37.6)	338 (23.2)	262 (18.0)	7 (0.5)	79 (5.4)	35 (2.4)	3 (0.2)	16 (1.1)	10 (0.7)	4 (0.3)	3 (0.2)	0 (0.0)	148 (10.2)	2 (0.1)	1,454 (100%)
3階	150 (6.3)	426 (17.8)	234 (9.8)	464 (19.4)	95 (4.0)	229 (9.6)	54 (2.3)	24 (1.0)	66 (2.8)	24 (1.0)	27 (1.1)	13 (0.5)	565 (23.6)	20 (0.8)	2,391 (100%)
4階	25 (2.6)	55 (5.7)	83 (8.7)	50 (5.2)	19 (2.0)	56 (5.8)	32 (3.3)	104 (10.9)	29 (3.0)	39 (4.1)	125 (13.0)	6 (0.6)	253 (26.4)	82 (8.6)	958 (100%)
5階	7 (0.8)	10 (1.2)	25 (3.0)	17 (2.1)	16 (1.9)	35 (4.2)	24 (2.9)	23 (2.8)	20 (2.4)	87 (10.5)	32 (3.9)	136 (16.4)	215 (25.9)	182 (22.0)	29 (100%)
6階以上	0 (0.0)	2 (0.2)	3 (0.4)	1 (0.1)	8 (1.0)	9 (1.1)	16 (1.9)	17 (2.0)	10 (1.2)	27 (3.2)	22 (2.6)	19 (2.3)	211 (25.1)	494 (58.9)	839 (100%)
合計	729 (11.3)	831 (12.8)	607 (9.4)	539 (8.3)	217 (3.4)	364 (5.6)	129 (2.0)	184 (2.8)	135 (2.1)	181 (2.8)	209 (3.2)	174 (2.7)	1,392 (21.5)	780 (12.1)	6,471 (100%)

(注) 階数・戸数が不明だった697棟は，欠損値として集計している。

第2章　住宅地図から作成した「西宮マンションデータベース」

表2-12　戸数規模別に見た西宮マンション

小規模	中規模	大規模	合　計	戸数不明	総合計
3,473 (53.5)	2,235 (34.4)	780 (12.0)	6,489 (100%)	689	7,178

戸」「9戸」，4階建てでは「16戸」「24戸」に，5階建ては「20戸」「30戸」のマンションが多いことが読み取れる。このことをふまえて考えると，戸数には「階数の倍数のときに多くなる」傾向があるといえる。また6階建て以上では，「31戸以上」のマンションが半数以上も存在することがわかった。

そしてこれらの分析を参考にし，以下のように「小規模」「中規模」「大規模」という戸数の区分を設けることにした。

```
1～10戸＝「小規模マンション」
11～30戸＝「中規模マンション」
31戸以上＝「大規模マンション」
```

この区分をもとに，戸数を整理したのが**表2-12**である。この表から，西宮市には「小規模」のマンションが3473棟で最も多く，50%以上を占めることが読み取れるのである。

（3）入居率

入居率からは，別記情報において名前が記載されていた部屋がどのくらい存在するのかが分析できる。しかし，別記情報において「空欄」となっている部屋は，必ずしも「空き家」とは限らない。なぜなら，公開情報がない場合，または表札の掲載を拒否している場合もあり得るからである。そのため入居率については，あくまで仮説的見解になる。

図2-9は7178棟の入居率の分布，**表2-13**は分布の中から100棟以上存在したマンションを抜き出し，棟数と比率を示したものである。この図と表からは，すべての名前が書いてある別記情報「入居率100%」のマンションが全体で14.1%であったということがわかる。一方，まったく記入されていないマンション（入居率0%）も，5.4%存在した。このようなマンションは，「管理人

図 2-9　入居率の分布

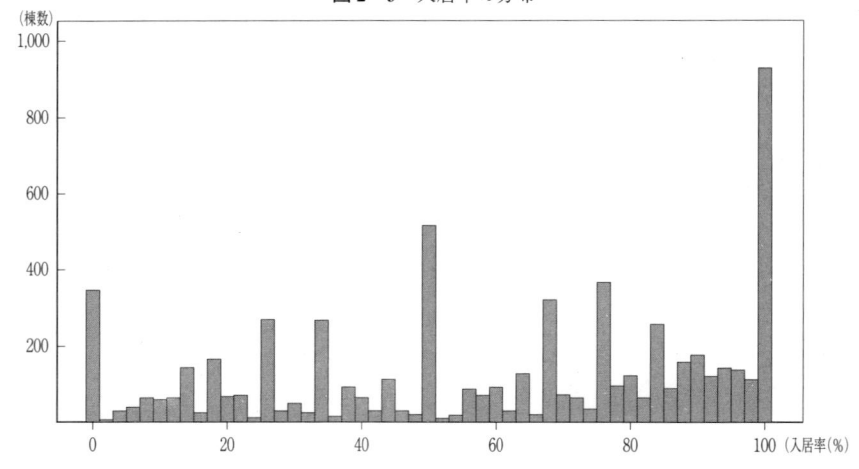

表 2-13　入居率の棟数とその比率

0%	13%	17%	25%	33%	50%	63%	67%	75%	83%	88%	89%	100%	その他	合計	戸数不明	総合計
350 (5.4)	112 (1.7)	159 (2.5)	264 (4.1)	267 (4.1)	518 (8.0)	104 (1.6)	313 (4.8)	354 (5.5)	245 (3.8)	125 (1.9)	101 (1.6)	914 (14.1)	2,663 (41.0)	6,489 (100%)	689	7,178

表 2-14　規模別の入居率

	入居率				合計
	0-25%	26-50%	51-75%	76-100%	
小規模	863 (24.8)	880 (25.3)	752 (21.6)	979 (28.2)	3,474 (100%)
中規模	464 (20.8)	360 (16.1)	443 (19.8)	968 (43.3)	2,235 (100%)
大規模	71 (9.1)	46 (5.9)	146 (18.7)	517 (66.3)	780 (100%)
合計	1,398 (21.5)	1,286 (19.8)	1,341 (20.7)	2,464 (38.0)	6,489 (100%)

に拒否された場合」か「入居者情報が外からまったく見えない場合（オートロック等）」が仮説的に考えられる。

第❷章 住宅地図から作成した「西宮マンションデータベース」

表2-15 西宮市と高松市における名前表記の比較

	姓のみ	姓名	その他	合計
西宮マンションデータベース	58,861 (75.4)	15,348 (19.7)	3,812 (4.9)	77,821 (100%)
高松市（共同住宅）	32,357 (75.1)	10,687 (24.8)	39 (0.1)	43,083 (100%)

表2-16 西宮市と高松市における名前表記の文字の比較

	漢 字	その他	合 計
西宮マンションデータベース	74,209 (95.1)	3,812 (4.9)	77,821 (100%)
高松市（共同住宅）	126,827 (97.0)	53 (0.0)	130,745 (100.0)

また表2-14のように入居率に区分を設けてみてみると，75%以上記載されているものが38.0%，半分以上記載されているものが58.7%存在していることがわかる。規模別にみると，名前記入が多い（入居率が高い）マンションが，大規模マンションで多く，小規模マンションはやや少ない傾向となった。ただし，これについては「大規模マンションの方が，入居者一覧（公開情報）が見やすいため」という仮説を考えることが可能である。

(4) マンションデータベースの名前表記の実態

表2-15は名前表記における，西宮市と高松市の比較である。高松調査の区分に合わせるため，マンションデータベースの「漢字姓」を「姓のみ」，「漢字姓名」を「姓名」として扱い，「その他」のなかには「カタカナ」を含んだ。なお，「合計」の数値は「入居戸数」の総数としている。

西宮市では，姓のみが75.4%，姓名が19.7%となり，少なくとも姓のみが把握できるのは95.1%となることが読み取れる。この結果を高松市と比較してみると，「姓名」が把握できる比率は，高松市に比べて低かったものの，「姓のみ」までが把握できる比率はほぼ同じであるという結果であった。

さらに「入居者名はどのぐらい漢字で表記されているのか」に着目してみる

と，西宮市では漢字表記が95.1%であり，高松市の97.0%とほぼ同じ数字であった（表2-16）。マンションデータベースでは，入居者の名前だけでなく，「町丁字名」「番地」が入力されていることを考えると，何らかの工夫をすれば，共同住宅に関してもマンションデータベースを「調査名簿」として利用できると考えられる。

2　マンションデータベースで「分譲」「賃貸」は判別できるか

　マンションデータベースで「公営」「社宅」「分譲」「賃貸」といった居住類型の分類は可能なのだろうか。「公営」および「社宅」であれば，建物名からある程度分類できるだろう。なぜなら，公営住宅の場合は建物名に「市営」「県営」と名の付くもの，社宅であれば企業名が冠しているもの（「株式会社〇〇社員寮」といったもの）を抽出すればよいからである。
　それでは分譲・賃貸マンションにおいても，建物名によって分類することは可能なのだろうか。分譲マンションであれば，メーカーごとに「ライオンズ」（大京），「ルネ」（綜合地所）といったマンションのシリーズ名が設定されているため，このことを足掛かりにしていけば可能となるかもしれない。そこで「どの会社がどのような名前のマンション・シリーズを展開しているのか」をホームページ等で調べていき，マンションデータベースからどの程度「分譲」マンションを判別できるのかを検証していくことにした。具体的な検証方法は次の通りである。

（1）対象とする不動産会社を決定

　今回参考にしたのは，不動産経済研究所による，「全国住宅・マンション供給調査企業別ランキング2007年」の「近畿圏」の資料である[7]。そのなかから1998〜2007年の10年間で供給戸数ベスト5に入ったことのある不動産会社である14社を対象とすることにした（表2-17）。

第❷章　住宅地図から作成した「西宮マンションデータベース」

表2-17　過去10年間で供給戸数ベスト5に入った不動産会社（14社）

近鉄不動産，日本エスリード，阪急不動産，藤和不動産，プレサンスコーポレーション，大和ハウス工業，大京，東急不動産，日本エスコン，丸紅，コスモスイニシア，綜合地所，野村不動産

（2）14社が使用しているシリーズ名を抽出

　対象とした14社のなかには，ホームページに詳細な過去の分譲実績が公開されている会社と，されていない会社が存在した。そのため，それぞれのケースに対応した抽出方法をとることにした。

①公開されている会社の抽出方法

　公開されている会社については，そのシリーズ名からマンションを照合していった。マンション分譲会社のホームページには，過去にその会社が供給した分譲マンションを，「分譲実績」「供給実績」「ライブラリー」という名前で公開しているものがある。このなかから，西宮市に供給されたものを1棟1棟チェックし，マンション名がマンションデータベースと一致するものを抽出していったのである。

②公開されていない会社の抽出方法

　公開されていない会社については，まずその会社の主要シリーズ名をホームページから調べ，そのシリーズ名がつくマンションをデータベースから検索した。そこからさらに検索したものを1つ1つその会社の分譲シリーズかどうか検討し，一致すると判断できたものだけを抽出した。なお，抽出ワードを含むが，その分譲シリーズかどうか疑わしいものは，その会社のホームページまたは各種不動産斡旋会社のホームページから照合を行っている。

　以上の作業を経て，分析結果をまとめたのが**表2-18**と**表2-19**である。
　照合できたマンションは公開されていた会社（表2-18）において110棟，公開されていない会社（表2-19）において42棟であった。すなわち，マンションデータベースから抽出できた分譲マンションは合計で152棟となる。

47

表2-18　公開されている会社で抽出できた棟数

不動産会社名 (代表的なシリーズ名)	西宮マンションデータベース で照合できた棟数
阪急不動産（ジオ）	9
藤和不動産（藤和）	22
日本エスコン（ネバーランド）	4
丸紅（グランスイート，ファミール）	13
コスモスイニシア（コスモ，フォルム）	9
綜合地所（ルネ）	25
野村不動産（コープ野村，ステイツ，ヒルズ）	28
照合できた棟数の合計	110

表2-19　公開されていない会社で抽出できた棟数

会社名 (代表的なシリーズ名)	マンションDBからシ リーズ名で抽出した棟数	左記のうちでその会社分譲 シリーズと確認できた棟数
近鉄不動産（ローレル）	9	5
日本エスリード（エスリード）	3	3
プレサンスコーポレーション（プレサンス）	0	0
大和ハウス工業（ディー，プレミスト）	2	2
大京（ライオンズ）	18	18
東急不動産（プレステージ，アルス，ブランズ）	22	12
住友不動産（シティ，グランドヒルズ）	9	2
照合できた棟数の合計		42

　今回の検証は，対象を14の不動産会社に絞って行った。しかしそのことを差し引いても，この数字は7178棟という全棟数を考慮すれば少ないといわざるを得ない。そのため，西宮市の分譲マンションの全体を捉えられているとは言い難く，建物名からは分譲と賃貸が判別できないという結果になったといえる。このことはマンションデータベースの最大の弱点であるといえるだろう。

　ただし，検証する分譲マンション会社を増やすことで，より多くの分譲マンションを捉えていくことができる可能性は膨らむかもしれない。そこで参考までに，「西宮市に存在する7178棟のマンションの中で，多く使われていることばは何か」について分析してみることにした。

　表2-20はその集計結果である。最も多かったのは「ハイツ」であり，「ビル」「マンション」が続くことになった。ただし，マンションデータベースで

第2章　住宅地図から作成した「西宮マンションデータベース」

表2-20　マンション名によく使われることば

順位	ことば	棟数	順位	ことば	棟数
1	ハイツ	798	6	荘	180
2	ビル	544	7	ハイム	153
3	マンション	509	8	コーポ	105
4	メゾン	277	9	アパート	72
5	ハウス	183			

　建物名のことばを分類しようとするのも，なかなか難しい作業であった。なぜなら，「メゾン夙川第一ハイツ」のように，「メゾン」とも「ハイツ」とも取れてしまうマンションが存在するからである。このようなマンションをどのように分類するかについても，今後検討していく必要があるだろう。

第4節　マンションデータベースはどの程度信頼できるのか？

　マンションデータベースを利用したことにより，「西宮市には7178棟のマンションが存在する」「最も多いのは3階建てである」といったことがみえるようになった。しかしこの結果が「西宮の実態を捉えたものである」というには，「マンションデータベースが信頼できるデータである」ことを検証する必要がある。そこで第1章の既存データ研究で扱った，市役所・県公社が保有する市営・県営住宅のデータと，マンションデータベースとを照合することにした。

1　公的データとの照合

　照合は以下のような手順で行った。

(1) マンションデータベースで建物名に「市営」「県営」を含む建物を抽出し，市役所・県公社データと照合する
(2) 一致しなかったマンションについて，その原因を分析する

図2-10 「市営」「県営」の抽出例

マンションデータベースの例

①建物名	②町丁字名	③番地	④階数	⑤総戸数
ファミール幸陽	神園町	8-42	2	4
市営泉町団地4号棟	泉町	4-5	5	30
市営泉町団地3号棟	泉町	2-3	5	30
市営泉町団地2号棟	泉町	2-2	5	29
イズム甲陽園	甲陽園西山町	1-58	3	0
朝倉ビル	甲陽園西山町	1-67	2	0
県営仁川高層住宅C棟	仁川町2丁目	1-21	9	55
県営仁川高層住宅B棟	仁川町2丁目	1-21	9	87
県営仁川高層住宅A棟	仁川町2丁目	1-21	9	60
レイテルスミュー	前浜町	8-15	3	11

マンションデータベースにおける市営住宅一覧の例

建物名	住所	
市営泉町団地4号棟	泉町	4-5
市営泉町団地3号棟	泉町	2-3
市営泉町団地2号棟	泉町	2-2

マンションデータベースにおける県営住宅一覧の例

建物名	住所	
県営仁川高層住宅C棟	仁川町2丁目	1-21
県営仁川高層住宅B棟	仁川町2丁目	1-21
県営仁川高層住宅A棟	仁川町2丁目	1-21

図2-11 照合における注意点

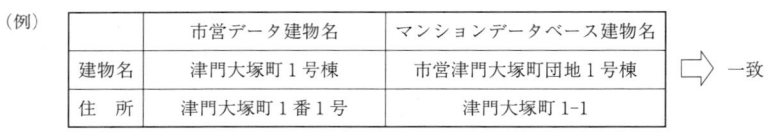

(例)

	市営データ建物名	マンションデータベース建物名	
建物名	津門大塚町1号棟	市営津門大塚町団地1号棟	一致
住所	津門大塚町1番1号	津門大塚町1-1	

(注) 建物名が微妙に異なっていても，同一の建物と判断できれば「一致」とした。

(1)「市営」「県営」を含む建物の抽出と照合

　市役所・県公社データの詳細は，第1章でふれた通りである。これらのデータとの照合を可能にするために，マンションデータベースにおける「市営住宅」「県営住宅」を整理した。具体的には，建物名に「市営」，「県営」を含むものをそれぞれ抽出し，照合に必要な建物名と住所の一覧を作成したのである（図2-10）。

　そしてこの市営・県営別にマンションデータベースを，市役所・県公社のデータと1つ1つ照合していった。なお照合の際，図2-11のように同一の建物と断定できるものだけを「一致」としそれ以外はすべて「不一致」とした。

(2) 一致しなかったマンションの考察

さらに照合で不一致となったマンションについては、その原因を分析し、マンションデータベースの信頼性をより詳しく確認することを試みた。具体的には、まず一致しなかったマンションをすべて視察することにした。

マンションデータベースのもととなったゼンリン住宅地図では、主に表札・看板等の公開情報を集めて住宅地図が作成されていた。つまり、不一致となったマンションには公開情報に何らかの問題が生じている可能性があると考えたのである。なお視察の際、不一致の原因をとくに表しているマンションについては、写真を撮るようにした。また不一致のマンションに関する疑問や、視察を行っても不一致の原因がわからなかった場合は、市役所・県住宅供給公社へ聞き取り調査を実施した。聞き取り調査の詳細については以下の通りである。

○ 西宮市都市局都市計画部住宅政策グループへの聞き取り調査
　方法：訪問（2009年1月5日）、メール
○ 兵庫県住宅供給公社への聞き取り調査
　方法：メール

2 公的データとの照合結果

(1) 市営住宅

表2-21は市営住宅における照合結果を表したものである。市役所データによれば、西宮市には225棟の市営住宅が存在している[8]。そのうちマンションデータベースで照合できたものは184棟、できなかったものは41棟であった。

不一致となったケースは、**表2-22**のような要因であった。そのなかで最も多かったケースは「建物名に市営が含まれていない」であった。

これは市役所データでは記載があったものの、マンションデータベースでは市営と扱わなかったケースである。原因としては、「市営」を冠していないものを、すべてリストから除外したことだといえるだろう。

そこで市営住宅において、このケースで不一致となったマンションを、デー

表2-21 市営住宅における照合結果

市役所データ	マンションデータベース		照合率
	一致	不一致	
225	184	41	(81.8)

表2-22 市営住宅における不一致要因

建物名に「市営」が含まれていない	…34棟
建物の一部が借り上げ県営住宅	… 4棟
その他（県公社の管理体制の問題など）	… 3棟

表2-23 市営住宅の不一致リストの一部

市役所データ名	マンションデータベース住宅名	住　　所
東鳴尾1丁目1号棟	東鳴尾1丁目団地1号棟	東鳴尾1丁目
東鳴尾1丁目2号棟	東鳴尾1丁目団地2号棟	東鳴尾1丁目
東鳴尾1丁目3号棟	東鳴尾1丁目団地3号棟	東鳴尾1丁目
伏原町1号棟（北棟）	伏原町公社住宅北棟	伏原町
伏原町2号棟（南棟）	伏原町公社住宅北棟	伏原町
分銅町	分銅町公社住宅	分銅町
末広町	末広町公社住宅	末広町
池田町	西宮市池田町住宅	池田町
田近野町1号棟	西宮市田近野第1団地	田近野町
田近野町2号棟	西宮市田近野第1団地	田近野町
田近野町3号棟	西宮市田近野第1団地	田近野町
樋ノ口1丁目1号棟	西宮市樋ノ口町1丁目団地1号棟	樋ノ口1丁目
樋ノ口1丁目2号棟	西宮市樋ノ口町1丁目団地2号棟	樋ノ口1丁目

タベースから検索し比較してみることにした（**表2-23**）。その結果，建物名は，「団地」「公社住宅」「西宮市」といったことばが加えられているだけで，市役所データと大きな違いがないことが判明した。さらに住所については，ほぼすべてのマンションで一致していたことから，マンションデータベースではこのケースで不一致となったマンションを特定できた可能性が高いといえる。

その他のケースとしては，「芦原町33号棟」の事例について紹介したい（「借り上げ住宅」については後の県営で詳しく述べることにする）。このマンションはゼンリン住宅地図上で「森下町住宅33号棟」と記載されていた。このことについて市役所に問い合わせてみたところ，次のような回答であった。

第❷章　住宅地図から作成した「西宮マンションデータベース」

図2−12　ゼンリン住宅地図における「芦原町33号棟」近辺

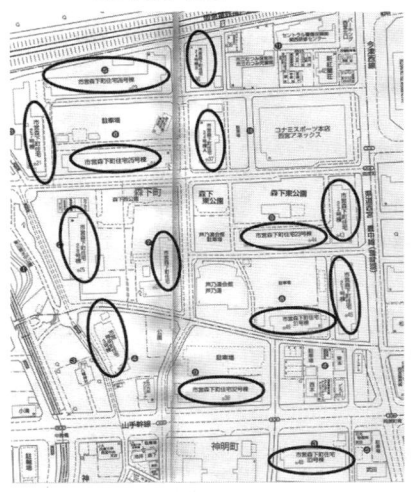

図2−13　芦原町33号棟（建物）

図2−14　森下住宅の一部

(注)　「ゼンリン住宅地図西宮市②地図面64」から作成。建物の見た目がほぼ同じものに丸をつけた。

> 森下住宅31号棟が森下町にあります。その続きで33号棟を建設したので，芦原町にありますが，森下住宅33号棟という名称になっているのではないでしょうか。しかしこれはおそらく，の話です。30年以上前のことなので，理由は不明です。
> 〈西宮市都市局都市計画部住宅政策グループへの聞取り調査〉

しかし実際に視察したところ，看板には「芦原町33号棟」と記載されていたため，おそらくゼンリン住宅地図作成時の誤認であることがわかった。「芦原町33号棟」の付近（図2−12）には「森下町住宅」の棟が数多く存在し，外観はほとんど変わらない。さらに，森下町住宅には各棟別に号数がつけられている。このことから，ゼンリン調査員が「芦原町33号棟」を，森下住宅の「33号棟」として記載してしまったと考えられる（図2−13，図2−14）。

表 2-24　県営住宅における照合結果

県公社データ	マンションデータベース		照合率
	一致	不一致	
104	75	29	(72.1)

表 2-25　県営住宅における不一致要因

建物の一部が借り上げ住宅	…25棟
建物名に「県営」が含まれていない	…4棟

図 2-15　武庫川団地

（2）県営住宅

　表 2-24は県営住宅における照合結果である。県公社データでは，西宮市に104棟の県営住宅が存在している。そのうちマンションデータベースと一致したものは75棟，不一致が29棟で，照合率は72.1%となった。

　県営住宅における不一致で最も多かったのは「借り上げ住宅」であった（表2-25）。事例としては「武庫川団地」があげられる。

　武庫川団地は，マンションデータベースにおいて1〜32号棟のすべてがUR扱いとなっていた。しかし，そのうちの17棟はURではなく借り上げ県営住宅だったのである。誤認の原因は，住宅表示がすべてUR住宅であるように書か

第2章　住宅地図から作成した「西宮マンションデータベース」

表2-26　県営住宅の不一致リストの例

県公社データの住宅名	マンションデータベースの住宅名	住　所
西宮老松鉄筋（棟数3）	老松団地1号棟 老松団地2号棟 老松団地3号棟	老松町 老松町 老松町
西宮上之町鉄筋（棟数1）	西宮上之町鉄筋住宅	上之町

れていたからだと思われる（図2-15）。

　借り上げ住宅には建物名にカタカナを含むもの，外観が華美であるものが多く，公開情報から作成するゼンリン住宅地図で把握するのは難しくなっている。そのため，「借り上げ公営住宅」を把握したければ，ゼンリン住宅地図以外のデータ・資料を活用する必要があるかもしれない。しかしながら，マンションデータベースではこのマンションの建物名・住所・そしてURであることまでは特定できていたと考えることもできる。よってこのケースにおいては，「一致」の基準を厳し目に設定し照合を行ったことが原因と考えられる。

　また県営住宅においても，建物名に「県営」が入っていないため，不一致となったケースも存在した。そこで市営住宅と同様の比較を行ってみたところ（表2-26），こちらも建物名が微妙に異なるだけであり，住所はほぼすべてのマンションで一致していた。このことから，『建物名に「県営」が入っているもののみ』という基準はやや厳しいものであったことがうかがえる。

　また，県営住宅では次のようなマンションが存在した。

　「第2甲子園団地（別名アメニティーコート）」は，マンションデータベースで県営住宅として扱ったものである。実際に視察を行ったところ，図2-16の看板のように県が所有する建物であることは間違いなさそうであった。しかし，この建物は県営住宅のリストには記載されてなかった。この原因について，兵庫県住宅供給公社の方に直接お話を伺ったところ，以下のような回答があった。

> これは県営住宅ではなく，兵庫県住宅供給公社の物件です。
> 〈兵庫県住宅供給公社への聞取り調査〉

図2-16　アメニティーコート

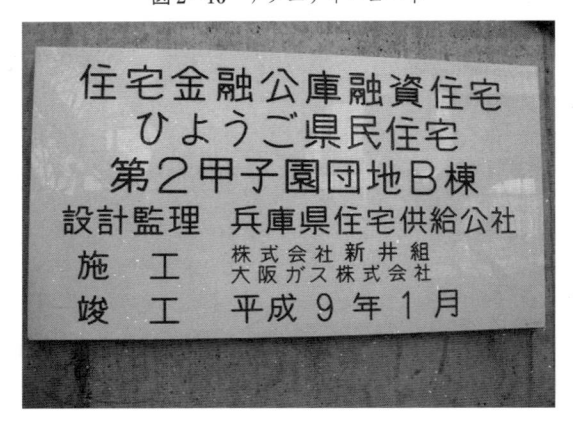

　つまり，「県営住宅」とは別に，兵庫県住宅供給公社が独自に保有する「県公社住宅」が存在するのである。このことから，県の所有する建物は，部署によって別々に管理されているということがうかがえる。

　マンションデータベースを公的データと照合した結果，照合できたマンションは市営で81.8%，県営で72.1%存在した。また「不一致」マンションのほとんどが「市営」「県営」および「一致」の基準が厳しかったためだと位置づけられた。さらに不一致となったマンションでも，マンションデータベース自体は，実在しているマンションを特定できていたことを鑑みると，「マンションデータベースは信頼性の高いデータである」と考えることができるであろう。

注
(1) 大谷信介「住宅地図を使ったサンプリングの可能性：高松市住宅地図分析」『松山大学論集』21巻4号，2010年3月，195-208頁。
(2) 高松市を対象としたのは，住宅地域，工業地域，商業地域，農村地域などが混在し，極端な地域の偏りがない市町村と判断したためである。検証の結果については，大谷信介編著『危機的調査環境下における新たな社会調査手法の開発』2005〜2008年科学研究費［基盤研究（A）］研究成果報告書，2009年6月を参照されたい。

(3) 住宅地図は，B4版とA4版で別記番号が異なる場合がある。2つを併用して入力する際は注意が必要である。番号が異なる場合は，建物名を基準に別記情報から同じ建物を地道に探すことになる。
(4) 建物の隅に番地を表す数字表記のない場合は，③「番地」には「0」を入力する。
(5) 部屋番号のないマンションの場合には，「建物に関する情報」の⑤「総戸数」および⑧～⑬の欄がすべて0と入力されている。

記入例～ヒルサイド仁川2の場合，

①建物名	…	⑤	…	⑧	⑨	⑩	⑪	⑫	⑬
ヒルサイド仁川2	…	0	…	0	0	0	0	0	0

(6) 1部屋に居住者名が複数あり，表記パターンが異なる場合は，上に記載されている方をカウントする。
(7) 不動産経済研究所による「全国住宅・マンション供給調査企業別ランキング2007年」は，以下のホームページを参照した。http://www.eslead.co.jp/company/news/07ranking.html
(8) 市役所データによると，西宮市内の市営住宅は281棟である。そのうちの住宅名に「木造（21軒）」，「テラス（35棟）」を含むものはそれぞれ「一戸建て」，「長屋建て」と考えられるので，マンションの市営住宅は224棟と推測された。
(9) 県公社データによると，西宮市内の県営住宅は106棟である。そのうち住宅名に2棟はテラスだったのでマンションの県営住宅は104棟と推測された。

第3章
西宮市におけるマンション空間立地分析

　第2章では，ゼンリン住宅地図の地図面と別記情報から作成したマンションデータベースについて述べた。このデータを活用することで，マンションの特徴を「棟ごとに」捉えることが可能になった。しかし，鉄道・道路・都市計画法といった情報を追加すれば，マンションの立地・空間的特徴を明らかにすることもできる。そこで本章では，マンションデータベースに新しく「最寄駅」「駅からの距離」「道路情報」「用途地域」という4つの項目を作成し，これらを活用して，「西宮市のマンションがどのような立地条件のもとに建てられているのか」について分析を行った。

第1節　西宮市の概要と都市計画による規制

1　西宮市の地理的概況

　西宮市は，兵庫県南東部にあり，神戸市と大阪市の中間地に位置する。南北に長い地形で，北部の山地部と南部の平野部に分かれている。面積は100.18km²で，人口48万2640人の中核市である。図3-1は，西宮市にある3鉄道とその23駅名，4本の主要国道を地図中に記入したものである。これを用いて西宮市の地理的概況を整理してみよう。

図3-1　西宮市の主要地図

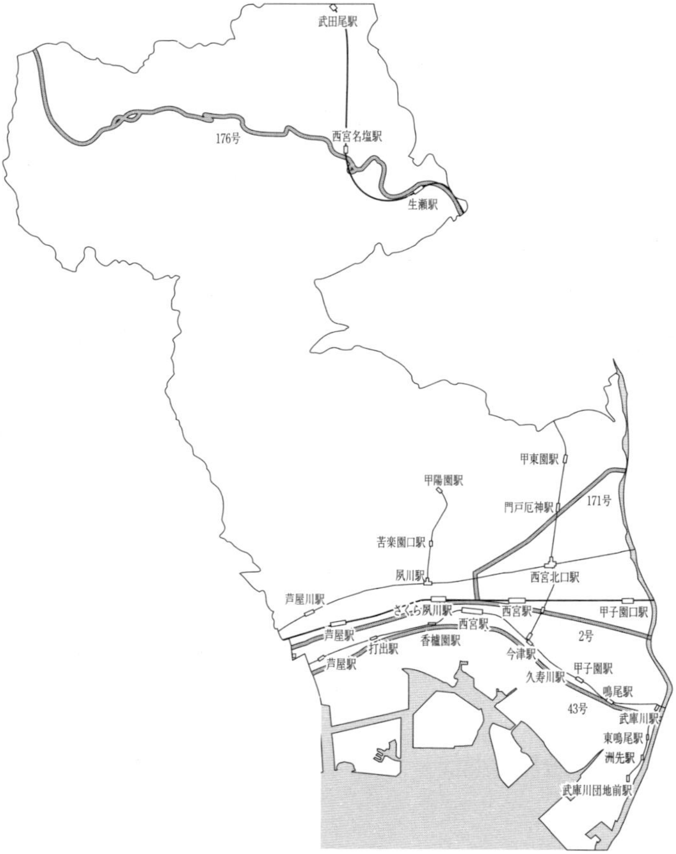

（1）鉄　道

　西宮市にはJR西日本，阪神電気鉄道，阪急電鉄の3本の鉄道（以下JR・阪神・阪急とする）が，市街地である南部を中心に通っている。JRには市の北部を通る福知山線と南部を通る神戸線の2線がある。神戸線の西宮駅は，日ごとの乗降客数（以下，乗降客数）が約4万人と市内で3番目に多く，駅前には複合商業施設が並んでいる。[2]

　阪神には市内を東西に通っている阪神本線と，本線から南へと枝分かれした

武庫川線の2線がある。阪神本線には甲子園球場への最寄駅である甲子園駅がある。甲子園駅の乗降客数は5万人近く，市内で2番目の多さとなっている。また甲子園駅とその隣駅である西宮駅は，快速・特急などのほぼすべての列車が停車する。

阪急には市内を東西に通る神戸線，西宮北口駅から北と南にそれぞれ延びている今津線，夙川駅から北へ向う甲陽線がある。西宮北口駅は，神戸線，今津北線，今津南線の3線が交差するターミナル駅で，乗降客数は8万人と市内一の多さであり，周辺には西日本最大級のショッピングセンターがある。特急が停車するのはこの西宮北口駅と夙川駅であり，今津線・甲陽線は，各駅停車の路線である。

これらの鉄道を利用することで，市街地からは神戸市・大阪市の両都市へ15分程度で行くことができるため，西宮市は大変交通の便がよい場所といえる。なお，各駅の詳しい乗降客数については表3-4を参照されたい。

(2) 道路

現在の日本の道路は，国土交通省が発表する「都市計画運用指針」に準じて区分されている。そのなかで都市を形成する上で欠かせない道路として，都市計画街路があげられる。都市計画街路は以下の4つに分類されている。[3]

---

①自動車専用道路：都市高速道路，都市間高速道路，一般自動車等の自動車専用の道路。
②幹線街路：都市の主要な骨格をなす道路で，都市に出入りする交通及び都市の住宅地，工業地，業務等の相互間の交通を主に受け持ち，近隣住区等の地区の主要な道路で，当該地区の発生又は，集中する交通を都市の外郭を形成する道路に連結するもの。<u>国道も幹線道路に含まれる。</u>
③区画街路：近隣住区等の地区における宅地の利用のための道路。
④特殊街路：歩行者専用道路，自転車専用道路又は，自転車歩行者専用道路などの道路。

表3-1 西宮市都市計画街路概要図

都市計画街路		幅員(m)	路線数	路線名
幹線街路	分析対象	40以上	2	国道43号・湾岸側道1号
		30〜40未満	2	山口南幹線・小曽根線
		22〜30未満	12	国道2号・国道176号・国道171号・臨港線・浜甲子園線・今津東線・札場筋線・山手幹線・丸山線・山口岡場線・球場前線・北口駅前線
		16〜22未満	17	中津浜線・建石線・用海線・戎線・名塩線・北口線・下山口名来線・北東駅前線・今津西線・山手線・名塩団地線・南甲子園線・山口線・競馬場線・学園線・下山口線・樋之口線
		計	33	——
		16未満	28	——
自動車専用道路		20〜27	3	——
区 画 街 路		6〜15	80	——
特 殊 街 路		8未満	1	——
合　　　　計			145	

(出典)『西宮市都市計画年報（西宮市ホームページ　2011年10月19日更新版）』をもとに作成。

　表3-1は，西宮市の都市計画街路145本の内訳を示したものである。西宮市には国道が4本（2号・43号・171号・176号）通っている（図3-1参照）。市の南部には，国道43号が阪神高速道路（自動車専用道路）に沿うようにして通っている。国道43号は大阪市から神戸市までを結ぶ道路であり，その交通量は平日12時間で5万3730台と市内の他の道路より抜きんでて多い[4]。

　そして国道43号のやや北部には，大阪市から北九州市までを結ぶ国道2号が東西に通っている。国道2号と国道43号は神戸市灘区の交差点で合流している。また，市の北東から南西へと突き抜ける国道171号は京都市から神戸市を結んでおり，札場筋交差点で国道2号と合流する。市の北部を通る国道176号は，京都府宮津市（京都府北部の若狭湾に面する市）を起点とし，丹波市，西宮市などの兵庫県南東部を通過し，大阪市北区の梅田新道へと至る道路である。

　3節では，人々の生活環境に与える影響が大きい幹線街路に着目し，16m以上の幅員をもつ33路線（うち国道4線を含む）沿いに建つマンションを，〈幹線街路沿いマンション〉と位置づけ分析対象とした。

2 西宮市の都市計画

　上記に述べたような鉄道や道路のみでなく，土地利用や建築物等の形状などの制限を定めた都市計画法も，マンションの建つ環境に影響を与えている。都市計画法とは，都市の健全な発展と秩序ある整備に寄与することを目的とした法律であり，その概要は国土交通省都市・地域整備局のホームページから閲覧可能である。地方公共団体が地域の事情に合わせて都市計画法の規定を指定するしくみになっているため，地域によってルールが異なる。この地域ごとに定められるルールのなかに「用途地域」や「風致地区」というものがある。

　用途地域とは，同じ地域のなかに住居や商業的建築物，工業的建築物などが混在してしまうことを防ぐために定められているもので，土地の用途別に12種類の地域区分（表3-2参照）がある。そして，用途の制限だけでなく建ぺい率や容積率（後述）といった建物の建て方についての規制も用途別に設けられている。どこをどのような用途地域に指定するのかは市や町が決めるしくみになっており，西宮市では市の都市計画部が，「基本的には山ろく部，夙川・武庫川沿いを低層または中高層の住居専用地域に，主要な鉄道駅周辺を商業系用途地域に，大規模な工場が立地する津門や朝凪町，その他周辺部の住工混在地域を工業系用途地域に指定している。また，北部地域については，既存集落地を中低層の住居専用地域に，ニュータウンなどの新市街地を低層住居専用地域に指定している」としている。

　また，風致地区とは「都市における風致を維持するために，都市計画によって定められる地域地区」であり，良好な自然景観のある地域において都市環境の保全を図るため風致（おもむき，あじわい，風趣の意）の維持が必要な区域である。風致地区は，12種類の用途地域区分以外の「その他の地域地区」として都市計画法で定められている。詳しくは第4章で述べるが，風致地区では建築物の建設に厳しい規制が設けられる。

　表3-2は，都市計画法第9条において定められた用途地域とその概要，西

表3-2 用途地域制の概要と西宮市の実態

用途地域	概要	建ぺい率	容積率	西宮市に占める面積の割合(%)と面積(ha)
第1種低層住居専用地域	低層住宅に係る良好な住居の環境を保護するため定める地域。第1種は10m, 第2種には12mの高さ制限がある。第1種には飲食店・病院・大学などの人の集まる施設の建築が制限されているので, 雰囲気の落ち着いた閑静な住宅街が形成される。第2種になると, 制限が緩まり2, 3階建ての賃貸住宅も建てられるようになる。	40%	100%	22.8 (1,189)
第2種低層住居専用地域		60%	150%	1.9 (98)
第1種中高層住居専用地域	中高層住宅に係る良好な作用の環境を保護するため定める地域。第1種には店舗のほか, 中規模な公共施設, 病院・大学なども建てることができる。中でも店舗や中高層マンションが立ち並ぶことが多い地域である。また第2種では, 事務所や小さめの飲食店やスーパーなど(床面積1500㎡以内)の建設が可能となる。	60%	150/200%	31.2 (1,628)
第2種中高層住居専用地域			200%	6.2 (324)
第1種住居地域	住居の環境を保護するため定める地域。第1種は交通量が多い地域に対して指定されており, ファミリーレストランや薬局など不特定多数の人が集まる建物の建設が可能である。また第2種は, カラオケやパチンコ屋などの建築が可能となるので, 夜になっても賑やかな街並みが形成される。	60%	200/300%	11.8 (618)
第2種住居地域				4.5 (233)
準住居地域	道路の沿道としての地域の特性にふさわしい業務の利便の増進を図りつつ, これと調和した住居の環境を保護するため定める地域。大きな道路の沿道に指定され, 自動車車庫や自動車修理工場などの建設が認められる。		200%	0.8 (40)
近隣商業地域	近隣の住宅地の住民に対する日用品の供給を行うことを主たる内容とする商業その他の業務の利便を増進するため定める地域。容積率などの規制が緩いので, ショッピングモールやタワーマンションなど, 人がたくさん集まる大きな施設が建つ。	80%	200/300/400%	5.0 (267)
商業地域	主として商業その他の業務の利便を増進するため定める地域。高さのある建物が立ち並ぶ, オフィス街やネオン街が形成される。	80%	400/500%	1.1 (57)
準工業地域	主として環境の悪化をもたらすおそれのない工業の利便を増進するため定める地域。環境悪化の恐れのない酒造業の工場や, 物流倉庫などが建てられる。	60%	200/300%	13.1 (685)
工業地域	主として工業の利便を増進するため定める地域である。ごみ焼却施設や製鉄工場などが建設可能であり, 比較的人気が少ない。			1.7 (91)
工業専用地域	工業の利便を増進するため定める地域。石油コンビナートなどの工場が立ち並ぶ, 一般市民が立ち入ることの極めて少ない地域である。	—		0
計		—	—	100 (5,225)

(出典)『西宮市都市景観形成基本計画2007年改訂版52頁』をもとに作成。

宮市における建ぺい率と容積率，各用途地域が西宮市の面積5225 ha に占める割合を示したものである。西宮市では第１種中高層専用地域が全体の31.2％と最も大きくとられている。中高層マンションや店舗がある地域が最も広く定められているという点は，第１章でも述べたような，西宮市の共同住宅率の高さと関連がみられる。建ぺい率とは，敷地面積に対する建築物の建築面積の割合のことである。つまり，建ぺい率が大きいほど，敷地いっぱいに建物を建てることができるということになる。容積率とは，敷地面積に対する建築物の延べ床面積の割合のことである。つまり，容積率が大きいほど，敷地に対して大きな建物を建てることができる。

　西宮市の第１種低層住居専用地域では建ぺい率が40％・容積率が100％と定められているので，100坪の敷地に対しては40坪までの範囲で建物を建てることができ，かつ，その建物の床面積の合計は100坪までになるということになる。それに対して第２種では建ぺい率60％・容積率が150％であるので，100坪の敷地に対して60坪までの範囲で建物を建てることができ，かつ，その建物の床面積の合計は150坪までになるということである。このように，同じ低層住居専用地域のなかでも第１種にはとくに厳しい規制が設けられており，12区分のなかでも最も制限が大きくなっている。

　以上のような用途地域や風致地区といった都市計画が，それぞれの土地の用途に応じた環境を確保し，都市を形成していくのだが，制限や規制が多いためマンションを建設する際の障壁となっているのである。

第２節　マンションデータベースへの項目追加手順

　マンションの空間的立地分析を可能にするため，マンションデータベースに，新たに「最寄駅」「駅からの距離」「幹線街路」「用途地域情報」の４つの項目を追加した。第２章でのマンションデータベースの項目の多くはゼンリン住宅地図の別記情報から作成されたのに対し，これらの追加項目は地図面や，用途地域情報のある都市計画地図を利用して作成している。そのため，第２章より

表3-3 追加したマンションデータベース

第2章で作成したマンションデータベースの一部									
建物名	町丁字名	番地	階数	総戸数	形状	類型	入居者数	入居率
武庫川ビル	武庫川町	5-5	4	3	縦型長方形	テナント	2	66.7%

第3章で追加した項目				
①最寄駅	②沿線	②駅からの距離	③幹線道路	④用途地域
武庫川	阪神	400m 圏内	43号	第一種住居地域

も項目を入力する際に設ける原則や手順が多くなっている。

　表3-3は項目を追加したマンションデータベースを抜粋したものである。図の右側の①～④の項目が新たに追加した項目である。

《各追加項目の作成手順》

①最寄駅・沿線

　マンションデータベースの『町丁字名』と住宅地図を見比べながら各町の位置を確認し、それぞれの町から一番近い駅を「最寄駅」としてデータベースに入力していく。1つの町に対して最寄駅は1つと統一する。また同様に、「沿線」という項目を作り、最寄駅の鉄道名を入力する。西宮市の場合、23の駅と3つの沿線を入力した。

　図3-2のように対象の町が複数の駅の中間地点になっている場合や、駅から遠く離れた町の場合などには、快速・特急列車が停車する駅やターミナル駅を最寄駅とした。

　それでも決まらない場合は『Googleマップ』のルート検索を使用し、目的地までの距離と時間が短い駅を最寄駅とした（図3-2の場合、阪急阪神国道駅まで13分約1km、JR甲子園口駅まで19分約1.5km、阪神久寿川駅まで14分約1.1kmと出たので一番近い阪急阪神国道駅を最寄駅としている）。

第3章　西宮市におけるマンション空間立地分析

図3-2　Googleマップのルート検索例

②駅からの距離

　市内各駅が載っているページを住宅地図からコピーし，駅から400m，800mの円を描く。住所を確認しながら，すべてのマンションを，駅から400m圏内，401～800m，801m以上の3つに分類し，「駅からの距離」としてデータベースに入力していく。

　図3-3では阪急甲東園駅を中心に円を引いている。内側の円が400m圏内，外側の円が800m圏内を表している。ちょうど400m，800mの円周上にあるマンションはその圏内に含むこととする。

　400m圏内，401m～800mに含まれなかったマンションは圏外とし，「801m以上」と入力した。この地域は例外が含まれている。たとえば西宮市山口町は隣の神戸市をはしる神戸電鉄岡場駅や田尾寺駅が近いが，大阪市へ行くことを想定してJR西宮名塩駅を最寄駅とした。

　この項目は，駅付近とそれ以外のマンションの違いを明らかにするために入力した。駅近の定義は，「不動産の表示に関する公正競争規約（表示規約）」第15条第10号で「徒歩による所要時間は，道路距離80mにつき1分間を要するものとして算出した数値を表示すること」（不動産公正取引協議会連合会よ

図3-3　800m圏内の例

り）より，5分以内を400m圏内，5分以上〜10分以内で401m〜800mとした。また「徒歩10分以内で行ける距離」を「徒歩圏内」と定義した。ただし，駅からの400m，800mというのは直線距離で実際の駅までの所要時間ではない。

なお，3節表3-5以下での「最寄駅」「沿線」を使った分析では800m圏内のマンションのみを対象とすることにした。駅から801m以上の距離に建つマンションが，駅そのものの特徴を表すことは少ないと考えられたからである。

③幹線街路

住宅地図から幅員16m以上の幹線街路に面しているマンションを幹線街路沿いのマンションとして抽出し，それぞれのマンションが面している幹線街路名を入力する。これによって，幹線街路ごとにどんな特徴があるのかを分析することができる（「国道2号には○○が多い」などの特徴が出せる）。

・西宮市の場合，33路線が幅員16m以上なので，これらに面するマンションに道路名を入力した（道路名については表3-1を参照されたい）。図3-4中矢印の指す「ヴィアージュ夙川」は国道171号に面しているので「国

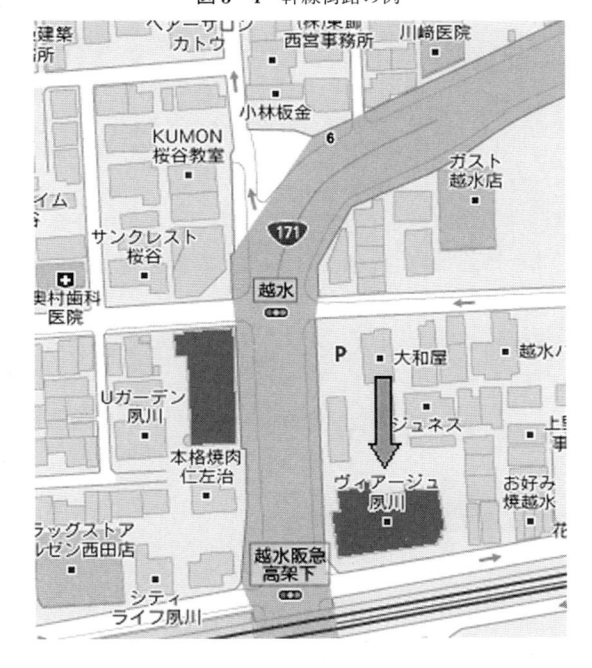

第3章 西宮市におけるマンション空間立地分析

図3-4 幹線街路の例

道171号」と入力した。
- 2つの幹線街路に面しているマンションに関しては実際に現地に赴き，マンションの入り口が面している方の道路をデータ入力することとした。
- 3節での「幹線街路」を使った分析では，国道43号・国道2号・国道171号・国道176号・その他の幹線街路という区分を使用した。幹線街路のなかでも，国道はとくに主要な道路であると考えられるためである。

④用途地域情報

都市計画地図を用いて，それぞれのマンションの用途地域を「用途地域」という項目で入力する。

都市計画地図とゼンリン住宅地図の2つを見比べて，マンションデータベースにそれぞれの用途地域を入力する。

・一つの建物に2つ以上の用途地域が重複している場合は，より条件の厳しい方の用途地域を入力することを原則とした。たとえば，第1種低層住居専用地域（建物の高さ制限10mまで）と第2種低層住居専用地域（建物の高さが12mまで）で用途地域が重複している場合，第1種低層住居専用地域と入力した。
・都市計画地図は市役所にて入手可能であり，インターネットの検索エンジンで"○○市　用途地域"と検索することでも閲覧できる。

第3節　西宮市のマンションの空間的分析

1 立地条件でみる西宮市のマンション

（1）最寄駅からみるマンションの特徴
①各駅と駅からの距離でみるマンションの分布

表3-4は，西宮市内のマンション7178棟の分布を，沿線・駅別と距離別に示したものである。西宮市全体でみると，400m圏内には37.5%，401～800mには33.5%，801m以上には29.0%という分布でマンションが建っていることがわかる。つまり，駅に近くなればなるほど多くのマンションが建てられているといえる。

マンションの多い駅は，主要な駅およびそこに近い駅であることがわかる。市内で最も棟数が多いのは阪急西宮北口駅で，西宮市全体の約10%にあたる760棟ものマンションが建っている。またJR甲子園口駅の671棟（9.3%），阪神鳴尾駅の550棟（7.7%），阪神甲子園駅の545棟（7.6%），阪急甲東園駅の539棟（7.5%），阪急門戸厄神駅の515棟（7.2%）といった駅も多くなっている。これらの駅はすべてJR西宮駅，阪神西宮駅，阪急西宮北口駅のいずれかに近いところに存在している。

沿線別にみると，JRに19.1%（1372棟），阪神に37.4%（2686棟），阪急に43.5%（3120棟）存在していた。駅からの距離に着目すると，JRでは400m

第3章 西宮市におけるマンション空間立地分析

表3-4 西宮市の各駅と駅からの距離

沿線	駅名	乗降客数	駅からの距離			棟数	各駅の棟数／西宮市全体
			400m圏内	401～800m	801m以上		
JR	西宮	40,604	41.0	37.1	21.9	278	3.9
	甲子園口	39,441	36.2	38.6	25.2	671	9.3
	さくら夙川	10,203	81.5	18.5	0.0	124	1.7
	西宮名塩	19,847	7.4	36.1	56.5	269	3.7
	生瀬	4,071	23.3	6.7	70.0	30	0.4
	JR計	114,166	35.3	35.3	29.4	1,372	19.1
阪神	西宮	39,249	55.8	34.6	9.6	439	6.1
	今津	23,189	65.4	29.9	4.7	211	2.9
	香櫨園	11,337	47.5	37.8	14.7	278	3.9
	久寿川	3,792	61.2	34.1	4.8	273	3.8
	甲子園	49,342	26.1	29.2	44.8	545	7.6
	鳴尾	21,363	30.4	21.8	47.8	550	7.7
	武庫川	26,499	24.8	66.9	8.3	133	1.9
	東鳴尾	1,966	63.6	36.4	0.0	88	1.2
	洲先	1,797	67.3	32.7	0.0	49	0.7
	武庫川団地前	7,206	24.2	50.0	25.8	120	1.7
	阪神計	185,740	42.5	33.1	24.4	2,686	37.4
阪急	西宮北口	81,584	23.7	38.2	38.2	760	10.6
	阪神国道	4,910	55.8	24.5	19.7	147	2.0
	門戸厄神	26,068	36.3	33.4	30.3	515	7.2
	甲東園	36,419	36.7	30.6	32.7	539	7.5
	仁川		21.6	34.3	44.0	134	1.9
	夙川	33,118	52.4	31.1	16.6	296	4.1
	苦楽園口	11,775	35.5	25.0	39.5	468	6.5
	甲陽園	13,369	26.1	42.5	31.4	261	3.6
	阪急計	207,243	34.1	33.0	32.9	3,120	43.5
	計	507,149	37.5	33.5	29.0	7,178	100%

(注) 阪急仁川駅は宝塚市のため乗降客数は不明。西宮市の住人の利用が多いため表に含めた。

圏内・401～800mが35.3%で同じ割合となり、801m以上がやや下がって29.4%となった。しかし駅別にみると、生瀬駅における「801m以上」が70.0%となっている。生瀬駅は棟数が30棟と市内で一番少なくなっていることから、市街地から離れたところに位置していることが推測できる（図3-1を参照されたい）。

阪神では400m圏内に42.5%，801m以上に24.4%と駅に近い地域にマンションが集まっていた。甲子園駅・西宮駅の乗降客数が4万9342人・3万9249人，棟数が7.6%（545棟）・6.1%（439棟）と，それぞれ西宮市全体の中でも大きくなっている。このような結果になったのは，甲子園駅には阪神甲子園球場があるため，西宮駅は西宮市の商業の中心地のためであると考えられる。

　阪急では400m圏内に34.1%，401〜800mに33.0%，801m以上に32.9%と均一に分布していた。西宮北口駅は乗降客数・棟数とも市内で一番多くなっており，ターミナル駅であることが理由であると考えられる。また，門戸厄神駅・甲東園駅の乗降客数（2万6068人・3万6419人）が多いのは，この辺りが文教地区のため学生の利用が多いからだと考えられる。また門戸厄神駅・甲東園駅，苦楽園口駅（図3-1を参照されたい）にはマンションも多く，それぞれ7.2%・7.5%・6.5%と高い割合を示していた。

②沿線・最寄駅別にみるマンションの特徴

　表3-5は駅別に階数・形・規模の割合をクロスし，分析したものである。階数は，沿線や最寄駅といった立地条件にとくに影響を受けると推測し，各駅に対する比率（上）と各階数区分に対する比率（下）の2つを記載している。たとえばJR西宮駅の6〜10階建てのマンションは，同駅全体のマンションのうち18.0%を占めており，また6〜10階建てマンション全体の7.5%を占めている。規模欄の大規模マンションのカッコ内の数字も同様の数字である。

　西宮市全体でみると，平均階数は3.8階で，3〜5階建て（63.8%），縦型または横型長方形（41.8%・40.5%），小規模（53.5%）といった特徴をもつマンションが多いことが読み取れる。

　階数において，800m圏内（以下，全体）では1・2階が22.0%，3〜5階が65.6%，6〜10階が10.2%，11階以上が2.2%となった。これを沿線別でみてみると，阪急では低層マンションが24.6%，阪神では高層マンションが16.6%であり，他の路線に比べて多くなることが読み取れる。さらに駅別でみてみると，11階以上の高層マンションは阪神武庫川団地前駅，JR西宮駅，阪神西宮駅，

第3章 西宮市におけるマンション空間立地分析

表3-5 沿線・最寄駅と階数・形・規模

沿線	駅名	平均階数	階数				形			規模			棟数
			1・2階	3～5階	6～10階	11階～	縦型長方形	正方形	横型長方形	小(1～10戸)	中(11～30戸)	大(31戸～)	
JR	西宮	4.4	23.5(4.4)	52.1(3.4)	18.0(7.5)	6.5(12.4)	49.5	17.0	33.5	54.8	27.7	17.6(6.4)	217
	甲子園口	3.6	20.9(9.2)	69.9(10.6)	9.0(8.4)	0.2(0.9)	48.9	17.7	33.4	56.1	38.0	6.0(5.2)	502
	さくら夙川	3.5	21.0(2.1)	66.9(2.6)	12.1(2.9)	0.0(0.0)	53.1	15.0	31.9	66.4	29.2	4.4(1.0)	124
	西宮名塩	3.3	12.8(0.5)	80.3(2.8)	6.8(1.5)	0.0(0.0)	76.2	7.6	16.2	74.6	23.7	1.8(0.4)	117
	生瀬	2.3	66.7(0.5)	33.3(0.1)	0.0(0.0)	0.0(0.0)	12.5	37.5	50.0	100.0	0.0	0.0(0.0)	9
	JR計	3.4	20.9(16.7)	66.5(19.6)	11.0(20.3)	1.5(13.3)	48.0	19.0	33.0	59.9	32.4	7.6(13.0)	969
阪神	西宮	5.1	8.6(3.0)	62.0(7.3)	25.2(19.5)	4.3(15.0)	74.6	7.4	18.0	44.3	42.4	13.3(8.3)	397
	今津	4.2	16.9(2.8)	64.7(3.9)	15.9(6.3)	2.5(4.4)	61.2	11.2	27.5	52.8	29.8	17.4(6.0)	201
	香櫨園	3.5	27.0(6.1)	62.9(4.3)	9.7(4.6)	0.4(0.9)	33.9	22.3	43.8	59.4	28.6	12.1(5.2)	237
	久寿川	3.8	19.6(4.1)	70.0(5.6)	8.1(4.0)	2.3(5.3)	46.5	13.6	39.9	51.3	38.2	10.5(4.7)	260
	甲子園	3.7	19.9(5.7)	68.8(6.1)	10.0(5.9)	1.3(3.5)	45.4	12.3	42.3	51.5	34.4	14.1(7.2)	301
	鳴尾	3.4	26.1(6.5)	65.9(5.7)	7.7(4.4)	0.3(0.9)	40.2	12.0	47.8	55.6	35.6	8.8(4.3)	287
	武庫川	3.2	30.3(3.6)	63.1(2.2)	5.7(1.3)	0.8(0.9)	38.8	14.3	46.9	63.3	24.5	12.2(2.3)	122
	東鳴尾	3.4	34.1(2.7)	55.7(1.4)	10.2(1.7)	0.0(0.0)	36.2	5.8	58.0	45.7	41.4	12.9(1.7)	88
	洲先	4.0	20.4(0.9)	69.4(1.0)	6.1(0.6)	4.1(1.8)	21.4	16.7	61.9	21.4	59.5	19.0(1.6)	49
	武庫川団地前	9.1	7.9(0.6)	33.7(0.9)	13.5(2.3)	44.9(35.4)	50.6	4.6	44.8	9.2	23.0	67.8(11.4)	89
	阪神計	4.0	19.8(36.0)	63.7(38.5)	12.8(50.8)	3.8(68.1)	44.9	12.0	43.1	49.5	35.1	15.4(52.7)	2,031

		階数					縦型長方形	正方形	横型長方形				規模
阪急	西宮北口	3.9	21.5 (9.5)	66.4 (9.3)	9.4 (7.9)	2.8 (11.5)	38.2	18.2	43.6	54.4	33.3	12.3 (9.3)	470
	阪神国道	4.0	28.0 (2.7)	54.2 (2.0)	15.3 (3.4)	2.5 (2.7)	51.0	13.5	35.4	54.2	30.2	15.6 (2.9)	118
	門戸厄神	3.2	32.9 (10.7)	59.1 (6.3)	8.1 (5.6)	0.0 (0.0)	25.6	21.7	52.7	51.8	37.3	10.9 (7.2)	359
	甲東園	3.3	30.9 (10.7)	63.6 (6.7)	4.7 (3.4)	0.8 (2.7)	40.2	23.7	36.1	66.2	27.7	6.1 (4.1)	363
	仁川	3.2	41.3 (2.7)	50.7 (1.2)	8.0 (1.1)	0.0 (0.0)	30.6	36.1	33.3	63.9	27.8	8.3 (1.2)	75
	夙川	3.5	19.4 (4.4)	73.7 (5.5)	6.1 (2.7)	0.8 (1.8)	49.3	17.4	33.3	63.0	29.2	7.8 (3.3)	247
	苦楽園口	3.3	14.8 (3.7)	80.2 (6.8)	4.9 (2.7)	0.0 (0.0)	45.3	20.5	34.3	61.2	32.2	6.7 (3.3)	283
	甲陽園	3.6	17.3 (2.7)	76.5 (4.1)	6.1 (2.1)	0.0 (0.0)	40.7	22.7	36.6	53.5	37.2	9.3 (3.1)	179
	阪急計	3.8	24.6 (47.2)	67.0 (41.9)	7.4 (28.9)	1.0 (18.6)	40.1	21.7	38.2	58.3	32.4	9.4 (34.3)	2,094
800 m 圏内計		3.8	22.0	65.6	10.2	2.2	45.7	16.6	37.7	55.2	33.4	11.4	5,094
801 m 以上		3.7	28.9	59.5	9.4	2.2	32.8	20.2	47.0	49.7	36.8	13.4	2,084
合　　計		3.8 (100%)	24.0 (100%)	63.8 (100%)	10.0 (100%)	2.2 (100%)	41.8 (100%)	17.7 (100%)	40.5 (100%)	53.5 (100%)	34.5 (100%)	12.0 (100%)	7,178

（注）　「沿線・最寄駅」集計の場合は「階数」は31，「形」は585，「規模」568の欠損値があった。

阪急西宮北口駅に比較的多く存在することがわかった。とくにURが立ち並ぶ，阪神武庫川団地前駅は11階以上の割合が44.9%，さらに11階建てマンションのうちの35.4%を占めており，非常に高層マンションが多くなっている。また，6階以上のマンションの割合は主要な駅やこれに近いJR甲子園口駅，阪神今津駅，阪急阪神国道駅で高くなっている。駅から近い場所は，人が集まりやすいので地価が高くなり，とくに主要な駅はより一層地価があがるので，建物の階数が高くなると考えられる。これに対し，市内最北部をはしるJR福知山線の西宮名塩駅，生瀬駅は3.3階，2.3階であり，この辺りは低層マンションが多いことがわかった。

　形において，全体では，縦型長方形が45.7%・正方形が16.6%・横型長方形が37.7%となった。沿線別にみると，JRでは生瀬駅を除くすべての駅で縦型長方形の割合が高く，特に西宮名塩駅では76.2%と市内で最も割合が高くなっ

た。阪神では縦型長方形の割合が西宮駅と今津駅で74.5%・61.2%と高くなった。阪急では縦型長方形が阪神国道駅において51.0%，正方形が仁川駅において36.1%，横型長方形が門戸厄神駅で52.7%とそれぞれ高くなった。

規模において，全体では，800m圏内は，小規模マンションが55.2%・中規模マンションが33.4%・大規模マンションが11.4%となった。沿線別にみると，大規模マンションは阪神に多くなった（15.4%）。また3路線で比較してみると，大規模マンションの50%以上が阪神に建てられていることがわかる。駅別にみてみるとJR西宮駅（17.6%），阪神今津駅（17.4%），阪神甲子園駅（14.1%）といった各沿線の主要な駅において大規模マンションの割合が高くなっている。

以上より，各沿線の主要な駅，またそれに近い駅（主に市の南部）には，階数が高く，縦型長方形で大規模なマンションが建てられる傾向にあることがわかる。また逆に，市街地から離れた駅（主に市の北部）では階数が低い・横型長方形・小規模なマンションが建つ傾向にあるのもわかる。

（2）駅からの距離でみるマンションの特徴

表3-6は，西宮市のマンション7178棟を，駅からの距離（400m圏内・401〜800m・801m以上）に分け，それぞれにおいてJR・阪神・阪急の各沿線と階数，形，規模，テナントの有無をクロスし，分析した表である。

階数に着目すると，駅に近いところには高層，駅から遠いところは低層のマンションが建つ傾向にあるということがわかった。3〜5階・6階以上のマンションの割合は，400m圏内に66.3%・14.4%，401〜800mに62.3%・12.2%，801m以上に59.5%・11.5%と，駅に近づくほど高くなっている。これに対し，1・2階建てマンションの割合は，駅から離れるほど高くなった。

次にマンションの形は，駅に近いところには縦に細長いものが，駅から遠いところには横に細長いものがそれぞれ多くなるという結果が得られた。400m圏内では縦型長方形のマンションが52.3%と高い割合を占めている。一方401〜800m・801m以上では横型長方形の割合が高く，それぞれ41.4%，47.0%

表3-6　駅からの距離・沿線とマンション・形・階数

	棟数	沿線	平均階数	階数			形			規模			マンション		棟数
				1・2階	3～5階	6階～	縦型長方形	正方形	横型長方形	小(1～10戸)	中(11～30戸)	大(31戸～)	住居のみ	テナント有	
400m圏内	2,692 (37.5)	JR	4.1	16.4	67.7	15.9	57.6	10.5	31.9	53.6	38.1	8.3	51.1	48.9	485
		阪神	4.2	19.1	63.0	17.8	55.0	11.4	33.7	52.4	35.1	12.6	53.9	46.1	1,142
		阪急	3.7	20.6	69.1	10.3	47.0	17.7	35.4	59.2	31.2	9.5	52.0	48.0	1,065
		合計	3.9	19.3	66.3	14.4	52.3	13.7	34.0	55.5	33.9	10.6	52.6	47.4	2,692
401～800m	2,402 (33.5)	JR	3.5	23.1	65.6	11.3	47.8	21.5	30.7	65.8	27.2	7.0	75.4	24.6	484
		阪神	4.2	23.2	61.6	15.2	42.4	13.4	44.2	45.8	35.3	18.9	69.5	30.5	889
		阪急	3.3	28.7	61.3	10.0	32.2	23.8	44.0	57.1	33.7	9.2	78.9	21.1	1,029
		合計	3.7	25.5	62.3	12.2	38.9	19.6	41.4	54.9	33.0	12.2	74.7	25.3	2,402
801m以上	2,084 (29.0)		3.7	28.9	59.5	11.5	32.8	20.2	47.0	49.7	36.8	13.4	82.1	17.9	2,084
計	7,178 (100)		3.8	24.0	63.8	12.2	41.8	17.7	40.5	53.5	34.5	12.0	68.6	31.4	7,178

(注)　「駅からの距離・沿線」集計の場合は「階数」は43，「形」は707，「規模」689の欠損値があった。

となった。なお正方形は，駅から遠くなるほど増加する傾向があった。

　規模をみると，総戸数の少ない小規模マンションは駅に近くなるほど，総戸数の多い大規模マンションは駅から離れるほど多くなっている。小規模マンションの分布をみると，400m圏内では55.5%，401～800mでは54.9%，801m以上では49.7%となっている。それに対して，大規模マンションは400m圏内では10.6%，401～800mでは12.2%，801m以上では13.4%と，駅から遠くなるほど割合が高くなっている。

　テナントの有無では，駅に近くなるほどテナント有が，遠くなるほど住居のみのマンションがそれぞれ多くなることがわかった。テナント有のマンションは400m圏内では47.4%，401～800mでは25.3%，801m以上では17.9%と駅から離れるほど割合は減少していく。一方住居のみのマンションは，400m圏内では52.6%，401～800mでは74.7%，801m以上では82.1%と，駅からの距離が遠くなるのに従い割合は増加している。

　以上より，駅に近いマンションには「高層」「縦型長方形」「小規模」「テナ

ント有」，遠いマンションには「低層」「横型長方形」「大規模」「住居のみ」といった特徴をもったものが多いといえる。

また沿線別にみると，JRでは「中層」「縦型長方形」「小規模」，阪神では「高層」「縦型長方形」「大規模」，阪急では「低層」「正方形または横型長方形」「小規模」といった特徴をもつものが比較的多くなっている。

（3）幹線街路沿いマンションの特徴

西宮市のマンション7178棟のうち約13％の938棟が幹線街路沿いに建つマンションであることがわかった。そのうち，国道4線沿いに建つのは，西宮市全体の約3％にあたる246棟である。ここでは，以下の区分を用いて，幹線街路沿いマンションの特徴を整理してみよう。

> 国道沿いマンション→2号線，43号線，171号線，176号線沿いに建つ246棟のマンション
> その他の幹線道路沿いのマンション→上記の4線以外（29路線）の幹線街路沿いに建つ692棟のマンション
> それ以外のマンション→立地条件が幹線街路沿いではないマンション

表3-7は，幹線街路別のマンションの特徴を表わしたものである。全体的な傾向として，「国道」「その他の幹線街路」のマンションと，「それ以外のマンション」とで特徴が二分されることが読み取れる。

階数において，国道沿いのマンションは，6階以上が27.6％，その他の幹線街路沿いのマンションは3～5階が71.1％であり，比較的高いといえる。とくに，国道2号沿いには6階以上の高層マンションが37.2％と高くなった。対して，それ以外のマンションは1・2階が25.8％と西宮市全体の割合よりも高く，6階以上が少なくなった。

形において，国道沿い・その他の幹線街路沿いの縦型長方形がそれぞれ72.7％，57.9％を占めた。対して，それ以外のマンションは正方形が18.9％，横型長方形が42.0％で西宮市全体の割合より高くなった。

規模において，国道全体では比較的中規模マンションが多いのに対し，それ以外のマンションでは小規模マンションが多い。また，西宮市全体の割合と比

表3-7 幹線街路別のマンションの特徴

		階数			形			規模			マンション		棟数
		1・2階	3～5階	6階～	縦型長方形	正方形	横型長方形	小(1～10戸)	中(11～30戸)	大(31戸～)	住居のみ	テナント有	
国道	43号	7.8	70.3	21.9	72.4	8.6	19.0	48.3	41.4	10.3	35.9	64.1	64
	2号	3.5	59.3	37.2	88.6	5.7	5.7	44.3	38.6	17.1	13.3	86.7	113
	171号	5.1	74.6	20.3	50.0	16.7	33.3	43.8	41.7	14.6	40.7	59.3	59
	176号	10.0	90.0	0.0	71.4	0.0	28.6	28.6	71.4	0.0	0.0	100.0	10
	国道計	5.3	67.1	27.6	72.7	9.3	18.0	44.8	41.5	13.7	25.2	74.8	246
その他の幹線街路		10.3	71.1	18.6	57.9	8.6	33.5	49.2	31.8	19.0	42.2	57.8	692
それ以外のマンション		25.8	63.3	10.9	39.1	18.9	42.0	54.3	34.5	11.2	73.2	26.8	6,240
計		23.6	64.2	12.2	41.8	17.7	40.5	53.5	34.5	12.0	68.6	31.4	7,178

べると，とくに国道2号沿いは大規模マンションの割合が高いことがわかった。

　住居のみ・テナント有の比率をみると，国道全体では住居のみ・テナント有が25.2%・74.8%，その他の幹線街路においては42.2%・57.8%と，それぞれテナント有の割合が大きくなった。それに対し，それ以外のマンションでは住居のみ・テナント有の割合が73.2%・26.8%と住居のみ割合の方が大きくなった。

　国道沿い・その他の幹線街路のマンションの特徴は，中層・高層で縦型長方形，中規模・大規模でテナント有が多いということであった。また，これらの特徴は，とくに国道沿いでは顕著になる傾向がある。一方，それ以外のマンションでは低層で横型長方形，小規模で住居のみが多いという，国道沿い・その他の幹線道路とは真逆の特徴が出ることになった。

2　用途地域情報からみる西宮市のマンション

(1) 形・階数・規模からみるマンションの特徴

　表3-8は，11の用途地域と西宮市における面積比率，階数，形，規模をクロス集計したものである。

第3章 西宮市におけるマンション空間立地分析

表3-8 用途地域と階数・形・規模

	西宮市における面積比率	棟数分布	棟数	階数			形			規模		
				1・2階	3～5階	6階～	縦型長方形	正方形	横型長方形	小	中	大
第1種低層住居専用地域	22.8	4.7	340	44.7 (8.9)	52.9 (3.9)	2.4 (0.9)	21.0	26.8	52.1	61.8	33.0	5.2
第2種低層住居専用地域	1.9	1.0	73	54.8 (2.3)	43.8 (0.7)	1.4 (0.1)	19.7	28.2	52.1	83.1	15.5	1.4
第1種中高層住居専用地域	31.2	44.0	3,156	25.2 (46.2)	64.6 (44.5)	10.1 (36.7)	35.6	20.6	43.9	52.4	34.9	12.7
第2種中高層住居専用地域	6.2	6.5	468	30.8 (8.5)	63.0 (6.4)	6.2 (3.3)	37.7	19.7	42.5	62.7	30.0	7.2
第1種住居地域	11.8	19.5	1,399	28.4 (23.3)	61.0 (18.6)	10.5 (16.8)	35.8	18.0	46.2	54.8	33.5	11.7
第2種住居地域	4.5	2.3	162	11.7 (1.0)	72.2 (2.6)	16.0 (3.0)	52.5	6.5	41.0	39.7	39.0	21.3
準住居地域	0.8	0.8	58	13.8 (0.5)	75.9 (1.0)	10.3 (0.7)	52.9	21.6	25.5	62.7	29.4	7.8
近隣商業地域	5.0	14.9	1,068	10.6 (6.3)	71.3 (16.6)	18.1 (22.1)	72.9	7.2	19.9	51.5	39.8	8.7
商業地域	1.1	3.1	220	5.5 (0.6)	54.5 (2.6)	40.0 (10.1)	90.2	2.8	7.0	41.3	38.5	20.3
準工業地域	13.1	2.9	205	16.1 (1.9)	60.0 (2.7)	23.9 (5.6)	46.2	11.6	42.2	41.6	24.9	33.5
工業地域	1.7	0.4	29	31.0 (0.5)	48.3 (0.3)	20.7 (0.7)	58.3	12.5	29.2	54.2	25.0	20.8
計	100%	100%	7,178	24.0 (100%)	63.8 (100%)	12.2 (100%)	41.8	17.7	40.5	53.5	34.5	12.0
棟数				1,681	4,581	873	2,702	2,622	1,147	3,473	2,236	780

(注) 工業専用地域は西宮市に存在しないため省いている。
「用途地域」集計の場合は「階数」は43,「形」は707,「規模」は689の欠損値があった。

棟数分布をみると,第1種中高層住居専用地域に市内のマンションの44.0%が建てられていた。西宮市における面積比率は31.2%であり,どちらの割合も市内で最も高いことがわかる。この地域の階数分布をみてみると,1・2階が25.2%,3～5階が64.6%,6階以上が10.1%であった。そして市内の1・2階建てマンション1681棟のうち46.2%,3～5階建てマンション4581棟のうち

44.5％，6階以上のマンション873棟のうち36.7％がここに存在していた。また，第1種低層住居専用地域の面積比率は22.8％と市で2番目に高くなっているのに対し，棟数分布が4.7％と少なくなっている。これは，この地域には高さ制限が厳しく，マンションの建設が難しいからだと考えられる。

　階数においては，西宮市全体では3～5階建てのマンションが63.8％と多くなった。各階数の計のうち，1・2階，3～5階では第1種住居地域がそれぞれ23.3％，18.6％を占めており，比較的多くなっている。6階以上では近隣商業地域が22.1％を占めた。次に用途地域ごとにみていくと，1・2階においては第1種・2種低層住居専用地域の割合が44.7％，54.8％と多くなった。3～5階においては，第2種住居地域，準住居地域，近隣商業地域における割合がそれぞれ70％を超えた。また6階以上においては，商業地域の割合が40.0％と高くなっていることがわかった。なお，この表では，高さ制限の厳しい第1・2種低層住居専用地域に6階以上のマンションがそれぞれ8棟，1棟存在している。これには，これらのマンションが他の用途地域と重なっているところに存在しており，より厳しい方の用途地域を優先してデータを入力したことの影響もあると考えられる。

　形において，西宮市全体では縦型長方形が41.8％，正方形が17.7％，横型長方形が40.5％で，縦型長方形と横型長方形とほぼ同じ割合で存在した。縦型長方形が近隣商業地域・商業地域において72.9％，90.2％，正方形が第1種・2種低層住居専用地域において26.8％，28.2％，横型長方形も第1種・2種低層住居専用地域において52.1％ずつとなった。それに対して，縦型長方形の第1種・2種低層住居専用地域の割合は21.0％，19.7％，正方形の近隣商業地域・商業地域の割合は7.2％，2.8％と他の用途地域より低くなった。

　規模においては，西宮市全体でみると小規模マンションが多く，とくに第2種低層住居専用地域の割合が83.1％と多くなった。対して，大規模マンションは第2種住居地域と商業地域の割合が21.3％，20.3％と他の用途地域に比べて多くなった。

　以上より，西宮市のマンションは第1種中高層住居専用地域に集中している

ということである。また，規制が厳しい低層住居専用地域では，階数の低い正方形や横型長方形の小規模マンションが多いことがわかる。これに対し，規制の緩い商業地域では，階数の高い縦型長方形マンションが多く，大規模マンションも比較的多くみられる。

(2) 駅からの距離と用途地域情報

表3-9は，それぞれの駅からの距離を3つの沿線に分け，11の用途地域とクロスし，分析した表である。

第1種・第2種低層住居専用地域は1・2階程度の階数の低い建物の建設が認められている地域で，阪急沿線にしか存在しない。また阪急は第1種中高層住居専用地域の比率も他の2線と比べて高く，住居地域の割合が他の2線に比べて非常に少なくなっている。これらのことから，阪急沿線には低～中層マンションが建ち並ぶ閑静な住宅街が広がっていると考えられる。

400m圏内と401～800mの大きな違いは近隣商業地域と商業地域の割合である。400m圏内は近隣商業地域と商業地域を合わせて37.4%であるのに対し，401～800mは9.7%である。表3-6でも述べた，駅に近いとテナントが入ったものが多くなるのはこれらの用途地域が関係しているといえる。また800m圏内の第1種住居地域においてはJRが51.4%，阪神が65.9%と高くなった。そのためこの2線の沿線においては不特定多数の人が訪れる施設（ファミリーレストランなど）が多く存在することがわかった。

400m圏内・401～800mの第1種・第2種中高層住居専用地域をそれぞれ合わせると35.6%，54.1%になり，高い割合になった。西宮市に3～5階の中層マンションが多くなるのは，高層の建物を建てることができないこの地域の割合が関係している。そして，阪神に高層マンションで横型長方形の規模の大きいマンションが多いのは，第1種住宅地域の割合が高いからだといえる。

その他，阪神，阪急に準工業区域が多いが，これは今津駅，阪神国道駅周辺にアサヒビールの工場があるからだと考えられる。また，西宮市の海沿いには歴史ある酒蔵があるため，坂上沿いには工場地域型の沿線よりも多くなってい

表3-9 駅からの距離・沿線と用途地域

	棟数	沿線	第1種低層住居専用地域	第2種低層住居専用地域	第1種中高層住居専用地域	第2種中高層住居専用地域	第1種住居地域	第2種住居地域	準住居地域	近隣商業地域	商業地域	準工業地域	工業地域	棟数
400m圏内	2,692 (37.5)	JR	0.0	0.0	39.0	1.4	17.9	0.2	0.0	39.0	0.8	1.6	0.0	485
		阪神	0.0	0.0	10.4	3.6	36.3	2.5	1.3	29.5	15.3	1.0	0.1	1,142
		阪急	3.8	0.9	50.5	6.2	4.4	0.3	1.1	24.7	3.8	3.4	0.8	1,065
		計	1.5	0.4	31.4	4.2	20.4	1.2	1.0	29.3	8.1	2.0	0.4	2,692
401〜800m	2,084 (33.5)	JR	0.4	0.0	54.1	1.2	33.5	0.0	0.0	10.5	0.2	0.0	0.0	484
		阪神	0.0	0.0	24.6	12.9	29.6	7.3	0.3	19.0	0.0	6.2	0.0	889
		阪急	14.3	1.7	61.3	6.4	8.6	1.8	1.0	1.3	0.0	2.7	1.0	1,029
		計	6.2	0.7	46.3	7.8	21.4	3.5	0.5	9.7	0.0	3.5	0.4	2,402
801m以上	2,084 (29.0)		7.2	2.2	57.5	8.0	16.2	2.2	0.9	2.2	0.0	3.2	0.4	2,084
	計		4.7	1.0	44.0	6.5	19.5	2.3	0.8	14.9	3.1	2.9	0.4	7,178

（注） 工業専用地域は西宮市に存在しないため省いている。

る。

（3）幹線街路と用途地域情報

表3-10は，幹線街路沿いのマンションとそれ以外のマンションで，用途地域に違いがあるのかを示したものである。国道沿いのマンションと，その他の幹線街路沿い・それ以外のマンションは対称的な用途地域が定められていることがわかる。国道沿いのマンションのうち63.8%が，規制の緩い近隣商業地域に定められている。対して，その他の幹線街路沿いのマンションは，第1種・第2種中高層住居専用地域，第1種住居地域が32.1%，15.5%，21.1%と割合が高く，それ以外のマンションも46.8%が第1種中高層住居専用地域に存在し，規制の厳しい住宅系の用途地域の割合が高いことがわかった。

さらに国道沿いマンションの特徴は，国道2号沿いに色濃く表れており，用途地域が近隣商業地域（77.9%）や商業地域（9.7%）に定められていることがわかった。これは表3-7でふれたように，大きな道路沿いにはテナントが

第3章 西宮市におけるマンション空間立地分析

表3-10 幹線街路と用途地域

		第1種低層住居専用地域	第2種低層住居専用地域	第1種中高層住居専用地域	第2種中高層住居専用地域	第1種住居地域	第2種住居地域	準住居地域	近隣商業地域	商業地域	準工業地域	工業地域	棟数
国道	43号	0.0	0.0	0.0	0.0	7.8	0.0	17.2	75.0	0.0	0.0	0.0	64
	2号	0.0	0.0	4.4	0.0	3.5	0.0	0.0	77.9	9.7	3.5	0.9	113
	171号	0.0	0.0	10.2	3.4	1.7	0.0	50.8	33.9	0.0	0.0	0.0	59
	176号	0.0	0.0	0.0	20.0	0.0	70.0	0.0	10.0	0.0	0.0	0.0	10
	国道計	0.0	0.0	4.5	1.6	4.1	2.8	16.7	63.8	4.5	1.6	0.4	246
その他の幹線街路		1.0	0.1	32.1	15.5	21.2	5.1	0.0	15.9	4.3	3.9	0.9	692
それ以外のマンション		5.3	1.2	46.8	5.7	19.9	1.9	0.3	12.8	2.9	2.8	0.4	6,240
計		4.7	1.0	44.0	6.5	19.5	2.3	0.8	14.9	3.1	2.9	0.4	7,178

入っていたり，縦型長方形の高層マンションであったりする場合が多いことを裏づけているといえる。

本章では，マンションデータベースに，空間的分析が可能となるよう最寄駅・駅からの距離・幹線街路・用途地域情報の4項目の情報を入力した。それらを用いて分析した結果，用途地域がマンションに与える影響は非常に大きく，これがマンションの特徴を地域によって異なるものにしていることがわかった。

駅から近い場所や幹線街路沿いに建設されたマンションは，人通りや交通量が多く賑やかな場所であることからテナントの入ったものが多くなっている。また，地価が高いこともあって坪数を少なくするため，縦に長く階数を高くしたような縦型長方形になることが多いと考えられる。さらに，駅のなかでも特急・急行列車の停車駅や，ターミナルになっている駅付近などはとくに高層マンションが多いということがいえる。駅から近い地域や幹線街路沿いは，他の用途地域と比べて建築規制が緩い商業系地域に定められているため，こういったマンションの特徴がみられる。それに対し，駅から距離のある場所は住宅専用に定められた地域が多いため，建設されるマンションは住居のみの場合がほとんどである。建築物の高さが規制されるため階数は低くなり，代わりに横に

広がる横型長方形のマンションが多くなる。

このように，データベースに空間的な項目を追加することで，マンションの物件情報や形状などの特徴に加えて，「駅からどのくらいの近いか」「最寄駅はどこで，どの鉄道を利用しているのか」「どんな道路に面しているのか」といったマンション周辺の住環境までも分析することができ，把握できるようになるのである。

注
(1) 中核市とは，政令が指定する人口30万以上の市のことである。地方自治法（1947年4月17日法律第67号）第252条の22項で定められている。人口は2010年度国勢調査より引用。
(2) 乗降客数は西宮市地域公共交通総合連携計画（2009年度版）を参考にしている。
(3) 国土交通省のホームページにアクセスし，概要を閲覧。
(4) 西宮市都市計画部ホームページ中の西宮市道路交通センサス（2005年）より引用。
(5) 西宮市都市計画部ホームページ中の都市計画［地域地区］より引用。
(6) 西宮市開発審査グループホームページより引用。
(7) 表中の建ぺい率・容積率については西宮市の都市計画に則った数値であり，全国統一の数値ではない。

第4章
複数年住宅地図を利用した経年変化分析

　第2・3章では，2007年版ゼンリン住宅地図を用いてマンションデータベースを作成し，駅や用途地域情報のデータを入力することで，西宮市におけるマンションを総合的に捉える分析を行った。本章ではこれまで発行されてきた住宅地図を複数年分用いて時系列的な分析を試みたい。

　第2章でふれたように住宅地図は，日本全国のあらゆる地域のものがあり，ほぼ毎年出版されているという特徴がある。また任意の住居形態（たとえば社宅）や特定の校区だけを抽出しデータベースを作成することも可能である。この特徴を活用し，1節では，複数年分のゼンリン住宅地図から「社宅」を抽出し，経年変化分析を行う。さらに2節では，大社小学校の校区変更問題について，大社小学校区のデータベースを作成し，マンション建設の増加という視点から考えてみたい。

第1節　西宮市における社宅の減少とその実態

1　社宅は減少しているのか？

　西宮市マンションの現状把握にあたり行った聞き取りのなかで，西宮市の共同住宅の増加の要因に関する興味深い話を聞くことができた。以下は2008年1月15日に行った，西宮市議会議員 I 氏への聞き取り調査の一部である。[1]

> 　西宮市には古くからの地場産業として酒造業がある。「灘五郷」と呼ばれる地域のうち2郷は西宮市にある。酒造メーカーは古くから広い土地を所有し資産を持っていたため，学校経営などにも乗り出した。しかし近年の不景気や日本酒人気の低迷，また阪神大震災による被害によって廃業したり，土地を売却したりした。このような土地にマンションが建った。また神戸にも大阪にも電車で15分という条件の良さから西宮市には昔から社宅が多くあった。これも不況による倒産や合併，福利厚生の削減などによって土地が多く売りに出された。特にJR線北エリアには社宅が多かったため，現在ここにも多くのマンションが建てられている。このほかにも夙川地域の高級住宅街では，富裕層が遺産相続の際の相続税を苦にして土地を売り出すなどして，そこにマンションが建つと言った事例も見られる。
> 　　　　　　　　　　　　　　　　　〈西宮市議会議員I氏への聞き取り調査〉

　この聞き取りのなかで，西宮市のマンションが増えている要因として，①西宮市の酒造業の不況による土地売却，②民間企業が所有する社宅の売却，③相続税対策のための土地売却という3つがあると指摘されている。とくに，②の社宅に関しては，関西学院大学の前に存在したさくら銀行の社宅が分譲マンションに変わるなどといったように，身近なところでもよく目にすることがある。しかし，西宮市で社宅が減少しているということを，数字として把握できるデータは存在していないのが実情である。本節では，「ゼンリン住宅地図」を活用し「社宅データベース」を作成することで，西宮市の社宅の実態を分析していきたい。

（1）日本全体における社宅の動向

　全国的な社宅の動向に関する調査のなかで，次の3つの資料に着目してみよう。まず，公的な機関が調査しているデータは，社団法人・日本経済団体連合会（以降，経団連）が発表している「福利厚生調査」がある。一般に社宅は，福利厚生の一部とされていることから，企業の福利厚生費の変化から社宅の動向を見ることができるのである。この調査は，1955年から毎年行われているため，半世紀以上にわたって企業の福利厚生費の動向を把握することが可能である。[2]

　民間企業が調査しているデータとしては，日経BP社の「企業の社宅・寮動向」，財団法人・労務行政研究所の「社宅制度の実態と今後の方向」といったものがあげられる。この2つのデータは，あらゆる形態の企業に対し直接社宅

第4章　複数年住宅地図を利用した経年変化分析

図4-1　福利厚生費の推移

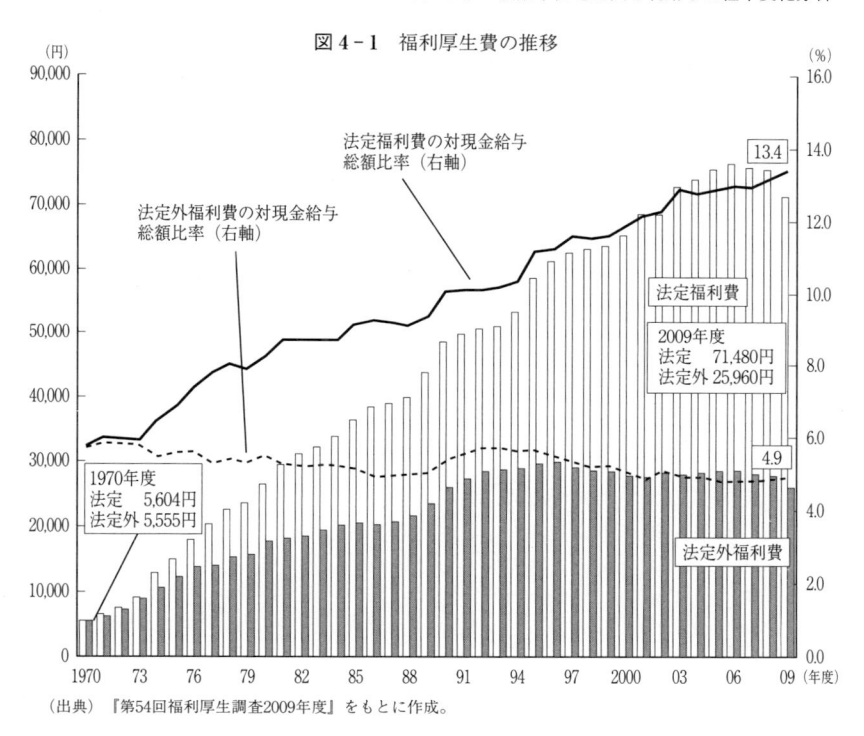

(出典)『第54回福利厚生調査2009年度』をもとに作成。

に関する質問をし，その回答結果をまとめたものである。

①福利厚生費から見る社宅の動向

図4-1は，1970年から2009年まで39年間の福利厚生費の推移を示している。これをみると，企業の福利厚生費は2006年をピークに下がっていることがわかる。また社宅に関する費用が含まれる法定外福利費は，1990年代中頃まで緩やかに増加傾向にあったものの，1996年の2万9765円をピークに，2万7000円台後半～2万8000円台で小幅な増減を繰り返しながら推移している。

図4-2は，法定外福利費の内訳を細かく示したものである。

どの年代においても，法定外福利費全体のなかで「住宅関連」の占める割合が高い。「住宅関連」の変化だけをみると，1980年代後半からやや増加傾向で

図 4-2 法定外福利費の内訳とその推移

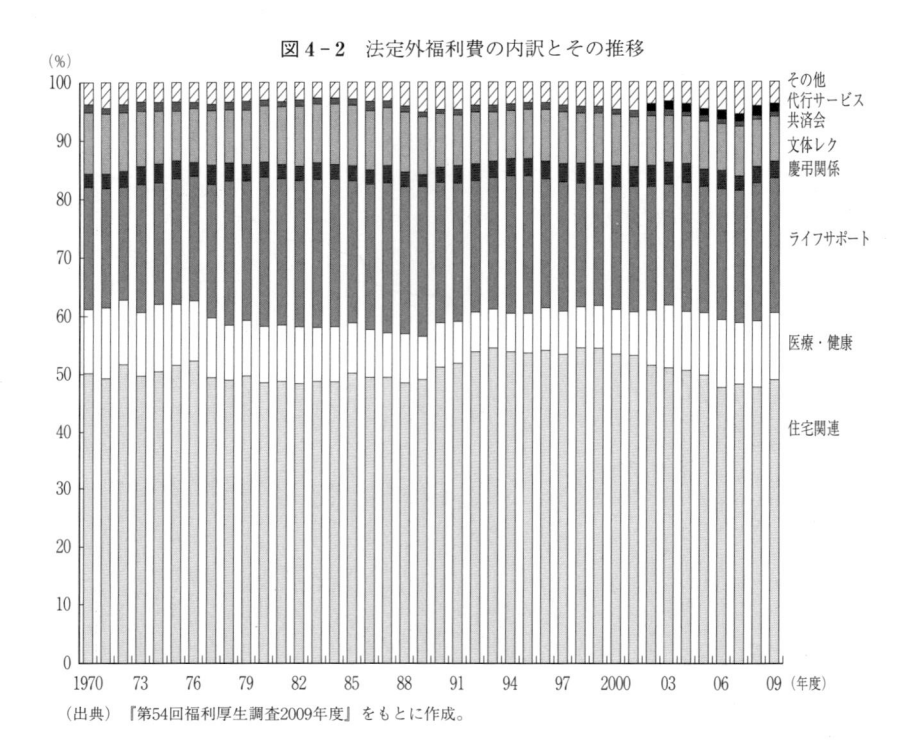

(出典)『第54回福利厚生調査2009年度』をもとに作成。

あったのに対し、2000年以降は減少傾向となっていることが読みとれる。景気の悪化により経費削減を余儀なくされる企業にとって、企業の任意である法定外福利費において多くの比重を占める「住宅関連」費用の見直しは必須事項なのだろう。

②民間研究による社宅調査

次に企業を対象にした調査を行っている日経BP社と労務行政研究所のデータを用いて、1990年代と2000年代の社宅に関する考え方を比較する分析を行った。まず、1990年4月に実施された労務行政研究所の『「社宅制度の実態と今後の方向」に関する調査結果速報』(表4-1)と1990年9月に実施された日経BP社の『企業の社宅・寮動向』(表4-2)の2つの調査をみてみたい。

第4章　複数年住宅地図を利用した経年変化分析

表4−1　企業別にみた今後における社宅の整備・充実の方向

	企 業 規 模			
	1000人未満	1000人〜2999人	3000人以上	全　体
整備・充実させていく方向	26（ 39.6）	40（ 51.8）	47（ 76.8）	113（ 55.4）
特に考えていない	36（ 54.7）	27（ 35.7）	11（ 17.9）	73（ 36.3）
その他	4（ 5.7）	10（ 12.5）	3（ 5.1）	17（ 8.3）
合　　計	66（100%）	77（100%）	61（100%）	204（100%）

（出典）『「社宅制度の実態と今後の方向」に関する調査結果速報』をもとに作成。

表4−2　企業の社宅・寮動向

今後の方向	企 業 数
自社保有中心に増加	74（ 31.8）
借り上げ中心に増加	31（ 13.1）
区別せずに増加	77（ 32.7）
増加意思なし	53（ 22.4）
合　　計	235（100%）

（出典）『企業の社宅・寮動向』をもとに作成。

　表4−1にも示されるように，全体の55.4％の企業が「整備・充実させていく方向」を選択している。その比率は，企業規模が大きくなるにつれて高くなっていることから，企業規模が大きいほど福利厚生に力をいれていたことがわかる。表4−2は，5か月後に実施された日経BP社の『企業社宅・寮動向』の結果である。

　調査した235社のうち「増加意思なし」を選択した企業は53社だけであるのに対して，増加していく方針を示した企業は182社であった。すなわち，1990年代初期においては，多くの企業が社宅を増加させようとしていたことがわかる。

　では，近年の企業の社宅や寮に対する方針は，どのように変化しているのであろうか。

　表4−3は2007年に労務行政研究所が実施した『社宅，寮，住宅融資制度に関する実態調査』[3]の結果である。2000年以降社宅を「統合・廃止した」企業は全体の58.5％であり，その比率は企業規模には関係がなかったことが読み取れる。

表4-3　2000年以降企業が保有する社宅の統合・廃止状況

	企業規模			全体
	300人未満	300〜999人	1000人以上	
統合・廃止した	6（54.5）	25（50.0）	52（64.2）	83（58.5）
統合・廃止していない	5（45.5）	25（50.0）	29（35.8）	59（41.5）
合計	11（100%）	50（100%）	81（100%）	142（100%）

（出典）『社宅，寮，住宅融資制度に関する実態調査』をもとに作成。

表4-4　保有の社宅についての今後の考え方

	企業規模			全体
	300人未満	300〜999人	1000人以上	
増加させる	0（0.0）	1（2.6）	1（1.4）	2（1.7）
現状を維持する	5（83.3）	28（73.7）	45（62.5）	78（67.2）
減少させる	1（16.7）	4（10.5）	20（27.8）	25（21.6）
廃止する	0（0.0）	5（13.2）	6（8.3）	11（9.5）
合計	6（100%）	38（100%）	72（100%）	116（100%）

（出典）『社宅，寮，住宅融資制度に関する実態調査』をもとに作成。

　また表4-4に示されるように今後社宅を増加させると回答した企業は，2社だけであり社宅は減ることはあっても増加することがないことが予測可能である。

　以上の調査から，日本の企業全体の流れとして，バブル期には社宅を保有する企業が一般的であったが，バブル崩壊以降，不況の影響などを受け社宅の維持・管理が難しくなっているという現状が読み取れる。企業が社宅を維持していく問題点として，建物の老朽化や維持管理のコスト，社員間の不公平性などもあり，今後もさらに縮小，廃止の方向に進むのではないかと考えられる。

　しかし，これらの調査にも考慮しなければならない問題点がある。それは，特定の地域の中にある社宅を網羅的に把握できないことや，公務員の宿舎などの民間企業以外のデータが含まれていないことである。その点を考慮し次項では「社宅データベース」を用いて西宮市の社宅の実態を明らかにしていきたい。

2 西宮市「社宅データベース」作成過程

　複数年分のゼンリン住宅地図から社宅のみを抽出し作成したのが,「社宅データベース」である。西宮市のゼンリン住宅地図は,西宮市立中央図書館にて1974年,1978年,1980年,1982年,1985年,1988年以降は毎年分確認できた。そのなかで,西宮市のマンション調査のもととなった2007年と1995年に起きた阪神淡路大震災の影響をみるためその前年である1994年,そして途中経過をみるため2000年という3つの時点の社宅の状況を比較し,経年変化分析を試みた。
　2007年版の社宅データベースについては,マンションデータベースから社宅の可能性がある建物をすべて抽出する。

（抜き出す対象）
○○社宅・○○寮・会社名＋寮・会社名＋□□・独身寮・家族寮
宿舎・官舎・公舎・職員（社員）住宅等（宿舎は公務員などに提供される住宅,校舎は国や自治団体が公務員の宿舎として設けた住宅を指す）。

　実際に抜き出した際に,社宅と判断しづらい建物(三協不動産田代町住宅など)や,社員寮なのか学生寮なのか判断できない建物(清友寮など)もあった。これらは,数が少ないため(1994年20棟,2000年11棟,2007年7棟)社宅として扱っている。
　さらに,業種別に社宅の動向をみるため,新たな項目として「業種」を入力した。業種を分類する際に参考にしたのは,総務省統計局の「平成18年事業所・企業統計調査産業分類一覧」である。この資料をもとに「金融」「製造」「公務員」「インフラ」「運輸」「通信」「建設・不動産」「卸売」「その他・不明」という業種形態コードを設けた。とくに社宅の棟数が多かった「金融」と「製造」については,より細かく分類し,データ入力を行った。「金融」では「都市銀行」と「地方銀行」,「製造」では,「食品」と「鉄鋼」などに細分化した。また,JRやNTTなどの旧公社系の社宅が多くみられたことを考慮し「公社系」という枠組みを設けた。なお建物名から業種の判別が困難なものは,

すべて「その他」に分類した。

1994年版と2000年版の社宅データベースは，2007年版と同じ建物名の社宅を住宅地図から抜き出し，別記情報を入力することで作成した。

（入力した項目）
①建物名　②町丁字名　③番地　④階数　⑤総戸数　⑥入居者数　⑦入居率　⑧業種

このデータベースでは建物名と別記情報をもとに作成しているが，別記情報にすべての社宅が記載されているわけではなく，地図上にのみ記載されている社宅も存在している。このように，別記情報にない建物名は，地図上から探すのは困難であり，今回のデータベースには加えていない。

[3]　西宮市にある社宅はどのように減少しているのか？

表4-5は各年の社宅データベースをもとに西宮市に存在する社宅棟数の変化を示したものである。1994年に570棟あった社宅が，2000年には429棟に減少し，2007年では302棟に減少していることがわかる。1994年～2007年の13年間で，社宅の棟数はほぼ半減していることが明らかになったのである。これまで，実際に社宅がなくなることを目にするだけであったが，このように各年のデータベースを使用し，社宅の棟数を整理するだけで，社宅がどれほど減少したかを捉えることができた。

表4-6は社宅の経年変化を業種別に整理したものである。この表をみると，「金融」では，1994年135棟，2000年90棟，2007年27棟と大きく棟数を減らしていることが読み取れる。また，「製造」も181棟，125棟，81棟と同様に棟数を減らしている。一方，「公務員」に注目すると，1994年61棟，2000年59棟，2007年47棟となっており，「旧公社系」同様（75棟，67棟，47棟），金融・製造業に比べると減少幅が小さいことがわかる。

第 4 章　複数年住宅地図を利用した経年変化分析

表 4-5　西宮市に存在する社宅数の変化

	1994年	2000年	2007年
棟　数	570	429	302

表 4-6　業種別に見た社宅数の経年変化

	1994年	2000年	2007年
金融	135	90	27
製造	181	125	81
公務員	61	59	47
旧公社（JR・NTT）	75	67	47
インフラ（電気・ガス）	18	14	12
運輸	7	4	5
通信	10	2	0
建設・不動産	45	33	15
卸売	4	3	3
その他・不明	34	32	65
合　　計	570	429	302

表 4-7　西宮の都市銀行と地方銀行の社宅数の推移

	1994年	2000年	2007年
都市銀行	47	30	1
地方銀行	24	12	8

（1）業種別にみた社宅の動向

①金融業

　まずは，1994年から2007年にかけて最も社宅の減少幅の大きかった「金融」を分析する。表 4-7 は西宮市の都市銀行と地方銀行の社宅数の推移を示したものである。

　この表をみると，とくに都市銀行の減少幅が大きいことがわかる。1994年では都市銀行が47棟，地方銀行が25棟と，地方銀行に比べてほぼ倍の社宅を所有していたにもかかわらず，2007年には地方銀行が 8 棟に対し，都市銀行が 1 棟となり逆転しているのである。このように都市銀行が激減する一方，減少幅の小さい地方銀行では2000年から「伊予銀行第 2 にしき寮」という新たな社宅まで建設されていた。

表4-8　形態別にみた金融機関数の推移

	1995年	2000年	2005年	2006年	2007年
都 市 銀 行	11	9	7	6	6
長期信用銀行	3	3	1	1	—
信 託 銀 行	7	7	5	4	4
地 方 銀 行	64	64	64	64	64
第二地方銀行	65	60	48	47	46
信 用 金 庫	421	386	298	292	287
信 用 組 合	373	291	175	172	168
小　　　計	944	820	598	586	575
労 働 金 庫	47	41	13	13	13
農業協同組合	2,678	1,542	887	865	836
合　　　計	3,669	2,403	1,498	1,464	1,424

（注）　信託銀行は銀行子会社等を除く専業信託銀行に限定。
（出典）　（株）日本金融通信社「金融ジャーナル」2001年7月号他各種資料より作成。

　表4-8は，金融機関数の推移を事業形態別に表したものである。1995年から2005年までの約10年間で，都市銀行の機関数は11から7へと減少しているのに対し，地方銀行の機関数は64のまま変化していないことがわかる。このような差が生じた理由として，調査をした10年の間にバブル崩壊などを経ており，特に大手金融機関において合併や統合などが相次いだことが一因であると考えられる。

　同じ金融機関でもなぜこのような違いが生まれるのであろうか。このことを調査するため，愛媛県松山市に本社を持つ伊予銀行に聞き取り調査を行った。伊予銀行を選択した理由としては，①西宮市の社宅が減少傾向なのに対し新たに社宅をつくっている企業であったこと，②1994年以前から調査時点まで西宮市内に社宅を所有している企業であること，③地方銀行の中でも店舗の展開地域が広いことがあげられる。都市部にも支店を持つ地方銀行は，各地の店舗に勤める社員のために，社宅を多く所有しているため，社宅の実状について多くの情報をもっているのではないだろうか。以下は2009年9月3日に行った聞き取り調査の一部である。[4]

> 西宮の社宅は，一つは独身寮，もう一つは家族寮として使っています。ここには神戸支店，大阪支店，大阪北支店の3支店で働く人たちが暮らしています。独身寮は空きがありますが，家族寮は，ほぼ埋まっています。伊予銀では，従業員全体の約50％が社宅に入っています。西宮の社宅に関して言えば，家族連れの方が多いですね。西宮市に存在する社宅は，はっきり言ってこの先も「変化なし」ですね。おそらく，老朽化が進んでいるので，建て替え，補修などの工事はすると思いますが，廃止という話にはならないと思います。これは西宮市以外の東京などの社宅も同じですね。会社としては，借り上げや新たに社宅を建てることはなく，必要があれば改築していこうと考えています。
>
> 社宅が減少している理由は様々に考えられますが，やはり，景気の悪化が原因にあると思います。それと1995年以降のいわゆる金融バブルもそれの引き金ですかね。それによって，主に大手銀行さんでは，統合，合併，再編が行われましたよね。こうなると価値の低い建物の財産を持つことへの抵抗が生まれます。自己資本比率を下げる動きが強まります。そうなると，社宅は完全にその対象になってしまうんですよね。それが社宅の減少に繋がっていると思います。そういう部分では地方銀行より都市銀行のほうが柔軟なんだと思います。
>
> 〈伊予銀行人事部・福利厚生担当Aさんへの聞き取り調査〉

Aさんの「従業員の約50％が社宅に入居しており，西宮の家族寮はほぼ満室である」という話から，伊予銀行では社宅のニーズが大きいということが窺える。愛媛県に本社がある伊予銀行では，東京や大阪といった都市部にある支店だけではなく，同じ愛媛県内でも自宅からは通えない支店に配属される可能性がある。そのため，全国に支店があり，各地で人事採用を行っている都市銀行や，通勤が便利な都市に本社がある地方銀行に比べて，社宅が重視されているのである。なお，伊予銀行では，必要性があることから社宅を廃止する予定はないということのようだ。既存研究から社宅全体の減少傾向の背景には，長引く不況や金融バブルによる，合併・統合・再編があることはわかっていたが，都市銀行においても同じ背景があることが，銀行関係者から聞き取れた。

②製造業

次に，変化の大きかった製造業を細かく分析する。食品製造業や鉄鋼・金属製造業においてより顕著に社宅数減少傾向が表れていた。

表4-9に示されるように，食品業は1994年に35棟，2000年に27棟，2007年に23棟と緩やかではあるが，棟数を確実に減らしてきている。鉄鋼業では1994

表4-9 西宮の食品・鉄鋼業の社宅数の推移

	1994年	2000年	2007年
食　品	35	27	23
鉄　鋼	39	21	9

年から2000年で棟数を約半数に減らし，2007年にはそこからさらに半数以下のわずか9棟となっている。

　表4-10は，食品業の社宅の建物名を年ごとに整理したものである。同じ建物の社宅を横に並べており，横にみていくと廃止された社宅，または新たに建設された社宅がわかるようになっている。

　1994年に2棟あったアサヒビール㈱大筒アパートが，2000年には名前をアサヒビールファミーユ西宮と名前を変え，1棟に統合されている。同様に1994年に2棟ある明治乳業㈱西宮社宅も，2000年にはガーデンパレス西宮明治乳業㈱西宮社宅と名前を変え，統合されている。また，キリンビールも2000年に3棟あった社宅のうち，2棟が廃止され2007年にはキリンビール両度町社宅の1棟のみとなっていることがわかる。アサヒビール，キリンビールといった大手食品会社も徐々に社宅を減らしてきているのである。

　表4-11は，西宮市の鉄鋼業の社宅の建物名を年ごとに整理したものである。この表をみると西宮市の鉄鋼関係の企業の社宅はほとんど大手であり，その企業が社宅を減らしていることがわかる。1994年に多くあった，住友金属・神戸製鋼・川崎製鉄の社宅は2007年にはほとんど見られなくなっている。一方，2007年にはJFE㈱浜松原団地1・2号棟，JFEスチール㈱西宮社宅，日鉄住金鋼板㈱甲子園住宅といった新しい企業名の社宅が確認できた。JFE，JFEスチールは2003年に㈱川崎製鉄と㈱NKKが合併，日鉄住金は2006年に㈱日鉄鋼板と㈱住友金属建材の合併によって生まれた企業である。

③公務員，旧公社系

　最後に公務員や旧公社系企業の経年変化をみていく。表4-12は社宅数の推移を示したものである。

表4-10　食品製造業の社宅一覧

1994年	2000年	2007年
アサヒビール㈱大箇アパート1号棟 アサヒビール㈱大箇アパート2号棟 アサヒ麦酒㈱綾羽第一アパート アサヒ麦酒㈱綾羽第二アパート	アサヒビールファミーユ西宮	アサヒビールファミーユ西宮
キッコーマン醤油西宮社宅	キッコーマン㈱西宮社宅	キッコーマン西宮社宅
キリンビール（株）両度町社宅 キリンビール南甲子園社宅 麒麟麦酒㈱高座社宅	キリンビール㈱両度町社宅 キリンビール南甲子園社宅 キリンビール㈱瓦林社宅 キリン甲子園寮	キリンビール㈱両度町社宅 キリン甲子園寮
サッポロビール鳴尾寮		
サントリー㈱鳴尾社宅	サントリー㈱鳴尾社宅	サントリー㈱鳴尾社宅
森永乳業㈱甲子園社宅		森永乳業㈱上甲子園社宅
日本製粉㈱武庫川社宅1号棟 日本製粉㈱武庫川社宅2号棟 日本製粉上之町睦寮 日本製粉㈱香櫨園寮	日本製粉㈱武庫川社宅1号棟 日本製粉㈱武庫川社宅2号棟 日本製粉上之町睦寮 日本製粉㈱香櫨園寮	日本製粉㈱武庫川社宅2号棟 日本製粉㈱武庫川社宅1号棟 日本製粉㈱香櫨園寮
日本油脂㈱笠屋社宅B-1号棟 日本油脂㈱笠屋社宅B-2号棟 日本油脂㈱池開社宅A-1号棟 日本油脂㈱池開社宅A-2号棟 日本油脂㈱池開社宅A-3号棟 日本油脂㈱東鳴尾社宅 日本油脂㈱西宮アパート	日本油脂㈱笠屋社宅B-1号棟 日本油脂㈱笠屋社宅B-2号棟 日本油脂㈱池開社宅A-1号棟 日本油脂㈱池開社宅A-2号棟 日本油脂㈱池開社宅A-3号棟 日本油脂㈱東鳴尾社宅	日本油脂㈱笠屋社宅B-1号棟 日本油脂㈱笠屋社宅B-2号棟 日本油脂㈱池開社宅A-1号棟 日本油脂㈱池開社宅A-2号棟 日本油脂㈱池開社宅A-3号棟 日本油脂㈱東鳴尾社宅
白鹿松原社宅A棟 白鹿松原社宅B棟 白鹿上葭原社宅	白鹿松原社宅A棟 白鹿松原社宅B棟 白鹿葭原社宅シャンテ香櫨園 白鹿グループ南甲子園社宅 白鹿グループ南甲子園単身社宅	白鹿グループ南甲子園社宅 白鹿グループ久保町南社宅
明治製菓㈱甲子園社宅 明治乳業㈱西宮社宅A棟 明治乳業㈱西宮社宅B棟	明治製菓㈱甲子園社宅 ガーデンパレス西宮明治乳業㈱西宮社宅	明治製菓㈱甲子園社宅 明治乳業㈱夙川社会
ニッカウイスキー西宮社宅 ニッカ油脂社宅		
小西酒造㈱白雪社宅	小西酒造㈱白雪社宅	
西宮酒造浜松原社宅		
洋菓子のヒロタ大谷町社宅 洋菓子のヒロタ大谷町社宅第二社宅		
大関荘	大関荘	大関荘
	スタミナ食品㈱社宅	スタミナ食品㈱社宅
		㈱J-オイルミルズ小曽根社宅 ㈱J-オイルミルズ鳴尾寮
合　計　35	合　計　27	合　計　23

表 4 - 11 鉄鋼業の社宅一覧

1994年	2000年	2007年
㈱日本製鋼所高松アパート		
住友金属甲子園住宅1号棟 住友金属甲子園住宅2号棟 住友金属甲子園住宅3号棟 住友金属甲子園住宅4号棟 住友金属甲子園住宅5号棟 住友金属甲子園住宅6号棟 住友金属甲子園住宅7号棟 住友金属甲子園住宅8号棟 住友金属甲子園住宅9号棟 住友金属甲子園住宅10号棟 住友金属甲子園住宅11号棟 住友金属甲子園住宅13号棟 住友金属甲子園住宅A棟 住友金属甲子園住宅B棟 住友金属鉱山㈱甲子園社宅 住友金属鉱山㈱南甲子園社宅	住友金属工業㈱甲子園住宅1号棟 住友金属工業株甲子園住宅3号棟 住友金属工業株甲子園住宅4号棟 住友金属工業㈱甲子園住宅8号棟 住友金属工業㈱甲子園住宅9号棟 住友金属工業㈱甲子園住宅10号棟 住友金属工業㈱甲子園住宅11号棟 住友金属鉱山㈱北甲子園社宅 住友金属鉱山㈱南甲子園社宅	住友金属工業㈱甲子園住宅1号棟 住友金属鉱山㈱北甲子園社宅
神戸製鋼尼崎工場東鳴尾社宅1号棟 神戸製鋼尼崎工場東鳴尾社宅2号棟 神戸製鋼尼崎工場東鳴尾社宅3号棟 神戸製鋼尼崎工場東鳴尾社宅5号棟 神戸製鋼尼崎工場東鳴尾社宅6号棟 神戸製鋼尼崎工場東鳴尾社宅7号棟 神鋼北口アパート7号棟		
川崎製鉄㈱浜松原アパート1号棟 川崎製鉄㈱浜松原アパート2号棟 川崎製鉄㈱浜松原アパート3号棟 川崎製鉄㈱浜松原アパート4号棟 川崎製鉄㈱浜松原アパート5号棟 川崎製鉄社宅1号棟 川崎製鉄社宅2号棟 川崎製鉄社宅3号棟 川崎製鉄社宅4号棟 川鉄鳴尾アパート1号棟 川鉄鳴尾アパート2号棟	川崎製鉄㈱浜松原社宅1号棟 川崎製鉄㈱浜松原社宅2号棟 川崎製鉄㈱浜松原社宅3号棟 川崎製鉄㈱浜松原社宅4号棟 川崎製鉄㈱浜松原社宅5号棟	
大同鋼板甲子園社宅 大同鋼板甲子園社宅2号棟	大同鋼板甲子園社宅 大同鋼板甲子園社宅2号棟	
	日亜鋼業西宮社宅	
	㈱淀川製鋼所西宮住宅1号棟 ㈱淀川製鋼所西宮住宅2号棟	㈱淀川製鋼所西宮住宅2号棟 ㈱淀川製鋼所西宮住宅1号棟

合同製鐵㈱甲子園社宅 合同製鐵㈱蓬莱荘	合同製鐵㈱甲子園社宅	
	山陽特殊製鋼㈱甲東園社宅	山陽特殊製鋼㈱甲東園社宅
		JFEスチール㈱西宮社宅 JFE㈱浜松原団地1号棟 JFE㈱浜松原団地2号棟
		日鉄住金鋼板㈱甲子園住宅
合　計　39	合　計　21	合　計　9

表4-12　公務員と旧公社系の社宅棟数の推移

	1994年	2000年	2007年
公　務　員	61	59	47
旧　公　社	75	67	47

　この表をみると，公務員社宅も1994年61棟，2000年59棟，2007年47棟と民間社宅同様に数を減らしていることがわかる。しかし，減少幅は民間に比べると小さく，社宅の数自体は依然多いといえるだろう。通勤に便利であり，関西のなかでも平均地価の高い西宮市にこれほどの社宅がある事実からも，公務員が福利厚生の点で民間企業よりも優遇されている現状が窺える。

　表4-13は，西宮市の公務員社宅経年変化の一覧を示したものである。表をみると2000年から2007年にかけて西宮上田東郵政宿舎1～3号，西宮城ヶ堀郵政宿舎1～2号，西宮甲子園郵政宿舎，小曾根郵便宿舎，近畿郵政局など，郵政関係の社宅が多く廃止されている。一方で，1994年から2000年にかけて西宮社会保険宿舎，阪神高速道路西宮宿舎A・B棟，県職員住宅1～3号棟等民間に比べ，新たに建設された社宅を多く確認できる。他にも2000年から2007年にかけて運輸省第三港湾建設局鳴尾西町宿舎北棟・南棟が国道交通省近畿地方整備局北棟・南棟に変わり，近畿郵政局西宮段上町二号宿舎1棟・2棟が日本郵政公社西宮段上町二号宿舎1棟・2棟と建物はそのまま名称だけ変わっていることも特徴の1つにあげられる。また，官僚の天下り先としてよく名前が挙がっていた日本海事検定協会の社宅も，棟数こそ少ないが根強く残っており，公務員の厚遇が浮き彫りとなる結果になった。

表4-13　西宮市における公務員社宅経年変化一覧

1994年	2000年	2007年
公団西宮職員社宅	公団西宮職員宿舎	
運輸省宿舎（1） 運輸省宿舎（2）	運輸省第3港湾建設局鳴尾西町宿舎南棟 運輸省第3港湾建設局鳴尾西町宿舎北棟	国土交通省近畿地方整備局鳴尾西町宿舎北棟 国土交通省近畿地方整備局鳴尾西町宿舎南棟
近畿財務局仁川合同宿舎1号棟 近畿財務局仁川合同宿舎2号棟 近畿財務局仁川合同宿舎3号棟 近畿財務局仁川合同宿舎4号棟 近畿財務局仁川合同宿舎5号棟 近畿財務局仁川合同宿舎6号棟 近畿財務局仁川合同宿舎7号棟 近畿財務局仁川合同宿舎8号棟 近畿財務局浜甲子園合同宿舎1号棟 近畿財務局浜甲子園合同宿舎2号棟 近畿財務局浜甲子園合同宿舎3号棟 近畿財務局浜甲子園合同宿舎4号棟 近畿財務局浜甲子園合同宿舎5号棟	近畿財務局仁川合同宿舎1号棟 近畿財務局仁川合同宿舎2号棟 近畿財務局仁川合同宿舎3号棟 近畿財務局仁川合同宿舎4号棟 近畿財務局仁川合同宿舎5号棟 近畿財務局仁川合同宿舎6号棟 近畿財務局仁川合同宿舎7号棟 近畿財務局仁川合同宿舎8号棟 近畿財務局浜甲子園合同宿舎1号棟 近畿財務局浜甲子園合同宿舎2号棟 近畿財務局浜甲子園合同宿舎3号棟 近畿財務局浜甲子園合同宿舎4号棟 近畿財務局浜甲子園合同宿舎5号棟	近畿財務局仁川合同宿舎1号棟 近畿財務局仁川合同宿舎2号棟 近畿財務局仁川合同宿舎3号棟 近畿財務局仁川合同宿舎4号棟 近畿財務局仁川合同宿舎5号棟 近畿財務局仁川合同宿舎6号棟 近畿財務局仁川合同宿舎7号棟 近畿財務局仁川合同宿舎8号棟 近畿財務局浜甲子園合同宿舎1号棟 近畿財務局浜甲子園合同宿舎2号棟 近畿財務局浜甲子園合同宿舎3号棟 近畿財務局浜甲子園合同宿舎4号棟 近畿財務局浜甲子園合同宿舎5号棟 近畿財務局浜甲子園合同宿舎6号棟
西宮上田東郵政宿舎1号棟 西宮上田東郵政宿舎2号棟 西宮上田東郵政宿舎3号棟 西宮城ヶ堀郵政宿舎1号棟 西宮城ヶ堀郵政宿舎2号棟	西宮上田東郵政宿舎1号棟 西宮上田東郵政宿舎2号棟 西宮上田東郵政宿舎3号棟 西宮城ヶ堀郵政宿舎1号棟 西宮城ヶ堀郵政宿舎2号棟	西宮城ヶ堀郵政宿舎2号棟
近畿郵政西宮青木町郵政1号宿舎 近畿郵政西宮段上町二号宿舎1棟 近畿郵政西宮段上町二号宿舎2棟 郵政省西宮能登町宿舎1号宿舎 小曾根郵便宿舎	近畿郵政局西宮青木町郵政宿舎 近畿郵政局西宮段上町二号宿舎1棟 近畿郵政局西宮段上町二号宿舎2棟 近畿郵政局西宮能登町宿舎二号 小曾根郵便宿舎	日本郵政公社西宮段上町二号宿舎1棟 日本郵政公社西宮段上町二号宿舎2棟
建設省官舎A棟 建設省官舎B棟	建設省官舎A棟 建設省官舎B棟 建設省官舎C棟	国土交通省官舎A棟 国土交通省官舎B棟 国土交通省官舎C棟
広田教職員住宅	広田教職員住宅	
裁判所神楽町宿舎1号 裁判所神楽町宿舎2号		神楽町宿舎1号 神楽町宿舎2号
阪神水道企業団西宮公社	阪神水道企業団西宮公社	阪神水道企業団西宮公社
埼玉県西宮公舎	埼玉県西宮公舎	埼玉県西宮公舎
神戸財務部甲子園合同宿舎1号棟 神戸財務部甲子園合同宿舎2号棟 神戸財務部甲子園合同宿舎3号棟 神戸財務部甲子園合同宿舎4号棟 神戸財務部甲子園合同宿舎5号棟 神戸税関甲子園職員宿舎	神戸財務局甲子園合同宿舎1号棟 神戸財務部甲子園合同宿舎2号棟 神戸財務部甲子園合同宿舎3号棟 神戸財務部甲子園合同宿舎4号棟 神戸財務部甲子園合同宿舎5号棟 神戸税関甲子園職員宿舎	神戸税関甲子園職員宿舎

第4章　複数年住宅地図を利用した経年変化分析

西宮教職員住宅南棟 西宮教職員住宅北棟 西宮甲子園郵政宿舎 西宮市大社教職員社宅	西宮教職員住宅南棟 西宮教職員住宅北棟 西宮甲子園郵政宿舎 西宮市大社教職員社宅	西宮教職員住宅南棟 西宮教職員住宅北棟
東町公舎住宅1号棟 東町公舎住宅2号棟 東町公舎住宅3号棟 東町公舎住宅4号棟		
日本海事協会香枦園住宅 日本海事検定協会西宮職員寮（1） 日本海事検定協会西宮職員寮（2）	日本海事協会香枦園住宅 日本海事検定協会西宮職員寮1棟 日本海事検定協会西宮職員寮2棟	日本海事協会香枦園住宅
日本交通公社甲子園寮		
日本染色検査教会西宮寮		
兵庫県警西宮待機宿舎		
兵庫県鳴尾職員住宅（1） 兵庫県鳴尾職員住宅（2）	兵庫県鳴尾職員社宅Ⅰ棟 兵庫県鳴尾職員社宅Ⅱ棟	兵庫県鳴尾職員社宅Ⅰ棟 兵庫県鳴尾職員社宅Ⅱ棟
鳴尾教職員社宅1号棟 鳴尾教職員社宅2号棟	鳴尾教職員社宅1号棟 鳴尾教職員社宅2号棟	兵庫県鳴尾教職員社宅1号棟 兵庫県鳴尾教職員社宅2号棟
鳴尾合同宿舎1号棟 鳴尾合同宿舎2号棟 鳴尾合同宿舎3号棟 鳴尾合同宿舎4号棟		
	西宮待機宿舎	西宮待機宿舎
	南甲子園合同宿舎	南甲子園合同宿舎
	西宮社会保険宿舎	西宮社会保険宿舎
	西宮上田中町宿舎1号棟 西宮上田中町宿舎2号棟	
	県職員住宅1号棟 県職員住宅2号棟 県職員住宅3号棟	県職員住宅1号棟 県職員住宅2号棟 県職員住宅3号棟
	阪神高速道路公団西宮宿舎A棟 阪神高速道路公団西宮宿舎B棟	阪神高速道路西宮宿舎A棟 阪神高速道路西宮宿舎B棟
		西宮能登町宿舎 千僧9公務員宿舎 UR都市機構西宮職員宿舎 関西労災病院第8職員宿舎 西宮青木町宿舎
合　計　61	合　計　59	合　計　47

表4-14 西宮市における旧公社社宅経年変化一覧

1994年	2000年	2007年
JR甲子園口熊野社宅A棟	JR甲子園口熊野社宅A棟	
JR甲子園口熊野社宅B棟	JR甲子園口熊野社宅B棟	
JR甲子園口熊野社宅C棟	JR甲子園口熊野社宅C棟	
JR甲子園口熊野社宅D棟	JR甲子園口熊野社宅D棟	
JR甲子園口松山町アパート		
JR甲子園口松山町アパートC棟		
JR甲子園口松山町アパートD棟		
JR甲子園口松山町アパートE棟		
JR甲子園口松山町アパートF棟		
JR甲子園口松山町アパートG棟		
JR甲子園口松山町アパートH棟		
JR甲子園口松山町アパートI棟		
JR甲子園口松山町アパートJ棟		
JR甲子園口松山町アパートK棟		
JR甲子園口松山町アパートL棟		
JR甲子園口松並西社宅A棟	JR甲子園口松並西社宅A棟	
JR甲子園口松並西社宅B棟	JR甲子園口松並西社宅B棟	
JR甲子園口松並東社宅A棟	JR甲子園口松並東社宅A棟	
JR甲子園口松並東社宅B棟	JR甲子園口松並東社宅B棟	
JR甲子園口松並東社宅C棟	JR甲子園口松並東社宅C棟	
JR甲子園口松並東社宅D棟	JR甲子園口松並東社宅D棟	
JR甲子園口松並南社宅A棟	JR甲子園口松並南社宅A棟	
JR甲子園口松並南社宅B棟		
JR甲子園口天道町社宅A棟		
JR甲子園口天道町社宅B棟	JR甲子園口天道町社宅B棟	
JR大谷町アパート1号棟	JR西日本大谷町アパート1号棟	JR西日本大谷町アパート1号棟
JR大谷町アパート2号棟	JR西日本大谷町アパート2号棟	JR西日本大谷町アパート2号棟
JR大谷町アパート3号棟	JR西日本大谷町アパート3号棟	JR西日本大谷町アパート3号棟
JR大谷町アパート4号棟	JR西日本大谷町アパート4号棟	JR西日本大谷町アパート4号棟
JR大谷町アパート5号棟	JR西日本大谷町アパート5号棟	JR西日本大谷町アパート5号棟
JR大谷町アパート6号棟	JR西日本大谷町アパート6号棟	JR西日本大谷町アパート6号棟
JR大谷町アパート7号棟	JR西日本大谷町アパート7号棟	JR西日本大谷町アパート7号棟
JR大谷町アパート8号棟	JR西日本大谷町アパート8号棟	JR西日本大谷町アパート8号棟
JR大谷町アパート9号棟	JR西日本大谷町アパート9号棟	JR西日本大谷町アパート9号棟
JR大谷町アパート10号棟	JR西日本大谷町アパート10号棟	JR西日本大谷町アパート10号棟
JR大谷町アパート11号棟	JR西日本大谷町アパート11号棟	JR西日本大谷町アパート11号棟
JR大谷町アパート12号棟		
JR大谷町アパート13号棟	JR西日本大谷町アパート13号棟	
JR大谷町アパート14号棟	JR西日本大谷町アパート14号棟	
JR大谷町アパート15号棟	JR西日本大谷町アパート15号棟	JR西日本大谷町アパート15号棟
JR大谷町アパート16号棟	JR西日本大谷町アパート16号棟	JR西日本大谷町アパート16号棟
JR大谷町アパート17号棟	JR西日本大谷町アパート17号棟	JR西日本大谷町アパート17号棟
JR両度町アパートA棟		
JR両度町アパートB棟		
JR両度町アパートC棟		
	JR西日本夙川社宅	

第4章 複数年住宅地図を利用した経年変化分析

NTT 熊野社宅1号棟 NTT 熊野社宅2号棟 NTT 熊野社宅3号棟	NTT 熊野社宅1号棟 NTT 熊野社宅2号棟 NTT 熊野社宅3号棟	NTT 熊野社宅1号館 NTT 熊野社宅2号棟 NTT 熊野社宅3号棟
NTT 甲子園五番町社宅1号社宅 NTT 甲子園五番町社宅2号社宅	NTT 甲子園五番町社宅1号棟	NTT 甲子園五番町社宅1号棟 NTT 甲子園五番町社宅2号棟
NTT 甲子園六番町社宅	NTT 甲子園六番町社宅	NTT 甲子園六番町社宅
NTT 甲東園社宅1号棟 NTT 甲東園社宅2号棟 NTT 甲東園社宅3号棟 NTT 甲東園社宅4号棟	NTT 甲東園社宅1棟 NTT 甲東園社宅2棟 NTT 甲東園社宅3棟 NTT 甲東園社宅4棟 NTT 甲東園社宅5棟	NTT 甲東園社宅1棟 NTT 甲東園社宅2棟 NTT 甲東園社宅3棟 NTT 甲東園社宅4棟 NTT 甲東園社宅5棟
NTT 香炉園社宅1号棟 NTT 香炉園社宅2号棟 NTT 香炉園社宅3号棟 NTT 香炉園社宅4号棟 NTT 香炉園社宅5号棟 NTT 香炉園社宅6号棟	NTT 香炉園社宅1号棟 NTT 香炉園社宅2号棟 NTT 香炉園社宅3号棟 NTT 香炉園社宅4号棟 NTT 香炉園社宅5号棟 NTT 香炉園社宅6号棟	NTT 香炉園社宅1号棟 NTT 香炉園社宅4号棟 NTT 香炉園社宅6号棟
NTT 西宮高木社宅	NTT 西宮高木社宅	NTT 西宮高木社宅
NTT 西宮野間職員社宅1号棟 NTT 西宮野間職員社宅2号棟 NTT 西宮野間職員社宅3号棟 NTT 西宮野間職員社宅4号棟 NTT 西宮野間職員社宅5号棟 NTT 西宮野間職員社宅6号棟	NTT 西宮野間職員社宅1号棟 NTT 西宮野間職員社宅2号棟 NTT 西宮野間職員社宅3号棟 NTT 西宮野間職員社宅4号棟 NTT 西宮野間職員社宅5号棟 NTT 西宮野間職員社宅6号棟	NTT 西宮野間社宅1号棟 NTT 西宮野間社宅2号棟 NTT 西宮野間社宅3号棟 NTT 西宮野間社宅4号棟 NTT 西宮野間社宅5号棟 NTT 西宮野間社宅6号棟
NTT 西宮堤町社宅		NTT 西宮堤町社宅
NTT 西宮林田社宅1号棟 NTT 西宮林田社宅2号棟	NTT 西宮林田社宅1号棟 NTT 西宮林田社宅2号棟	NTT 西宮林田社宅1号棟 NTT 西宮林田社宅2号棟
NTT 第一甲子園社宅(1) NTT 第一甲子園社宅(2)	NTT 第一甲子園社宅	NTT 第一甲子園社宅
NTT 第二甲子園社宅1号棟 NTT 第二甲子園社宅2号棟	NTT 第二甲子園社宅1号棟 NTT 第二甲子園社宅2号棟	NTT 第二甲子園社宅1号棟 NTT 第二甲子園社宅2号棟
	NTT 愛宕山社宅1号棟 NTT 愛宕山社宅2号棟	NTT 愛宕山社宅1号棟 NTT 愛宕山社宅2号棟
	NTT 一里山社宅南棟 NTT 一里山社宅北棟	NTT 一里山社宅南棟 NTT 一里山社宅北棟
	NTT 西宮北口社宅4号棟 NTT 西宮北口社宅5号棟 NTT 西宮北口社宅6号棟 NTT 西宮北口社宅7号棟	
	ベルコート夙川 NTT 夙川社宅1棟 ベルコート夙川 NTT 夙川社宅2棟	ベルコート夙川 NTT 夙川社宅1棟 ベルコート夙川 NTT 夙川社宅2棟
合　　計　75	合　　計　67	合　　計　47

表4-14は，西宮市における旧公社社宅経年変化一覧を示したものである。表をみると，旧公社系の社宅は，公務員系社宅と同様に，その多くが未だ存続していることがわかる。表の特徴の1つに，NTTに比べてJR西日本の社宅が減少していることがあげられる。一方，NTTの社宅の存続数は圧倒的で，公務員系社宅に比べて減少幅が小さい。また，2000年以降に新たに確認できる社宅もベルコート夙川NTT夙川社宅1・2棟，NTT愛宕山社宅1・2号棟，NTT一里山社宅南・北棟などNTT系列の社宅ばかりである。

　以上のように，本節では1994年，2000年，2007年の3年分の住宅地図を用いて社宅データベースを作成し，西宮市における社宅の変化を分析してきた。その結果，1994年に570棟あった社宅は，2000年に429棟，2007年には302棟と減少していることがデータとして確認できた。
　さらに「業種別では，金融（都市銀行），製造業において減少幅が大きいこと」，「民間企業に比べて公務員系の減少幅が小さいこと」といった有益な知見も発見することができた。こうした情報は，3年分のデータ比較だけで把握できたことである。今後は，市役所が恒常的にデータベースを構築していくことによってより政策に役立つ興味深い知見を得ることができるのではないだろうか。

第2節　マンション建設の増加が与える社会問題──大社校区の事例

1　マンション建設が与える影響とは

　第2節では，マンション建設による教育環境への影響について経年変化分析を行いたい。これまではマンションを網羅的に捉えたデータが存在しなかったため，建設後の影響は国や市役所といった行政機関データでは分析することができなかった。そこで，複数年分のゼンリン住宅地図を用いて，西宮市で実際に起きた「大社小学校の校区変更問題」をもとに，マンション建設が地域に与

表 4 - 15　西宮市大社校区の「校区変更問題」の経緯

2007年5月30日	第1回児童教育不足検討会を開催
8月1日	第5回児童教育不足検討会を開催
8月10日	大社小学校全世帯に校区変更に伴うチラシを配布
10月10日	住民に校区変更についての説明会を開催することを連絡
10月14日	大社小学校で第1回説明会を開催
10月21日	第2回説明会を開催
10月28日	第3回説明会を開催
12月2日	第4回説明会を開催
1月17日	第5回説明会を開催
2008年4月1日	校区変更を施行

える影響を分析する。

　大社小学校の校区変更問題は，2008年にこれまで大社小学校の通学区域であった全12町のうち4町が他の小学校区に変更するというものであった。具体的には，大井手町・若松町・西田町が安井小学校区へ，室川町が平木小学校区へと校区の変更が検討されたのである。これに対して，当初，地域の住民からは理解を得ることができず，大社小学校区の全世帯に校区変更についてのチラシを配布した途端，西宮市の教育委員会には抗議や苦情の電話が殺到する事態となった。

　表4-15は，校区変更が施行されるまでの経緯を整理したものである。校区変更は2007年5月に西宮市の教育委員会がPTAや校長，社会福祉局などを交えた児童教室不足検討会を開催して以降，同年8月まで計5回の討論によって決定するという強行日程で行われた。そして，同年10月から翌年1月までの間に計5回，校区変更について，地域住民への説明会が実施された。しかし，説明会の場だけでは地域住民の理解を得られなかったうえ，一方的に説明会を打ち切るなどをした結果，校区変更で子どもを安井小学校・平木小学校に通わせることとなる地域に住んでいる家庭からは反対運動が起きたのである。こうした反対運動が起きるほどに問題が大きくなった理由として，平木小学校区が同和地区を含む小学校区として住民から広く認知されていたこともあるが，大社

小学校がとくに保護者の人気が高い小学校であることが関係している。

　西宮市の北部に位置する大社小学校は，阪急夙川駅から徒歩15分程度と交通の便がよく，高台の閑静な住宅地の中にあるため環境的によいと人気がある。このことは，2010年12月8日に行った西宮市を中心エリアとした不動産を幅広く扱う「㈲西宮ライフサービス」に勤めているK氏への聞き取り調査にも示されていた。[5]

> 西宮市においてお金持ちと言われるのは，阪急夙川の北から芦屋方面にかけてが1番の高級住宅街だと言われています。次に甲子園球場の北側から2号線にかけてが高級住宅街だと言われています。その次が大社小学校区なのです。不動産屋などの共同住宅を建てる業者が大社小学校区を高級住宅街にさせるように故意に開発した土地こそが大社小学校区だったのです。
> 〈㈲西宮ライフサービスK氏への聞き取り調査〉

　このように，大社小学校区の地域環境の良さは保護者だけではなく民間の業者からも認知されており，積極的な住宅開発が進められていった。その結果，人気地域に居住者が集まり，このような地域問題が起こるようになったのであろう。では，校区変更における西宮市の説明は，どのようなものだったのか。その内容を整理していきたい。

2　校区変更問題に対する西宮市役所の説明

　西宮市は大社校区の校区変更の必要性を，以下の3つのデータや関連する法律から説明をしている。

（1）児童数の増加

　まず，校区変更の要因として西宮市があげたデータは，大社小学校の在籍児童数の変化を表したものであった。以下の**表4-16**は，震災前の1994年から2010年までの大社小学校の在籍児童数と学級数の移り変わりを示している。

　この表をみると，1995年に起きた阪神淡路大震災の影響のため，直後の1995〜1996年は在籍児童数，学級数がともに減少しているが，それ以降は増加

第4章 複数年住宅地図を利用した経年変化分析

表4-16 大社小学校の在籍児童数

	1年生	2年生	3年生	4年生	5年生	6年生	児童数	学級数
1994年	92	98	97	93	121	100	601	19
1995年	63	68	63	71	71	94	430	19
1996年	79	72	65	68	70	77	431	12
1997年	78	80	75	78	76	76	463	13
1998年	91	82	82	75	75	80	485	15
1999年	96	94	82	84	74	81	511	17
2000年	107	99	87	86	83	78	540	19
2001年	115	107	97	88	87	84	578	20
2002年	93	112	108	96	86	85	580	20
2003年	119	97	110	109	98	91	624	20
2004年	113	114	88	105	112	96	627	21
2005年	131	112	121	89	103	107	663	22
2006年	117	133	109	124	88	103	674	23
2007年	138	119	132	106	121	90	706	24
2008年	108	135	110	131	98	117	699	24
2009年	120	105	131	108	128	97	689	25
2010年	120	120	103	131	107	129	710	25

(出典)西宮市教育委員会『学校学級編成の資料』をもとに作成(すべて5月1日時点)。

傾向にあることが読み取れる。なかでも注目すべきは,学級数の変化で,2000年に入ってから現在までに6学級増加という異例のスピードで増えていることがわかる。学級数が増えるということは,新たに教室を確保しなくてはならないことを意味している。建物のつくり上,本来,大社小学校が受け入れられる学級数が24学級である。それに対し2009年以降はその限界を上回る25クラスで学校の運営を行っている。このようにみていくと,表から在籍児童数の増加がどれだけ大社小学校にとって負担となっているかがわかる。

(2) 風致地区

次に校区変更の要因として西宮市があげているのが,風致地区の指定である。

表 4-17　建築物等に関する規制（2009年4月改正）

	高さ	建ぺい率	道路からの後退距離	隣地からの後退距離	建築物の接する地盤面の高低率	緑地率
第1種風致地区	10m 以下	20%以下	3m 以上	1.5m 以上	6m 以下	50%以上
第2種風致地区		30%以下	2m 以上	1m 以上		40%以上
第3種風致地区	15m 以下	40%以下				30%以上

（出典）西宮市都市局建築・開発指導部開発審査グループ『建築物等に関する規制』より引用。

風致地区とは，都市における「景観」や「おもむき」を維持するため，都市計画によって定められる地域のことを指す。2004年に施行された「西宮市風致地区内における建築等の規制に関する条例」において，風致地区内で建築物その他の工作物の新築，改築，増築又は移転をするときは，市長の許可を得なければならないと定められている。西宮市では，現在6つ（東山六甲・愛宕山・夙川・満池谷・武庫川・広田山）の地区が風致地区とされており，地域の特性に合わせて，風致地区を以下の3種類のいずれかに指定することが定められている。大社小学校は，第3種風致地区に指定されている満谷池風致地区に位置しているのである。

　第1種風致地区：自然的景観のとくに優れた樹林地および水辺地等に該当する地区で，現在の風致を維持することが必要な地区を指している。

　第2種風致地区：自然的景観の優れた樹林地および水辺地等の地区，またはこれらと一体となった良好な住宅地等に該当する地区のことである。

　第3種風致地区：自然的空間を維持する樹林地，水辺地，住宅地等の地区で現存の風致を維持することが必要な地区のことを指している。

では，風致地区に指定されるとどうなるのか。表4-17は，西宮市が定めた風致地区における建築物などに対する規制を整理したものである。

大社小学校が指定されている第3種風致地区では、建ぺい率が40％以下と規制されている。この規制のため、大社小学校では他の小学校のように、プレハブの校舎を建てて、教室を確保するという方法が簡単にはとれないのである。そのため、壁などを壊して教室を作るといったオープンスペースの方法を用いて、今までは何とか教室を確保していたが、もはやこの方法だけでは教室数を補うことができなくなったのである。

　建ぺい率の制限に関しては、都道府県知事から特別な許可をもらうことで、建築が認められる場合がある。都市計画法第41条第2項では、環境の保全上支障がないと認められたとき、もしくは公益上やむを得ないと認められると建ぺい率が制限されない場合があるのだ。実際、関西学院大学の校舎は特別な許可により建てられている。このような方法があるにもかかわらず、西宮市役所は安易な説明で終わらせてしまっているのではないだろうか。

（3）受入困難地区

　さらに、西宮市が校区変更を行わざるをえない要因としてあげているのは、大社校区が「受入困難地区」であるという説明である。西宮市は文教住宅都市として良好な教育環境を守るため、2005年から「教育環境保全のための住宅開発抑制に関する指導要綱」を施行している。「受入困難地区」とは、この指導要綱において、学校施設と児童・生徒・幼児数の関係から、教室不足または不足する恐れがあるとして、指定された小学校区のことを指している。

　表4-18は「教育環境保全のための住宅開発抑制に関する指導要綱」の概要をまとめたものである。学校施設の状況により「受入困難地区」「準受入困難地区」「監視地区」「予測地区」の4段階で指定され、教育委員会は年に2回（4月と10月）に行われ、緊急性がある場合には随時見直す場合がある。また、受入困難地区の指定期間は3年であるが、西宮市の教育委員会が必要と認めれば延長することができる。なお、この表における該当地区は2011年7月末時点のものである。

　この指導要綱によると、西宮市は事業者に対し「住宅開発の中止もしくは延

表4-18 受入困難地区の概要

地区	定義	住宅開発に対する規制	該当地区
受入困難地区	児童・生徒数の増加に対して、仮設校舎の設置等による対応が困難であるとともに、運動場や特別教室等の利用が制限されることから、児童及び生徒の受入れが明らかに困難な通学区域をいう。	10戸以上の住宅開発を教室不足が解消するまで抑制	大社小学校通学区域（指定期間延長）
準受入困難地区	通学区域内の住宅開発による児童・生徒数の増加に対して、仮設校舎の設置等による対応が困難であるとともに、運動場や特別教室等の利用が制限されることから、児童及び生徒の受け入れが困難であると見込まれる通学区域をいう。	30戸以上の住宅開発を教室不足が解消するまで抑制	高木小学校通学区域
監視地区	通学区域内に大規模な住宅開発の可能な土地等が存在し、児童・生徒数が急増すれば仮設校舎の設置等による対応が困難と見込まれることから、住宅開発の状況を監視するとともに、大規模な住宅開発を抑制する必要のある通学区をいう。	30戸以上かつ開発区域面積が2000㎡以上の住宅開発を教室不足が解消するまで抑制	浜脇・用海・甲子園浜・香櫨園・瓦林小学校通学区域
予測地区	児童・生徒数が今後ピークを迎え、又は横ばいの状況が続くものと予測され、普通教室の確保が難しいものの、仮設校舎の設置等による対応が可能である通学区域をいう。		甲東・鳴尾北・甲陽園・上ヶ原・南甲子園・広田・段上西・樋ノ口・春風小学校通学区域

（出典） 西宮市教育委員会『教育環境保全のための住宅開発抑制に関する指導要綱』をもとに作成。

期、計画の変更、又はその他必要と認める事項に係る協力を求めることができる」と定められており、一見、抑制力を持った効果的な政策に思える[6]。しかし、実際は2005年に大社小学校区を受入困難地区に指定した後も状況は変わらず、3年間の指定期間が延長されただけに終わったのである。

　そもそも、この指導要綱を作成した目的は、住宅開発事業者と計画段階で市が協議し、開発による幼児、児童及び生徒の急増によって学校施設が不足する恐れのある地区での住宅開発を一定期間抑制することである。しかし、受入困難地区の指定方法そのものに問題があるため、うまく機能していないのではないのではないかと考えられる。それは、指定をする際に基準となるデータとして、町丁字別の世帯数や年齢別人口といった、住民基本台帳データが提示され

ているからである。すなわち，この指導要綱において，西宮市は共同住宅の建物を制限できるという権限を持っているにもかかわらず，共同住宅の「建物ベース」の数値が提示されていないのである。

　以上のように西宮市は，①「児童数の増加」，②「風致地区」，③「受け入れ困難地区」の３点を「校区変更問題」の要因として説明してきた。しかし，児童数の増加や風致地区による規制がある状況をふまえ「受け入れ困難地区」を規定したにもかかわらず，その権限を有効に使えていなかったことが最大の問題だったのではないだろうか。「その地域にこれ以上住宅建設を受け入れられるのか」を判断するためには，児童数や町丁字人口の把握だけでなく，現在あるマンションの棟数や総戸数といったマンションの実態そのものの把握が必要であろう。

　そもそもマンションが新たに建設されることで，地域に次のような影響を与えると考えられる。まず，世帯数及び人口の急増を引き起こすことである。一戸建てと同じ区画面積でも，マンションは世帯数，総戸数が多くなるため人口増加の幅が大きくなる。なかでも新築マンションの建設は若い世代の流入を伴う。西宮市は都市圏である大阪市や神戸市に近く，働き盛りの若い世代をターゲットにしたマンションが多く建てられており，さらにマンションは一戸建てに比べて相場が安く，若い世代でも購入しやすい価格設定となっているのである。そのため，就学前後の子どもをもつ比較的若い世代の増加が予測され，マンションが建設されることで，地域の生活環境を変えるだけではなく，人口の増加や入居者層の変化により地域に住む人々も大きく変化する可能性がある。

　つまり，マンション建設と地域社会との間には密接な関わりが存在するのである。しかし，西宮市役所のこれまでの校区変更問題要因分析において，共同住宅に関するデータ把握や分析が不十分であることが否めない。

　そこで，本節では複数年分のゼンリン住宅地図の別記情報や住宅配置地図を用いて，大社校区の共同住宅の状況を明らかにしていきたい。

図4-3 住宅配置地図（左：1994年　右：2007年）

3　複数年分の住宅地図を活用した校区変更問題の分析

(1) 住宅地図の比較によってできる現状把握

　図4-3は，大社小学校区の震災前（1994年）と，西宮市のマンションデータベース作成のもととなった2007年のゼンリン住宅地図の配置地図を比較したものである。[7]大社小学校区内のなかで城山という一部地域のみを抜粋している。ここから，住宅がどのように移り変わっていったのかを視覚的に捉えることができ，国勢調査や住民基本台帳など，数字を単純集計しただけではわからない現状をみることが可能となる。

　地図をみると，震災前の1994年の城山には，個人所有の豪邸や社宅などがかなり存在していることがわかる。これは都市圏からの交通の便のよさや，古くから高級住宅街として有名であることが関係していると考えられる。しかし，2007年の地図をみると，個人所有の豪邸，日本銀行や民間企業の社宅などがあったところに共同住宅が立ち並んでいることがわかる。

第4章　複数年住宅地図を利用した経年変化分析

表4-19　城山の共同住宅の変化

（1994年）

建物名	総戸数	世帯数
城山パークハイム2	14	14
日本銀行夙川寮社宅1棟	12	12
日本銀行夙川寮社宅2棟	12	10
K邸		
M邸・T邸		
住友海上火災保険夙川寮・テニスコート	別記情報なし	
駐車場・Y邸		
城山荘1棟	12	6
城山荘2棟	10	3
合計	60	45

（2007年）

建物名	総戸数	世帯数
城山パークハイム2	15	14
ジオグランデフォルム城山	49	31
アルス城山	15	9
藤和夙川ホームズ	48	30
レジデンスコート夙川城山	64	27
グリーンヒルズ城山	14	3
城山ハイツA棟	6	3
城山ハイツB棟	4	2
合計	215	119

（出典）『1994年度および2007年度のゼンリン住宅地図』をもとに作成。

> この大社小学校区は昔，寮や社宅があった地域だったのです。それが今，社宅などを持っていた企業が不動産屋に土地を売ってたくさんのマンションが建ったわけです。城山なんてまさにそれですね。大社小学校区は，他の校区と比べて開発されてできた土地なのです。
> 〈有〉西宮ライフサービスK氏への聞き取り調査〉

　複数年の住宅地図の比較によってわかることが，1項で紹介したK氏からのインタビューにも示されている。1節で分析したように，福利厚生として建てられた社宅や寮は姿を消し，また個人が所有している豪邸は相続税など税金対策のため，震災後に小さく建て替えられたり，売りに出されたりしてきたのである。

　では，城山のように，これまで民間企業の社宅や個人住宅などで利用されていた地域に，共同住宅が建つことでどのような地域の変化をもたらしたのだろうか。

　表4-19は城山における1994年と2007年のゼンリン住宅地の住宅配置地図を文字化し，さらに巻末の別記情報の総戸数や世帯数のデータを入力したものである。具体的には，別記情報のすべての部屋番号を総戸数，名前のある部屋番号を世帯数として整理した。

この表をみると，これまで一戸建てであった「K邸」「M邸・T邸」が「アルス城山」と「藤和夙川ホームズ」に，「駐車場・Y邸」が「グリーンヒルズ城山」という共同住宅になっていることがわかる。日本銀行の社宅が「ジオグランデフォルム城山」へ，民間企業の社員寮が「レジデンスコート夙川城山」へというふうに，従来の倍以上の総戸数をもつ共同住宅へと変化し，全部で5棟の共同住宅が新たに誕生しているのである。そして，共同住宅が5棟増えたことで，城山の世帯数は2倍以上，総戸数は3倍以上も増加したのである。

　共同住宅が建つことで総戸数や世帯数にどれほど影響を与えるかは，これまで西宮市が把握している断片的な共同住宅に関するデータではわからなかった。しかし，ゼンリン住宅地図に記載された情報を活用して数字を整理することで，城山において共同住宅が建設されたことによってどのように世帯数が増加しているかの概略を把握することが可能となるのである。

（2）住宅地図の経年変化分析でわかる共同住宅の実態

　さらに，校区変更問題を大社小学校区全体の共同住宅の実態と関連させて分析するため，1994年版，2000年版，2007年版のゼンリン住宅地図を使って経年変化分析をしていく。ゼンリン住宅地図の別記情報を数値的データにする手順は以下の通りである。

①校区を抽出して共同住宅の棟数を数える

　校区変更が行われる以前の大社小学校区にあった，全12町の町にある共同住宅をゼンリンが発行している「ゼンリン住宅地図」の地図上から1つ1つ抽出する。

②総戸数を数える

　共同住宅には，別記番号が住宅地図上に振り分けられている。その別記番号から別記情報を探し，別記情報に記載され，かつ部屋番号が記載されているものを「総戸数」として数える。

③世帯数を数える

第4章 複数年住宅地図を利用した経年変化分析

表4-20 大社小学校区の共同住宅の変化

	総戸数			世帯数			棟数		
	1994年	2000年	2007年	1994年	2000年	2007年	1994年	2000年	2007年
神垣町	353	361	526	289	300	446	26	29	36
清水町	27	128	92	19	123	82	6	10	9
南郷町	76	101	144	64	77	101	12	17	20
城山	60	49	215	45	37	119	5	5	8
桜谷町	120	189	122	87	135	68	13	17	16
越水	258	301	340	234	192	165	27	37	35
満池町	217	180	180	203	151	149	12	13	12
柳本町	323	418	441	303	351	299	17	27	30
西田町	114	101	107	81	54	42	11	8	10
大井手町	144	208	264	128	164	172	18	26	30
室川町	211	338	340	151	270	202	18	30	34
若松町	174	224	230	137	163	149	15	20	24
合計	2,077	2,598	3,001	1,741	2,017	1,994	180	239	264

(出典)『1994年版・2000年版・2007年版のゼンリン住宅地図』をもとに作成。

ゼンリン住宅地図の別記情報に記載され，かつ部屋番号の横に「名前」が記載されているものを，「世帯数」として抽出して数える。1つの部屋番号に企業名＋個人名が書かれている部屋名および2つの別の名前が書かれている部屋名も1世帯として数える。

④棟を数える

ゼンリン住宅地図の別記情報に記載されているすべての建物を抽出し「棟数」として数える。

このような手順で大社小学校区全体を入力集計したのが作成したのが表4-20(8)である。

表で示されるように，総戸数ベースでは，1994年から2000年で521戸，その後の2007年までに403戸が増加している。世帯数に関しても，1994年から2000年にかけて，276世帯が増えており，2000年から2007年では23世帯減少しているが，13年間でみると，253世帯もの増加がみられる。そして震災前の1994年に180棟あった共同住宅が，6年後の2000年には239棟と59棟増加し，その7年後の2007年には264棟と25棟増加しているのである。

表 4-21 城山の人口の移り変わり

	2001年	2002年	2003年	2004年	2005年	2006年	2007年
0～4歳児人口	9	18	31	41	70	83	94
5～9歳児人口	13	18	18	20	36	45	46
10～14歳児人口	14	35	20	24	34	27	34
全人口	515	642	692	692	790	910	949
世帯数	244	294	309	299	317	373	388

(出典) 西宮市役所情報公開グループ『町別・男女別・世帯数・人口統計』の資料をもとに作成(年齢別人口は12月31日時点、全人口及び世帯数は10月1日時点)。

　すなわち、震災前の1994年から2007年の13年間で84棟のマンションが建設され、924戸の戸数が増加し、結果的に、世帯数が増加しているということが、表から読み取ることできるのである。このように、住宅地図による「建物ベース」の棟数と総戸数を整理することによって、住民基本台帳等の人口や世帯数だけでは理解できない、校区内のマンション建設と世帯数の増加の実態を把握することができるようになるのである。

　表4-21は、大社小学校区の城山について西宮市情報公開グループが提供している人口データを、「0～4歳児」「5～9歳児」「10~14歳児」の年齢層を取り出し、再構成したものである。この表では2001年以降の変化が示されているが、城山の年少人口の変化の実態を把握することが可能である。

　城山では、2001年に515人であった人口が2007年には949人と1.8倍に増加している。それに対して0～4歳児人口は、9人から94人と10.4倍に、5～9歳児人口は13人から46人と3.5倍に、10～14歳児人口は14人から34人と2.4倍に増加していることが読み取れる。すなわち、城山では、とくに就学前後の児童数の増加が顕著であるということである。これらは、先の住宅地図の建物ベースの数字と併せて考えるならば、城山で若いファミリー向けマンションが数多く建設され、就学前児童の人口が大きく増加したことが理解できる数字といえるだろう。こうした状況こそが、まさに大社小学校区の校区変更問題の背景であり本質だったのではないだろうか。

　マンション建設によって若いファミリー層が一挙に入居することで、小学校だけでなく他でも地域社会に大きな影響を与えていると考えられる。それが、

表4-22 大社保育所の入所者数及び待機児童数

	2006年	2007年	2008年	2009年	2010年
定員	120	120	120	120	120
入所者数	135	130	131	133	133
充足率	112.5	108.3	109.2	110.8	110.8
待機児童数	0	2	3	12	11

表4-23 ニコニコ桜保育園の入所者数及び待機児童数

	2006年	2007年	2008年	2009年	2010年
定員	未開園	60	60	60	60
入所者数		64	64	69	66
充足率		106.7	106.7	115.0	110.0
待機児童数		0	8	17	6

(出典) 西宮市役所保育事業グループの資料をもとに作成(すべて4月1日時点)。

近年全国的にも多くの注目を集めている待機児童問題である。就学前後の児童数が増えた大社小学校区では小学校に入学する前である保育所の入園者数にも変化が生じているのである。厚生労働省の定義によると、待機児童とは保育所入所申込書が役所に提出され、かつ入所要件に該当するものであって、現に保育所に入所していない児童のことを指している。男女雇用機会均等法などが整備され、出産後も女性が働く世帯が増えたため、両親が働く昼間に子どもを預ける保育所が不足し、都市部を中心にこの待機児童の問題が深刻化しているのである。

現在、大社小学校区内には全部で4か所の保育施設が存在している。厚生労働省に認可されている認可保育所が2か所、それ以外を総称する認可外保育所が1か所、西宮市が認定している保育ルームが1か所である。大社小学校区の保育所の入所数と待機児童数について、西宮市保育事業グループから入手した資料をまとめたものが表4-22と表4-23である。ただし、西宮市保育事業グループが扱っている資料は認可保育所のみであるため、以下の2つの保育園のデータしか得られなかった。なお、認可外保育所と保育ルームの定員は毎年満

たされている。

　表をみると，待機児童数が大社小学校の校区変更がされた翌年の2009年には，前年の倍以上になっていることがわかる。また保育所の充足数は軒並み100％を超えており，保育所の数が足りないことを示している。

　このように居住者の特徴をみることで，城山での共同住宅の増加とどのように関係しているのか，また城山ではどのような問題が生じているのかを把握することができるのである。

4　城山のマンション建設の実態

　前項まで，複数年分のゼンリン住宅地図や市役所がもつ既存データを活用し，大社小学校区でどのように共同住宅が建ってきたか，また建ったことがどのような影響を与え，実際にどのような西宮市の問題として発展してきたのかを考察してきた。本項では，城山を対象として，どのようにマンション建設が進められてきたのかの背景を考察してみたい。

　城山では，条例によって第3種風致地区に指定され，さらに都市計画法の定める用途地域制においても第一種低層住居専用地域に指定されているため，建ぺい率40％以下，容積率100％以下，高さ10メートル以下の建物しか建てられない地区となっている。10メートル以下とは共同住宅であれば3階までしか建てられない高さであり，建ぺい率も40％以下のためそれほど大きな共同住宅は検討が必要である。それにもかかわらず，なぜ城山では共同住宅の総戸数，世帯数が急速に増えたのであろうか。実はこうした共同住宅の増加の背景には，1995年に起きた阪神淡路大震災による復興政策の影響があったのである。以下は2008年1月15日に行った聞き取り調査の一部である。

> 西宮市は震災の影響で多くの家屋は大きな被害を受けたために，建築基準法による規制を緩和した。これにより民間の会社も共同住宅を建てやすくなり，建築ラッシュが起きた結果，現在のように西宮市の共同住宅比率は高くなった。
> 〈西宮市市議会議員のI氏への聞き取り調査〉

第4章　複数年住宅地図を利用した経年変化分析

　震災は西宮市に住む人々の住居を奪うだけではなく，復興事業においても大きな問題を残した。それが，当時の建築基準法による容積率の制限である。震災によって崩壊したマンションのなかには，1973年から始まった容積率制限以前に建築されていたものが多く存在し，それらが現在の基準容積率をオーバーする「既存不適格」で，被災前のように建て替えることが不可能となったのである。そこで，兵庫県は震災復興型の総合設計制度を創設し，従前の容積で建て替えができるようマンションの容積率緩和という建築基準法の新たな運用方針を打ち出した。(9)この制度は小規模宅地にも適用されたため，城山のような一戸建てが立ち並んでいた地域でも共同住宅を建てることが容易になったのである。このことが，マンション建設ラッシュを起こしたといえるのである。

　城山でのマンション建設の実態を象徴的に示す事例として，2005年に建設されたレジデンスコート夙川城山をあげることができる。(10)このマンションは第一種低層住居専用地域の高台に建てられた物件である。西宮市に提出された建築計画概要書では，建物の高さ9.93m，〈地上3階，地下1階〉の建物として申請されている。しかし実際に行ってみると，真正面から見たら2階建てのように建てられているが，横から見ると地上4階建てのように建っているのが実態である。すなわち，高台の斜面の地形を利用し，正面から見た高さを申請することによって戸数の多い共同住宅を建てていたのである。城山ではこの事例と同じようなマンションが他にもあり，総戸数や世帯数を急増させた原因の1つであったといえる。しかし，このようなマンションが建てられたのは，建築基準法の改定が遅れていた点に問題があったと考えられる。これまで，地下の床面積はマンション全体の床面積の3分の1まで容積率に算入されない制度であったが，2004年に建築基準法が改正され，階数制限・地下床面積を地上部の2分の1にしなくてはならなくなったのである。そのため2003年に作成されたこの計画書は，法的に何ら問題ないのである。第一種低層住宅専用地域で高級住宅街に位置する城山に，戸数の多い共同住宅を建て，利益を出したいという企業側の思惑と，「高級住宅街に位置する城山に住みたい」という住民側の思惑が一致して，このような共同住宅の増加を生み出したといえるであろう。

5 用途地域制・校区変更という市の政策

　現在，西宮市においてマンションを建築する際に，自然環境を破壊しないか，建築物の外観が地域の景観を乱さないか，災害時に危険にならないかといった検討すべき項目は，別々の法律や条例によって規制されている。これは，さまざまな観点からチェックできるといえる一方で，情報データの一元化が不十分になること，いざという時の責任の所在が不明確になるといった問題点があげられる。その結果，城山における共同住宅の実態でもわかるように，都市計画法に定められた用途地域の指定などに頼り，書面の作成の仕方次第で一挙に共同住宅が建ち並ぶ町へと変わってしまうのである。縦割り行政化した市役所で，許可申請の受付をするだけでは，総合的に考えられた町づくりはできるのか，疑問が残る。

　マンションの建築ラッシュにより実際に小学校の校区変更がなされた大社小学校区では，行政による教育政策の一元管理によって，校区変更で児童数の調整を行うという方法をとり，地域住民の理解を得られずに反対運動が起きる結果となってしまった。校区変更をするということは，住民にとって大きな問題なのである。それにもかかわらず共同住宅に着目したデータや分析が十分に行われないまま，校区変更を強行的に行うという西宮市役所の対応は，住民への配慮が足りていなかったといえるのではないだろうか。

　さらに待機児童問題については，2008年7月に行った西宮市教育委員会の西宮市の子育て企画・育成グループの担当者から次のような聞き取りを得ている。

> 購入しやすい価格帯のマンションが増え，共働きの子育ての転入が増えたことにより，市内に住む0～5歳の子どもの数は横ばいなのに，保育所への入園希望者が前年より160人増えたことが（待機児童数増加の）一因ではないか。
> 〈西宮市教育委員会のS氏とM氏への聞き取り調査〉

こうした現状を把握しているにもかかわらず，西宮市役所において2010年に行われた西宮市の幼児教育に関する審議会では共同住宅の現状に関する分析はされていないのである。

　これまでマンションは，建築物として違反していないかといった点を中心に審査され，建てられた後にどのような影響が及ぼすかということは，あまり論点とされていなかった。そのため，校区変更問題や待機児童問題についても，マンションに関するデータは分析されてこなかったのである。国勢調査を使わなくても民間企業が作成しているゼンリン住宅地図のデータを分析することで，小学校の校区変更や待機児童の問題など，直接には共同住宅とは結びつかない社会問題でも，マンション建設と密接に関連しているという事実を明らかにすることができるのである。都市における住まい方は変化が激しく，これまで想定していなかった問題が次々と浮き彫りになってきている。そして，その問題は複雑な要因が織り交ざって起こることもあるのである。市民の生活を担う役所として，共同住宅の全貌を把握することで，住宅政策や都市政策を総合的に行う必要があるのではないだろうか。

注
(1) 聞取り調査の詳細については，大谷信介編『西宮アパート・マンション調査報告書――新たな社会調査手法への挑戦』関西学院大学社会学部大谷研究室2009年99頁に記載されている。
(2) 社団法人日本経済団体連合会の「福利厚生調査」については，経団連のホームページに公表されている（http://www.keidanren.or.jp/japanese/policy/2011/008/index.html）。ここでは，その中の『第54回福利厚生費調査結果報告』を引用した。
(3) 労務行政研究所「社宅制度の実態と今後の方向」に関する調査結果速報』（1990年9月号，2007年）および労務行政研究所「社宅・独身寮の最新動向」（https://www.rosei.or.jp/contents/detail/5785）。
(4) 伊予銀行人事部福利厚生担当者への聞取り調査の詳細については，大谷信介編『西宮マンション居住に関する社会学的研究――西宮アパート・マンション調査報告書（2）』関西学院大学社会学部大谷研究室2010年93-95頁に記載されている。
(5) K氏への聞取り調査の詳細は，前掲報告書（2009年）101頁に記載されている。
(6) 指導要綱に規定する届出が必要な計画戸数は，共同住宅建設で1戸あたりの床面

積が40㎡を超える住宅の総数，又は宅地開発事業において1戸あたりの敷地面積が56㎡以上の宅地の総数となる。
(7) 1994年と2007年の住宅地図は，縮尺・頁配置が若干異なっている。図4-3は2007年に合わせて1994年を修正している。
(8) 1994年のゼンリン住宅地図の別記情報は部屋番号が記載されていないため，同一名称の建物が2000年・2007年にあった場合は同じ総戸数として数え，1994年にしかない建物は世帯数として数えた。
(9) 梶浦恒男『新世紀のマンション居住——管理・震災・建て替え・更新を解く』彰国社，2001年，82-85頁。
(10) レジデンスコート夙川城山の事例については，建築計画概要書，実際に正面と側面から写した写真を含めて，報告書に詳細に記述している。大谷信介編「マンションの社会学——西宮マンション調査による実態把握」関西学院大学社会学部大谷研究室，2011年，140-142頁。

第5章
西宮アパート・マンション調査の実験的試み

　〈西宮市のマンション居住者〉を対象とした社会調査を実施しようとすると，そのこと自体がとても難しい試みであることに気付くだろう。それは，調査の土台となる「対象者名簿」を作成することが非常に困難なことに起因している。ある都市住民に対して社会調査を実施しようとした場合，「住民基本台帳」や「選挙人名簿」といった「公的名簿」から対象者を無作為抽出して「対象者名簿」を作成するのがこれまでの一般的な方法であった。しかし，2006年の住民基本台帳法の改正以降，個人情報保護を理由に学術調査目的であっても名簿閲覧を拒否する自治体が登場するなど，「公的名簿」の利用が困難な状況が出現してきている。[1]また，たとえ「公的名簿」が入手できたとしても，マンション居住者だけを抽出した名簿を作製することもきわめて困難である。それは「公的名簿」が，町丁字別に（「〇〇丁目△番□号　名前」といったように）表記されており，その番号（「△番□号」）だけで「一戸建て」と「マンション」を判別できないためである。

第1節　調査概要——どのような実験的試みをしたのか

　〈西宮マンション・アパート調査〉では，〈使用名簿〉と〈抽出法〉を工夫することにより，従来とは異なる「新たな調査手法」を実験的に試みようとした。それは，従来のように「公的名簿」から対象者を「無作為抽出」するのではなく，「ゼンリン住宅地図」から「国勢調査共同住宅世帯比率」と同様となるように対象者を割り当てる〈割当法〉を使う方法である。この方法は，全国どこ

表5-1 西宮市の共同住宅世帯数

一般世帯数	居住形態×共同住宅の階数別					
	1・2階	3～5階	6～10階	11～14階	15階以上	合計
公営・都市機構・公社の借家	3 (0) (0.0)	9,809 (8.6)	4,646 (4.1)	5,584 (4.9)	2,966 (2.6)	23,008 (20.1)
給与住宅（社宅・寮）	481 (4.3) (0.4)	6,058 (5.3)	1,651 (1.4)	221 (0.2)	216 (0.2)	8,627 (7.5)
持家（分譲マンション）	772 (7) (0.7)	10,481 (9.2)	17,706 (15.5)	7,058 (6.2)	3,854 (3.4)	39,871 (34.8)
民営の借家（賃貸マンション）	9,812 (88.7) (8.6)	26,739 (23.3)	5,674 (5.0)	635 (0.6)	160 (0.1)	43,020 (37.6)
住宅に住む一般世帯合計	11,068 (100%) (9.7)	53,087 (46.4)	29,677 (25.9)	13,498 (11.8)	7,196 (6.3)	114,526 (100%)
	アパート調査	マンション調査				

(出典) 総務省統計局「2005年国勢調査」より共同住宅から「間借り」を除いて作成。

でも入手可能な「ゼンリン住宅地図」と「国勢調査結果」をもとにして考案されたものであり，全国の市町村で普遍的に実施可能な「新たな調査手法」と位置づけることが可能である。

　国勢調査では，共同住宅を階数別および居住形態別に集計している（階数区分：1・2階，3～5階，6～10階，11～14階，15階以上／居住形態区分：公営・都市機構・公社の借家（公営住宅），給与住宅（社宅・寮），持家（分譲マンション），民営の借家（賃貸マンション）。表5-1は，「2005年国勢調査」の西宮市における共同住宅世帯数を示したものである。

　この表により，西宮市内の共同住宅の構成内容を把握することが可能である。たとえば階数に着目してみると，3～5階建の共同住宅が46.4％と最も多く，1・2階建ての共同住宅は9.7％と少なくかつその9割近くが賃貸マンションであることが理解できる。今回の調査では，西宮市内の共同住宅のうち，1・2階建ての共同住宅を〈アパート〉，3階建て以上の共同住宅を〈マンション〉と位置づけ，それぞれ別の調査を実施することにした。それは，アパート居住者の回収率が悪いと推測されたためである。[2]

　表5-2は，〈アパート調査〉と〈マンション調査〉の概要を整理したもので

第 5 章　西宮アパート・マンション調査の実験的試み

表 5-2　「西宮マンション・アパート調査」の概要

	マンション調査	アパート調査
調査対象地	兵庫県西宮市	
調査期間	2008年11月8日～12月25日	
調査票配布期間	2008年11月8日（土）～11月16日（日）（9日間）	
調査対象者	西宮市の共同住宅に住む世帯主 （ゼンリン住宅地図に別記情報が掲載されているアパート・マンション）	
調査対象棟	3階建て以上の共同住宅	1・2階建ての共同住宅
サンプリング台帳	ゼンリン住宅地図（地図面および別記情報）・マンションデータベース	
対象選定基準	2005年国勢調査の世帯数比率，「住宅の建て方」×「住宅の所有の関係」のクロス表より作成した表	居住率，特徴的なアパートである「レオパレス」などを考慮
サンプル数	4,000サンプル	1,500サンプル
配布方法	郵送法800サンプル（1/5） 訪問法800サンプル（1/5） ポスティング法2,400サンプル（3/5）	ポスティング法
調査票	冊子形式の調査票	はがき形式の調査票
回収方法	料金受取人払い方式の封筒による郵送回収	料金受取人払い方式のはがきによる郵送回収
調査票実際配布数	3,779票	1,345票
回収票数／配布数（回収率）	843票／3,779票（回収率22.3%）	121票／1,345票（回収率9.0%）

ある。〈アパート調査〉では，回収率が低くなることを危惧して，回答が簡単な「はがき」形式の調査票を採用し，調査対象数は1500サンプル，配布はすべて「ポスティング」で実施することにした。一方〈マンション調査〉では，質問項目が多い「冊子」形式の調査票を用い，「郵送」・「訪問」・「ポスティング」の3通りの方法で4000サンプルに配布した。配布方法別に回収率の違いを比較し，最も効果的な方法の分析を試みるためである。なお，冊子，はがき形式の調査票の各質問項目と，調査対象者の回答結果をまとめた「西宮マンショ

ン調査単純集計表」を巻末資料として掲載しているので参考されたい。

第2節　マンション調査の設計・準備

1　サンプリング設計

　今回の調査のサンプリングでは，「国勢調査の世帯数比率」を用いて案分を行った。その後，「西宮市における典型的なマンションにもれなく配布する」ことを目的とし，さらに詳細な「割り当て作業」と「対象抽出作業」を行ったのである。以下より，サンプリングの手順を具体的に説明していきたい。

（1）「国勢調査」「マンションデータベース」によるサンプル割り当て作業
①「国勢調査の世帯数比率」に基づいてサンプル数を案分
　配布予定数の4000サンプルを**表5-3**のように割り当てる。上段の居住形態別の比率（％）は，表5-1で示した国勢調査のデータより，1・2階建ての「アパート」を除いたものを100％とし，居住形態別・階数別に算出したもの

表5-3　マンション調査のサンプル

居住形態	上段：国勢調査における世帯数比率				
	下段：マンション調査のサンプル数				
	3〜5階	6〜10階	11〜14階	15階以上	合計
公営住宅	378 (9.5)	180 (4.5)	216 (5.4)	115 (2.9)	889 (22.2)
社宅・寮	234 (5.9)	64 (1.6)	9 (0.2)	8 (0.2)	315 (7.9)
分譲マンション	405 (10.1)	685 (17.1)	273 (6.8)	149 (3.7)	1,512 (37.8)
賃貸マンション	1,034 (25.8)	219 (5.5)	25 (0.6)	6 (0.2)	1,284 (32.1)
住宅に住む一般世帯合計	2,051 (51.3)	1,148 (28.7)	523 (13.0)	278 (7.0)	4,000 (100%)

である。たとえば居住形態別にみると，公営住宅では22.2%にあたる889サンプル，さらにその内の3～5階では9.5%にあたる378サンプルを配分しているのである。

②国勢調査の居住形態区分にデータベースをどう合わせたか

```
〈公　　営〉…建物名に「市営」,「県営」,「UR」を含むもの
〈社宅・寮〉…建物名に「社宅（舎宅）」,「寮」,「宿舎」,「官舎」,「職員住宅」を含むもの
〈分　　譲〉…市役所データの「マンション所在地」,「マンション名」と照合できたもの
〈賃　　貸〉…市役所データの「マンション所在地」,「マンション名」と照合できないもの
　　　　　　　（グレーゾーン）
```

ゼンリン住宅地図の別記情報に記載されている「建物名」をもとに〈公営〉〈社宅〉の分類を行う。「UR」住宅については，国勢調査分類に合わせて〈公営〉に分類した。ただし，この分類が適切であるかどうかについて，回収した調査票の分析結果から後述したい。住宅地図を使ったサンプリングで最も深刻な問題なのは，別記情報だけでは〈分譲〉〈賃貸〉の区別ができないことである。今回はその点を克服するために，西宮市役所住宅政策グループが独自に作成されたデータを提供していただき，〈分譲〉〈賃貸〉の判別を行った。ただし，このデータも市内すべての分譲住宅を網羅するものではなかったので，照合できたマンションを〈分譲〉と位置づけ，それ以外をすべて「グレーゾーン〈賃貸〉」として便宜的に分類することとした。

③「配分基準」を考えた居住形態別の「割り当て」方法

「マンションデータベース」には，「階数」「居住形態」「総戸数」といったマンションに関する情報が記載されている。そこで，このデータベースを活用することで居住形態ごとに「配分基準」を設けて分類を行い，より「典型的なマンション」を抽出する工夫を実施した。なお，以下より出てくる表の「a」はマンションデータベースの総戸数内訳，「b」は「割り当てる」サンプル数内訳を示したものである。

表5-4a 公営住宅の3～5階総戸数内訳

階　数	3～5階		
	3階	4階	5階
総戸数 (比率)	9,878 (100%)		
	465 (4.7)	2,206 (22.3)	7,207 (73.0)
市　営	166 (1.7)	935 (9.5)	2,964 (30.0)
県　営	244 (2.6)	229 (2.3)	1,510 (15.3)
U　R	55 (0.4)	1,042 (10.5)	2,733 (27.7)

表5-4b 3～5階サンプル配分数内訳

階　数	3～5階		
	3階	4階	5階
総戸数 (比率)	378 (100%)		
	18 (4.7)	84 (22.3)	276 (73.0)
市　営	6 (1.7)	35 (9.5)	113 (30.0)
県　営	10 (2.6)	9 (2.3)	58 (15.3)
U　R	2 (0.4)	40 (10.5)	105 (27.7)

(注) 総戸数比率使用。

表5-5a 社宅の居住者別総戸数内訳

総　戸　数	3,892 (100%)
単　身　層	179 (4.6)
官舎・宿舎	870 (22.4)
ファミリー層	2,843 (73.0)

表5-5b 社宅の居住者別総戸数内訳

総サンプル数	315 (100%)
単　身　層	14 (4.6)
官舎・宿舎	71 (22.4)
ファミリー層	230 (73.0)

表5-6a 業種別総戸数内訳

ファミリー総戸数		1,445 (100%)
業種別	製　造	798 (55.2)
	運　輸	51 (3.5)
	金　融	162 (11.2)
	通　信	258 (17.9)
	電気・ガス	78 (5.4)
	建　設	18 (1.2)

表5-6b 業種別サンプル配分数内訳

ファミリー総サンプル数		230 (100%)
業種別	製　造	127 (55.2)
	運　輸	7 (3.5)
	金　融	25 (11.2)
	通　信	141 (17.9)
	電気・ガス	14 (5.4)
	建　設	16 (1.2)

〈公営住宅〉

　公営住宅については,「国勢調査の3区分」(「市営」「県営」「UR」)を「配分基準」として用いた。次の表5-4a　表5-4bは3～5階に割り当てた〈378サンプル〉を例にとった,配分方法を示したものである。すなわち,表5-4aに示されるデータベースの比率に基づいて,「3階・4階・5階」「市営・県営・UR」別に,378サンプルを配分したのである。

第5章 西宮アパート・マンション調査の実験的試み

〈社宅・寮〉

　社宅・寮については,「居住者区分」(「単身者」,「官舎・宿舎」,「ファミリー層」) を「配分基準」として採用した。**表5-5a**,**表5-5b**,**表5-6a**,**表5-6b** は国勢調査世帯数比率により割り当てている〈315サンプル〉を例にとり,配分の方法を記したものである。数の多い「ファミリー層」は,「社宅データベース」をもとに就業業種ごと (「製造」・「運輸」・「金融」・「通信」・「電気ガス」・「建築」) に細かく分類し,「総戸数比率」に合わせて配分を行った。その際,総戸数合計が3%未満の業種,業種判別不可のものは除外した。また,同企業で複数ある社宅・寮については,1企業につき代表する1棟に絞り,他棟は除外する作業を行い,表5-6aのように,ファミリー総戸数を1445としたうえで配分作業を実施した。

〈分譲マンション〉

　分譲マンションについては,市役所データに含まれていた「築年数区分」(「昭和 (〜1998)」,「平成 (震災前　1989〜1994)」,「平成 (震災後　1995〜2001)」,「平成 (2002〜2007)」) を「配分基準」として採用した。ただし,震災後のマンションは1棟あたりの総戸数が多いため,「総戸数比率」を用いるとサンプルが集中してしまう可能性がある。そこで,「築年数区分」別に配分するときには,比率の単位を「総戸数」から「棟数」に変え,「棟数の比率」を用いた。**表5-7a　表5-7b** は,3〜5階建てに割り当てた〈405サンプル〉を例にとり,配分の仕方を示したものである。まず,405サンプルをマンションデータベースにより算出した階数別の「総戸数比率」に合わせて配分し,そのうえで**表5-8a　表5-8b** (5階の245サンプルを例とする) のように各階の「築年数区分」の「棟数比率」で配分した。

〈賃貸マンション〉

　賃貸においては,3〜5階の割合が非常に高いので (表5-3参照),この階数でのみ「典型戸数パターン」を「配分基準」とした。「典型戸数パターン」

表5-7a 分譲の3～5階総戸数内訳

階数	3～5階		
	3階	4階	5階
総戸数(比率)	6,394 (100%)		
	820 (12.8)	1,709 (26.7)	3,865 (60.5)

表5-7b 3～5階サンプル配分数内訳

階数	3～5階		
	3階	4階	5階
総戸数(比率)	405 (100%)		
	52 (12.8)	108 (26.7)	245 (60.5)

(注) 総戸数比率使用。

表5-8a 5階棟数の築年数内訳

5階棟数合計		227 (100%)
棟数(比率)	昭　和（　～1988）	121 (53.3)
	平成(震災前 1989～1994)	12 (5.3)
	平成(震災後 1995～2001)	67 (29.5)
	平　成 (2002～2007)	27 (11.9)

表5-8b 5階築年数別サンプル配分数内訳

5階サンプル数合計		245 (100%)
棟数(比率)	昭　和（　～1988）	35 (53.3)
	平成(震災前 1989～1994)	24 (5.3)
	平成(震災後 1995～2001)	131 (29.5)
	平　成 (2002～2007)	55 (11.9)

(注) 棟数比率使用。

とは1棟あたりの戸数パターンを，総戸数で順位をつけて上位6位まで選出したものである。たとえば，1棟に部屋が9部屋存在する賃貸マンションを，「1棟9戸」として「棟数」を数える。それによって算出した「棟数」と9戸をかけて「総戸数」を求め，その「総戸数の比率」でサンプル配分したのである。次の**表5-9a　表5-9b**は，3～5階のサンプル数を示したものである。まず，3～5階の〈1,034サンプル〉をマンションデータベースにより算出した各階数の「総戸数比率」に合わせて配分し，そのうえで**表5-10**（3階の536サンプルを例とする）のように「典型戸数パターン」の「総戸数比率」で配分した。

以上のように行ったサンプリング配分を居住形態別・階数別にまとめて示したものが**表5-11**である。

（2）調査対象の決定とマンション原簿の作成

これまでに割り当てたサンプル数を配布する「調査対象マンション」を「マンションデータベース」より選定する。対象棟の決定にあたっては，地区に

第5章 西宮アパート・マンション調査の実験的試み

表5-9a 賃貸の3〜5階総戸数内訳

階数	3〜5階		
	3階	4階	5階
総戸数(比率)	1,034 (100%)		
	536 (51.9)	264 (25.5)	234 (22.6)

表5-9b 3〜5階サンプル配分数内訳

階数	3〜5階		
	3階	4階	5階
総戸数(比率)	38,764 (100%)		
	20,118 (51.9)	9,891 (25.5)	8,755 (22.6)

(注) 総戸数比率使用。

表5-10 3階における典型戸数パターン上位6位によるサンプル割り当て例

総戸数多い順	1棟の戸数	棟数	総戸数	サンプル数
	3階合計	1,398	12,019 (100%)	536 (100%)
1位	9戸	437	3,933 (32.7)	175 (32.7)
2位	6戸	390	2,340 (19.5)	105 (19.5)
3位	12戸	195	2,340 (19.5)	105 (19.5)
4位	8戸	214	1,712 (14.2)	76 (14.2)
5位	10戸	88	814 (6.8)	40 (7.3)
6位	11戸	74	880 (7.3)	37 (6.8)

表5-11 サンプリング配分表

階数	3〜5階			6〜10階					11〜14階				15階〜						合計
	3階	4階	5階	6階	7階	8階	9階	10階	11階	12階	13階	14階	15階	16階	17階	18階	19階	20階	
公営	18	84	276	21	42	30	41	46	39	57	28	92	62	15	—	10	—	28	889
社宅	61	146	76	10	22	—	—	—	—	—	—	—	—	—	—	—	—	—	315
分譲	52	108	245	307	196	72	27	83	199	—	45	29	100	—	14	35	—	—	1,512
賃貸	536	264	234	74	82	19	25	19	25	—	—	—	—	—	—	6	—	—	1,284
合計	2,100			1,116					514				270						4,000

よって偏りが出ないように注意した。また,郵送・訪問・ポスティングの3種類の配布方法を検証的に行うため,配布方法の内訳は〈郵送:訪問:ポスティング=1:1:3〉となるように設定し,1棟あたりの最大サンプル数を25サンプル(5:5:15)とした。ただし,社宅については棟数が少ないため,調査対象が同じ棟に集中しないよう最大15サンプル(3:3:9)とした。

この中から,郵送しやすい「漢字姓名が多くわかる棟」や,「できるだけ戸数の多い棟」など,調査を行いやすい棟を優先的に対象棟として選定した。

「できるだけ戸数の多い棟」を対象としたのは，訪問時の不在・拒否があった場合に，予定より訪問する世帯数が増えることを考慮したためである。

以上のことを考慮に入れて選定した，調査対象マンション全340棟のデータをマンションデータベースより抽出し，〈マンション原簿〉を作成した。この原簿には，対象マンションそれぞれの「配布予定枚数内訳」「配布予定合計枚数」「校区」を追加して入力し，調査進行状況の管理とトラブルへの対処のために活用した。

対象マンションが決定すると，次に別記情報より，対象者を選定する。まずは，郵送法による配布対象者を決定し，その対象者には印をつけておく。この印をつけた別記情報を，調査員が現地に持参する「現地記入シート」に張りつけておくことで，訪問法・ポスティング法による郵送対象者への重複配布を防ぎ，棟ごとの対象者情報を把握した。

2 調査票の作成

大谷研究室では，「4都市居住類型別調査」「関西ニュータウン比較調査」を過去に実施しており，調査票作成に関するノウハウを持っている。今回の「西宮マンション調査」ではこれらの調査で用いたものを参考としながら，マンション居住に関する仮説構成を練りながら質問票を作成した。

なお，「一戸建て住民」を対象に含む2調査とは異なり，「西宮マンション調査」は，マンション住民のみを対象としている。そのため，過去の質問文をそのまま使用するのではなく「マンション住民向けの質問項目」を新たに作成した部分も数多く存在している。過去2つの調査と大きくワーディングを変更したのは，〈近隣関係〉と〈住居選択要因〉に関する質問文である。

今回の使用した調査票は，巻末資料に記載されている。過去の2つの調査の概要は以下の通りであるが，調査票と単純集計については，大谷研究室の調査報告書を参照されたい。[3]

第5章　西宮アパート・マンション調査の実験的試み

> 「4都市居住類型別調査」
> - 調査対象地：西宮市・松山市・八王子市・武蔵野市の4都市
> - 調査期間：1999年2月1日～2月28日
>   調査方法：郵送法による質問紙調査
> - 回収数：全体　954票／2,520票　回収率37.9%
> - 居住類型：4つの居住類型（Ⅰ類型…古くからの中心部住宅地一戸建て，Ⅱ類型…ニュータウン一戸建て，Ⅲ類型…分譲マンション，Ⅳ類型…公営住宅）別にサンプリングを実施した。

> 「関西ニュータウン比較調査」
> - 調査対象地：関西の8つのニュータウン
>   西神・須磨（神戸市）・三田（三田市）・洛西（京都市）・千里（豊中市・吹田市）平城（奈良市・木津町・精華町）・泉北（堺市）・トリヴェール和泉（和泉市）
> - 調査期間：2004年2月14日～3月31日
> - 調査方法：郵送法による質問紙調査
> - 回収数：全体1,685票／4,800票　回収率35.1%

①近隣関係

　近隣関係の質問項目は，〈隣人づきあい〉と〈近所づきあい〉に分けて作成してきた。本調査の質問項目は，「近隣付き合いがとくに希薄だ」といわれているマンション居住者を測定するため，質問項目やワーディングを変更して作成した。

　〈隣人づきあい〉に関する項目では，過去の2調査において「はい／知っている」と回答したパーセンテージが高かったものを選出し，上位3位に該当する「その人の家族構成を知っているか」「その人におすそわけをしたりもらったりしたことがあるか」「世帯主の職業を知っているか」を使用した。さらに，比較的程度の軽い，「入居時にあいさつに行ったか」「その家の人とあいさつ以外の会話をしたことがあるか」という質問項目を追加した。

　〈近所づきあい〉に関する項目では，「おすそわけをしたりもらったりしたことがある人は何人か」のみ採用し，「顔と名前が一致する人は何人か」「あいさつ以外の会話をしたことがある人は何人か」といった，程度の軽い項目を新たに加えることで，回答しやすいよう考慮した。

表5-12 近隣関係質問票

> Q15. あなたの隣人づきあいに関する質問です。お宅の右隣の家に住んでいる人を思い浮かべてください。
> 　　　右隣がいない場合は左隣，上の部屋，下の部屋の順でお考え下さい。
> ① 入居時にあいさつに行きましたか
> 　　1．行った　　　　　　2．行っていない
> ② その家の家族構成を知っていますか
> 　　1．知っている　　　　2．知らない
> ③ 世帯主の職業を知っていますか
> 　　1．知っている　　　　2．知らない
> ④ その家の人とあいさつ以外の会話をしたことがありますか
> 　　1．ある　　　　　　　2．ない
> ⑤ その家の人におすそわけ（土産を含む）をしたりもらったりしたことがありますか
> 　　1．ある　　　　　　　2．ない
> Q16. 同じマンション内に顔と名前が一致する人は何人いますか。
> 　　　（姓だけ，名前だけでもかまいません。）
> Q17. 同じマンション内に，3ヶ月以内にあいさつ以外の会話をしたことがある人は何人いますか。
> Q18. 同じマンション内に，3ヶ月以内におすそわけ（土産を含む）をしたりもらったりしたことがある人は何人いますか。

　質問文のワーディングについても定義を変更した部分がある。表5-12のように，過去の2調査は「隣人」の定義を「家の両隣のうち親しい1人」としていたのに対して，今回は「家の右隣に住んでいる人」としている。近所づきあいに関しても「小学校区内」から「同じマンション内」に変更し，マンション内での人間関係の測定を試みた。このように，前回までは「近隣の人」を回答者に選択させていたのに対し，今回は対象をより狭い範囲内に特定したのである[(4)]（表5-13）。

　さらに今回，「近隣付き合い」を超えた人間関係の多様性を測定するため，「最も親しい人」との関係について尋ねる下記の質問項目を作成した。

> Q19. 同居家族以外で，あなたが現在最も親しくつきあっている人は次のうちどの間柄の人ですか。当てはまる番号一つに○をつけてください。
> 　1．同居家族以外の家族・親戚　　　　　2．学校が同じだった人
> 　3．仕事を通じて（職場が同じなど）知り合った人
> 　4．地域（近隣・地域活動・子供の学校関連など）で知り合った人
> 　5．趣味・サークルを通じて知り合った人　6．上記以外の人　　　　NA　75

第5章　西宮アパート・マンション調査の実験的試み

表5-13　3調査の近隣関係質問項目とその結果

	4都市居住類型別調査 (1999)		ニュータウン調査 (2004)		西宮マンション調査 (2008)	
〈隣人づきあい〉	(家の両隣のうち親しい一人)		(家の両隣のうち親しい一人)		(家の右隣の人)	
その人の家族構成を知っているか	○	86.3%	○	86.2%	○	83.0%
世帯主の職業を知っているか	○	72.2%	○	67.0%	○	49.2%
その人におすそわけをしたりもらったりしたことがあるか	○	77.5%	○	75.6%	○	55.7%
その人に頼みごとをしたことがあるか	○	46.6%	○	48.4%	×	
その人の家に遊びに行ったり来たりしたことがあるか	○	35.7%	○	35.7%	×	
その人と家族ぐるみの付き合いをしているか	○	24.6%	○	25.9%	×	
その人と先月一ヶ月の間に出かけたことはあるか	○	13.0%	○	13.6%	×	
その人の出身地を知っているか	○	51.5%	×		×	
その人の最終学歴を知っているか	○	29.0%	×		×	
その人の結婚のいきさつを知っているか	○	21.3%	×		×	
その人の現在の悩みを知っているか	○	16.2%	×		×	
その人に自分の悩みを相談したことがあるか	○	19.1%	×		×	
入居時にあいさつに行ったか	—		—		★	86.0%
その家の人とあいさつ以外の会話をしたことがあるか	—		—		★	73.8%
〈近所づきあい〉	(小学校区内)		(小学校区内)		(同じマンション内)	
おすそわけしたりもらったりしたことがある人は何人か	○	3.4人	○	3.4人	○	1.4人
家に遊びに行ったり来たりしたことがある人は何人か	○	2.2人	○	2.3人	×	
出かけたりしたことがある人は何人か	○	1.2人	○	1.3人	×	
顔と名前が一致する人は何人か	—		—		★	12.1人
あいさつ以外の会話をしたことがある人は何人か	—		—		★	5.7人

(注)　○…採用．×…削除．★…追加．

なお，ニュータウン調査においても〈友人づきあいについて〉という項目のなかで，最も親しい友人一人と出会ったきっかけを選択する質問項目を作成している．以下がその質問項目である．

表5-14　今回作成した住居選定要因に関する質問文

```
Q7．あなたは現在の住居を選定するにあたって，次の①～⑥の要因をどの程度
　　考慮されましたかそれぞれについてあてはまる番号に○をつけてください。
```

	非常に 考慮した	やや 考慮した	あまり 考慮せず	全く 考慮せず
① 実家との距離				
② 通勤の便				
③ 子供の教育環境 （学区・校区など）				
④ 住居の間取り，設備 （セキュリティーなど）				
⑤ 住居周辺の生活環境 （商業・医療施設など）				
⑥ 住居の価格や家賃				

```
Q8．上記の①～⑥の中で，住居選定に際して最も重要であったものと，2番目
　　に重要であったものを選び，番号をご記入ください。
```

```
Q26．あなたの〈友人づきあいについて〉お聞きします。日頃から親しくお付き合いしている
　　　友人をはじめて出会ったきっかけ別に分けて，それぞれの人数をお答えください。
SQ2．Q26であげたすべての友人の中で，現在あなたが最も親しいと思う友人を一人決めてく
　　　ださい。
　　　その人とは次のどのきっかけで知り合いましたか。
　　　1．学校が同じだった人　　32.0％　　　2．仕事を通じて知り合った　29.8％
　　　3．地域で知り合った　　　26.8％　　　4．上記以外　　　　　　　11.3％
```

しかしニュータウン調査は〈友人づきあい〉のみに捉われており，選択肢に「親族」が含まれていない。そこで今回選択肢に「同居家族以外の家族・親戚」を追加し，改良を加えた。

②住居選定要因

住居選定要因の質問項目は，これまでの調査では，おもに「人的要因」「利便性」「環境要因」「経済的要因」の4つの要因を考慮して質問文が検討されてきた。今回の調査では，以前に比べ選択肢を簡略化する形で質問文を作成した

表 5-15　質問項目の比較

	最も重要視した要因	2000年	2004年	2008年
人的要因	実家との距離	○	○	○
	友人・知人に近い	○	—	—
利便性要因	通勤の便がよいこと	○	○	○
	公共交通機関（駅・バス停留所など）までの近さ	—	○	—
	都心（梅田・難波・三宮・河原町など）までの利便性	—	○	—
環境要因	生活環境	○	—	○
	公共サービス（保育所・福祉サービス・図書館など）の充実	—	○	—
	商業施設（スーパー・専門店など）の充実	—	○	—
	医療施設の充実	—	○	—
	住居の広さ	○	—	—
	住居の間取り・設備	—	—	○
	子供の教育環境（学区・校区など）がよいこと	○	○	○
	地域環境（町並み・緑・静けさ）がよいこと	—	○	—
	自然環境のよさ	○	—	—
	その地域のイメージ・ブランドがよいこと	○	○	—
経済的要因	住居の価格や家賃	—	—	○

（表 5-14）。

　「人的要因」「利便性要因」では，4都市調査・ニュータウン調査で共に使用している項目のみを採用した。「環境要因」では，ニュータウン調査で細分化した「生活環境」をまとめて1項目に戻した。また，これまでの調査で「地域環境」を重視する回答者は「一戸建て居住者」が多かったことより，今回のマンション居住者を対象とする調査では外した。「間取り」と「住居の価格や賃貸」の2項目はマンション選定において重要な要因となると考え，新たに追加した。以上のように，選択肢を変更することにより，「マンション居住者」の住居選定要因を測定することを試みた（表 5-15）。

　なおこれらの質問文変更の妥当性については，「近隣関係」は第6章3節，「住居選定要因」は第7章3節で考察を行っている。

表 5-16　西宮マンション調査の一日の活動記録

日　付		出来事	作　　業	反　省　点
11/6(木)		調査票到着	返信封筒折り，封入，サンプリング	
11/7(金)	AM	4回生ゼミ 調査前日	サンプリング修正	管理不足が原因で切り取った別記情報が一部行方不明
	PM		地図・別記情報準備，記入シート作成	
11/8(土)	AM	調査開始	マニュアル作成，持参物の準備，調査マニュアル全体説明，公営・社宅の調査開始	サンプリング未完成，全体を把握せず思いついたことから作業
	PM		サンプリング続行→完成次第シート・調査票にコード記入，別記情報準備，コード順に整理，地図にプロット，班構成	サンプリング完成が遅れたため深夜から準備作業開始，調査票へのコード記入
11/9(日)	AM	調査本格開始	調査員送り出し，TEL対応	引継ぎミス，調査対象一覧名簿が未完成のまま出発，準備物不足
	PM		調査対象一覧名簿の作成，翌日以降の班構成準備，名簿入力，コード順箱詰め	
11/10(月)		休み		
11/11(火)	AM	郵送票締切	宛名ラベル作成→確認→貼付，料金別納印	郵送分の作業が間に合わず，集荷を遅らせてもらう
	PM		封入→カウント→発送	
11/12(水)〜11/16(日)		調査	TEL対応，順次班の構成と準備，途中参加者への指示，名簿入力，記入済みシート管理，回収票整理，終了エリアのチェック	

第3節　マンション調査の実査作業

1　実査にあたっての作業

　今回の調査期間は2008年11月6日から12月25日であったが，調査票の配布は，回収率を考慮したうえで，在宅率が高い土・日曜を2度含む11月8日から11月16日までの9日間で行った。実査にあたっては，調査の状況把握やデータの管理などを行う「調査本部」を設置し，調査作業は「本部作業」と「調査員作業」の2つに分けた。調査員は本部の出す指示やサポートを受けながら，毎日10人以上の人員体制で対象棟すべてに足を運んだのである。表5-16は作業の様子を記録したものである。このように毎日の記録を残すことで，実査段階で

第5章 西宮アパート・マンション調査の実験的試み

表5-17 トラブル時の調査本部への問い合わせと指示例

- 「○○（調査票，地図など）が足りない」（確認ミス）⇒ 後日再調査 or 近隣エリアから補充
- 「建物がない」（建替えの可能性）⇒ 〈配布不可〉としてカウント
- 「立ち入り不可，調査を拒否された」⇒ 〈配布不可〉としてカウント
- 「途中合流したい」⇒ 調査メンバーの現在地，進捗状況を考慮して合流場所を指示

表5-18 調査本部で集計した主なデータ

- 予定・実際配布数の記録
  ⇒「郵送」「訪問」「ポスティング」別に，サンプリング段階で予定していた配布数を入力し，実際に配布できた数を「実際配布数」として入力する。
- 「現地記入シート」のデータ
  ⇒対象棟の情報（オートロックの有無など）や訪問日時，調査回数，調査票の「受け渡し成功」，対象者の「不在」，調査の「拒否」を集計する。なお，訪問法・ポスティング法の「実際配布数」の把握はこのデータをもとに行う。
- 調査票回収数
  ⇒対象者から郵送により返信された調査票の枚数を，配布方法別（「郵送」・「訪問」・「ポスティング」）に記入する。

のトラブル，運営時の反省点などの情報を全調査員が共有できるようにした。

（1）調査本部作業

　調査本部での主な作業は，調査員の配置・調査員持参物の準備（調査対象マンション一覧・付近の住宅地図・現地記入シート・対象棟分の調査票等）・マンション原簿による調査進捗状況の把握・トラブル時の電話対応等などである（表5-17）。

　また，調査データの管理・集計も重要な作業となる。表5-18は調査本部で集計した主なデータである。調査員が持ち帰った「現地記入シート」に記載された内容や調査対象棟をすべて記載している〈マンション原簿〉に追加入力し，データ化することで，管理・集計を行った。原簿に入力した項目は次の通りである。

（2）調査員作業

　調査対象棟に赴き，「訪問法」「ポスティング法」による調査票の配布を行う。

調査員は1つのエリアにつき4～6人に設定し，現地到着後は基本的に2人1組となって，対象マンションへ向かった。

　調査員は，まず「訪問法」での配布を行い，終了した段階で次の「ポスティング法」による配布作業に移る。この時，重複して配布することを防ぐため，現地記入シートには対象棟の「ゼンリン別記情報」を貼り付け，郵送で配布した世帯にはあらかじめマークし，対象者から除外している。調査にあたっては，以下のルールを設定した。

〈訪問法〉　～対象者の「不在」・調査の「拒否」への対応～
　⇒　居住者が不在であるか，受け取りを拒否された場合は，同じ棟の他の居住者へ訪問を行う。訪問は調査票1票につき3回と規定し，3回訪問を行っても受け渡しできない調査票は，同じ棟の訪問を行っていない世帯のポストへ投函する。（※訪問法で配布予定の調査票の配布を終えた段階で，「訪問終了」とする。）
〈ポスティング法〉　～訪問を行った世帯以外への調査票の配布～
　⇒　対象棟の訪問調査が完了した後，同じ棟内でポスティング法による配布を行う。ここでは，「郵送法」「訪問法」の対象以外の世帯へ調査票を投函する。この際には，居住者の特定できる，「別記情報に名前のある部屋」を対象とする。

　調査員は調査対象棟1棟につき，1枚の「現地記入シート」を持参し，調査状況の記録を行った。現地記入シート（図5-1）には，「マンションコード」が事前に書き込んであり，あとでマンションの特徴ごとに情報を整理できるようにした。マンションコードとは，調査対象棟1棟ごとに割り当てられた6桁の番号であり，「マンション原簿」，「現地記入シート」，「調査票」に同じく記載されている。

（3）現地記入シートの記入内容
①マンション到着時の情報
　マンションの基本設備である，駐車場・駐輪場・オートロックなどの有無を記入する。

第5章　西宮アパート・マンション調査の実験的試み

図5-1　現地記入シート

マンションコード　　　　　写真No.　　　　　担当

＜到着したらすぐに記入＞

① 到着時刻

	1	2	3
駐車場	1. あり	2. なし	3. 不明
駐輪場	1. あり	2. なし	3. 不明
オートロック	1. あり	2. なし	3. 不明
管理人室	1. あり	2. なし	3. 不明
エレベータ	1. あり	2. なし	3. 不明
ロビー	1. あり	2. なし	3. 不明
防犯カメラ	1. あり	2. なし	3. 不明

② 予定票数と実際配布票数

	予定	実際
郵送		
ポスティング		
訪問		
合計		

③ 訪問の状況内訳

	A 1票目	B 2票目	C 3票目	D 4票目	E 5票目
1回目					
2回目					
3回目					
ポスティング					

○ 成功　△ 不在　× 拒否

④ マンションの様子
玄関内の様子（ロビーの有無と印象）
（　　　　　　　　　　　　　　　　　　）
建物外の様子（庭・植木・花壇の整備状況）
（　　　　　　　　　　　　　　　　　　）
居住者層　　ファミリー　　単身者（学生）　　その他（　　　）
高級感
なし　1 ──── 2 ──── 3 ──── 4　あり
清潔感
なし　1 ──── 2 ──── 3 ──── 4　あり
その他コメントなど
（　　　　　　　　　　　　　　　　　　）

⑤ ゼンリン別記情報
ゼンリン照合

2007	正	誤	違っていること	2008	正	誤	違っていること
ここに貼り付け				ここに貼り付け			

図5-2 予定・実際配布数欄

	予定	実際
郵　送	5	5
訪　問	5	2
ポスティング	15	18
合　計	25	

（注）郵送法の配布対象者は，事前に確定している。

図5-3 訪問調査内訳の記入例

	A	B	C	D	E
	1票目	2票目	3票目	4票目	5票目
1回目	△	×	△	△	△
2回目	○	×	○	△	×
3回目		×		△	△
ポスティング		○		○	○

（注）○…成功，△…不在，×…拒否。

②予定配布票数と実際配布票数

調査状況により予定通りの票数を配布することが困難な場合がある。その時，実際に配布した「実際配布票数」を記録した。図5-2は，予定・実際配布数の記入例である。図の場合，訪問の際の対象者の「不在」，「拒否」により3票をポスティングに変更したため，ポスティングの実際配布数が3票増加し，18票となっている。

③訪問状況の内訳

訪問調査の実態を把握するため，訪問状況内訳を記入した。図5-3のように，調査票の受け渡しに成功したものは○，不在は△，拒否は×として記録する。これらを合計し，訪問を行った回数として集計したものが「総チャレンジ数」である。この場合，「総チャレンジ数」13のうち，「受け渡し成功数」は2，「不在数」は7，「拒否数」は4である。受け渡しができなかった3票はポスティング法に変更した。

④マンションの様子

マンションの外観や周囲の状況，居住者の様子などを記入する。

表5-19 調査全体の予定・実際配布総数

	郵　送	訪　問	ポスティング	合　計
予定配布数	800	800	2,400	4,000
実際配布数	746	460	2,573	3,779
差　異	−54	−340	173	−221

2　実際の配布状況

　本調査では，予定していた4000サンプルすべてに対し配布作業を行ったが，実際に配布できたのは3779票で，172票が未配布に終わった。
　表5-19は，未配布となった調査票数の内訳を示したものである。ポスティング法の場合のみ，実際配布数が予定配布数を大きく上回っているのは，訪問の際の「不在」「拒否」によって配布方法を「訪問」から「ポスティング」に切り替えた調査票が多かったためである。

（1）郵　送

　郵送法では，54票の調査票が対象者に届かず返送された。その原因を確認するため，サンプリングの際に使用した2007年のゼンリン住宅地図を，事後に2008年版と照合した。照合の結果，両年の情報が一致していたにもかかわらず返送された「住所・氏名ともに合っている」が17票存在した。続く「別記空欄（2008年）」は，2008年の住宅地図に別記情報が記載されていなかったものであり，「別の氏名になっている（2008年）」は，2008年には居住者の氏名が変わっていたものである。これらは，対象者の引越しが原因と考えられる。
　引越しや対象棟の取り壊しなどにより，対象者が住んでいない事が原因と判断できるものを除けば，「ゼンリン別記情報」から把握できなかった対象は17戸のみであった。郵送法の対象が800戸であることを考慮すれば，「ゼンリン別記情報」は精度の高いものであったといえるだろう。

表5-20 郵送不可であった一覧

返送された調査票	54
内 訳	
住所・氏名共にあっている（2007年・2008年）	17
別記空欄（2008年）	16
別の氏名になっている（2008年）	14
2008年で対象棟の別記情報なし	4
2008年では建物がない	2
調査対象者の他界	1

表5-21 訪問調査を行えなかった理由一覧

調査不可のマンション	44棟	166票
内 訳		
管理人による調査拒否	5	56
調査対象不足	26	41
立ち入り不可	3	20
工事中	3	18
建物なし	3	18
バリケードで封鎖	2	8
住民による拒否	1	2
ポスト投函不可（空家）	1	1

（2）訪問・ポスティング

　訪問法による実際配布数は，予定配布数よりも大幅に少なくなった。それは対象者の「不在」「拒否」により，訪問時のルールに従ってポスティング法での配布に変更した調査票のほか，訪問自体が不可能なものがあったからである。訪問不可のマンションの内訳（**表5-20**）をみると，「管理人による調査拒否」が最も多い票数を占めている。このようなマンションでは，「ポスティング法」による調査に切り替えて配布を行った。

　続いて多い「調査対象不足」は，訪問の際の「不在」や「拒否」により複数回訪問を行った結果，残りの世帯数が予定ポスティング数に満たなかったものである。つまり，6戸のマンションで，予定配布数が，郵送1，訪問1，ポスティング2（合計4戸）の場合，すでに配布済みの「郵送」対象を除くと「訪問」「ポスティング」対象世帯は5戸となり，訪問で2度「不在」または

「拒否」があった場合，訪問済みの世帯には配布できないため「ポスティング法」での調査対象者がいなくなってしまうということを意味している（**表5-21**）。

第4節　回収率・受け渡し成功率が良かったマンション

1　回収状況と「回収率」

配布した調査票は，11月10日より関西学院大学総務部に郵送で返信され，12月25日までの24日間で，延べ843票の回答が寄せられた。**図5-4**は回収日付ごとの回収票数を表したものである。

調査票には，配布前に居住類型・地域・居住形態ごとに分けた通し番号・配布方法の4つの情報をもとにつけられたマンションコードを記載している。このコードをもとに回収した調査票を〈マンション原簿〉と照合することで，どのマンションから回答があったのかを確認した。これらの情報をもとに集計した結果は**表5-22**の通りである。

今回の調査では，配布した3,828票の調査票のうち843票を回収し，全体での

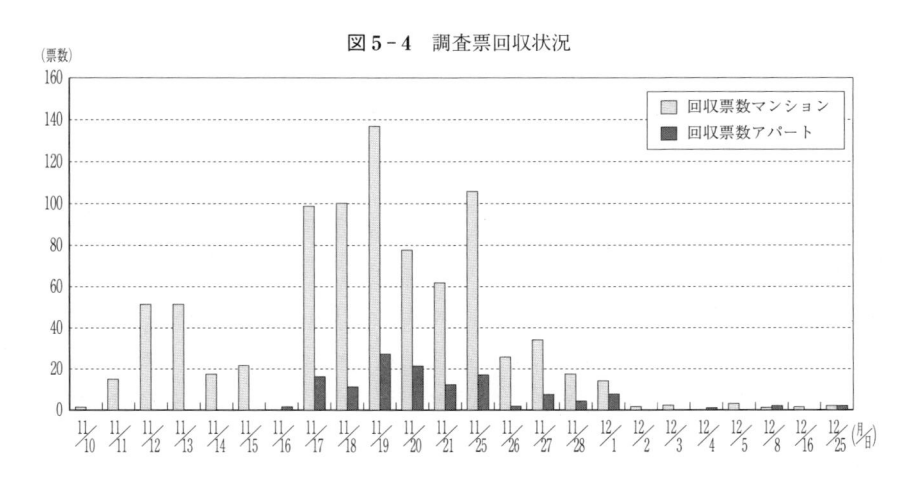

図5-4　調査票回収状況

表 5-22 配布方法別回収率

郵　　送	訪　　問	ポスティング	合　　計
161/746（21.6）	228/460（49.6）	454/2,573（17.6）	843/3,779（22.3）

「回収率」は22.3%であった。配布方法別にみると，回収率は訪問法において49.6%と最も高い値を示している。ただし，訪問法においては，「調査票を受け取ってもらえるか」という段階でも成否が分かれるため，「受け渡し成功率」についても考察が必要である。ポスティング法では17.6%，郵送法では21.6%という回収率であった。郵送法が，ポスティング法に比べると若干高い数字（4.0%）であったが，「郵送法」は宛名の記入や調査票の封入などの作業とコスト（郵送代＝1件140円）を必要とするのに対して，「ポスティング法」は訪問時に調査票を投函するだけで済む方法である。作業量やコスト面を考慮すると，今回の回収結果からは，ポスティング法がある程度有効な方法であることが示唆されたといえる。

- 「回収率」
  ⇒　回収できた調査票　／　配布できた調査票
- 「受け渡し成功率」
  ⇒　調査票の受け渡しに成功した回数　／　総チャレンジ数（訪問を行った回数）

2　どのようなマンションで調査がしやすかったか

次に，「どのようなマンションで」「どのような状況で調査する」のが最適なのか，マンションの特徴や配布の状況に着目し，考察したい。そのため，マンション原簿によって把握が可能である「居住形態」，「階数」，「マンションの規模」，「調査曜日」，「調査時間」の5つの項目を使用して，「回収率」と「受け渡し成功率」をそれぞれ集計した。下の表は項目の内訳を示したものである。なお，〈曜日別〉と〈時間帯別〉の回収率についての考察は，対象者が調査票を受け取る日時が把握できる訪問法のみで行っている。

第5章　西宮アパート・マンション調査の実験的試み

表5-23　項目別回収率

		郵送	訪問	ポスティング	合計
居住形態別	公営	31/168 (18.5)	51/101 (50.5)	94/598 (15.7)	176/867 (20.3)
	社宅	10/62 (16.1)	18/42 (42.9)	39/183 (21.3)	67/287 (23.3)
	分譲	85/332 (25.6)	95/162 (58.6)	190/879 (21.6)	370/1,373 (26.9)
	賃貸	35/184 (19.0)	64/155 (41.3)	131/913 (14.3)	
階数別	3～5階	72/410 (17.6)	115/229 (50.2)	249/1,339 (18.6)	436/1,978 (22.0)
	6～10階	53/205 (25.6)	79/131 (60.3)	122/730 (16.7)	254/1,066 (23.8)
	11～14階	22/90 (24.4)	23/64 (35.9)	61/329 (18.5)	106/483 (21.9)
	15階以上	14/41 (34.1)	11/36 (30.6)	22/175 (12.6)	47/252 (18.7)
規模別	小規模 (1～10戸)	15/78 (19.2)	23/40 (57.5)	82/216 (38.0)	120/334 (35.9)
	中規模 (11～30戸)	45/245 (19.7)	65/163 (39.8)	175/803 (21.8)	285/1,211 (23.5)
	大規模 (30戸以上)	101/423 (23.9)	140/257 (54.5)	197/1,554 (12.7)	438/2,234 (19.6)
曜日別	月～金曜日		60/125 (48.0)		
	土曜日		48/109 (44.0)		
	日曜日		120/226 (53.1)		
時間帯別	～11:59		26/68 (38.2)		
	12:00～14:59		100/194 (51.5)		
	15:00～16:59		88/172 (51.2)		
	17:00～		14/26 (53.8)		
合計		161/746 (21.6)	228/460 (49.6)	454/2,573 (17.6)	843/3,779 (22.3)

- 居住形態　⇒　「分譲」「賃貸」「公営」「社宅」
- 階　数　⇒　「3～5階」「6～10階」「8～13階」「15階以上」
- マンション規模　⇒　「1～10戸」「11～30戸」「31戸以上」（1棟あたりの総戸数）
- 調査曜日　⇒　「月～金曜日」「土曜日」「日曜日」
- 調査時間　⇒　「～11:59」「12:00～14:59」「15:00～16:59」「17:00～」

　表5-23は項目別の「回収率」を示したものである。居住形態別にみると，「分譲」での回収率が最も高い値を示していることがわかる。実際に訪問調査を行った調査員の感想からも，「分譲マンションなど高級感ある建物は，気持ちに余裕があるのか，調査に協力的である」，「分譲では丁寧な対応をしてくれる」など調査を行いやすかったという感想が目立ち，調査に協力的な姿勢が「回収率」にも反映されたのではないかと推測できる。反対に，「賃貸」や「公営」では回収率が低く，今回の調査では「回収しにくいマンション」で

表5-24 訪問法の受け渡し成功率

成　功	不　在	拒　否	総チャレンジ数
460（27.5）	909（54.4）	308（18.4）	1,677（100%）

あったといえるであろう。

　階数別・規模別にみると，訪問法では，「小規模」「3～5階」「6～10階」といった比較的小さなマンションで「回収率」は高く，郵送法においては「大型」のマンションで高い回収率を示していた。調査票を配布した日時では，「日曜日」，「17：00～」が最も高い値を示していた。

　次に，訪問法における，受け渡しの成功率はどのようになっているのであろうか。

　表5-24にも示されるように「受け渡し成功率」は「総チャレンジ数」の27.5％であった。「受け渡し成功率」は，「現地記入シート」に記載された調査票の受け渡し成功回数と，訪問回数の合計である「総チャレンジ数」をもとに算出する。今回の調査では，合計で1677回の訪問を行い，460回調査票の受け渡しに成功したものの，909回は対象者の不在，308回は調査拒否によって調査票を受け渡すことができなかった。これらは，調査を行った日時や，訪問を行ったマンションの特徴などによる影響を受けている可能性があると考えられる。次に項目別の受け渡し成功率をもとに分析してみよう。

　まずは，訪問調査を行った日時（**表5-25**）に注目されたい。曜日別では「日曜日」（30.0％），時間帯別では「17：00～」（34.2％）がそれぞれ高い成功率を示している。また，この2つの項目は，「回収率」においても最も高い値を示しているため，今回の調査において「調査票の配布・回収を最も効率よく行える日時」であったといえるだろう。反対に，不在率が高かった日時は，「月～金曜日」（62.0％）の平日や「～11：59」（57.7％）の時間帯であった。これは，平日仕事に出ている対象者が日曜日には自宅におり，また，日中に外出している対象者が，夕方に帰宅を始めるために成功率が高いのであろうと推測できる。

第5章 西宮アパート・マンション調査の実験的試み

表5-25 項目別受け渡し成功率

		成 功	不 在	拒 否	合 計
居住形態別	公営	101 (24.1)	198 (47.3)	120 (28.6)	419 (100%)
	社宅	42 (32.3)	70 (53.8)	18 (13.8)	130 (100%)
	分譲	162 (23.4)	411 (59.3)	120 (17.3)	693 (100%)
	賃貸	155 (35.6)	230 (52.9)	50 (11.5)	435 (100%)
階数別	3～5階	229 (27.0)	461 (54.4)	158 (18.6)	848 (100%)
	6～10階	131 (26.8)	279 (57.2)	78 (16.0)	488 (100%)
	11～14階	64 (29.0)	106 (48.0)	51 (23.1)	221 (100%)
	15階以上	36 (30.0)	63 (52.5)	21 (17.5)	120 (100%)
戸数別	小規模（1～10戸）	40 (24.3)	122 (68.2)	17 (9.5)	179 (100%)
	中規模（11～30戸）	163 (27.8)	299 (51.0)	125 (21.3)	587 (100%)
	大規模（31戸以上）	257 (28.2)	488 (53.6)	166 (18.2)	911 (100%)
曜日別	月～金曜日	125 (24.1)	322 (62.0)	72 (13.9)	519 (100%)
	土曜日	109 (27.0)	198 (49.0)	97 (24.0)	404 (100%)
	日曜日	226 (30.0)	389 (51.6)	139 (18.4)	754 (100%)
時間帯別	～11：59	68 (23.4)	168 (57.7)	55 (18.9)	291 (100%)
	12：00～14：59	194 (26.6)	388 (53.3)	146 (20.1)	728 (100%)
	15：00～16：59	172 (29.6)	313 (53.8)	97 (16.7)	582 (100%)
	17：00～	26 (34.2)	40 (52.6)	10 (13.2)	76 (100%)
合 計		460 (27.4)	909 (54.4)	308 (18.4)	1,677 (100%)

次に，マンションの「階数別」「規模別」をみると，成功率が高くなっているのは，15階以上（30.0%），大規模（28.2%）の比較的大きなマンションであることがわかる。おそらく戸数が多い分，現場の状況などから調査員が判断して，「不在」の世帯を回避できたのであろう。

最後に「形態別」の「受け渡し成功率」に着目すると，「賃貸」が35.6%，「社宅」が32.3%と，ともに30%を超える成功率を示している。一方で，「受け渡し成功率」の低いマンションは，「公営」の24.1%と「分譲」の23.4%であった。「公営」については，不在率は47.3%と他より低い値を示したものの，拒否率が28.6%と3つの特徴のなかでは最も高くなっていた。実際に，調査員の感想からも「年期が古い公営住宅などでは，高齢者が多いこともあって，『わからない』，『結構です』と断られる」など，調査が行いにくかったという記録が目立った。その反面，「分譲」では，不在率が59.3%と他より高い値を

示したが回収率は他と比べて最も高かった。分譲マンションでは，不在などの理由により，受け渡し成功率は悪いかもしれないが，渡せば，回答はしてくれるという結果が出たのである。

3　「オートロック付きマンション」では回収率が低下するのか

　近年の社会調査において，「オートロック付きマンション」の増加が，回収率の低下に多大な影響を与えているという見方がある。(5)原則として手渡しで配布を行っている国勢調査においても「調査員が対象世帯と会えない」「調査協力を得られない」など，大きな問題の一つとして取り上げており，その対策に注目が集まっている。そこで，本項では「オートロックが調査の障壁となっているのか」について，調査員が「現地記入シート」に記入した「調査の記録」と，オートロック有無別に集計した訪問の「総チャレンジ数」によって分析したい。

　オートロックが設置されているマンションでは，インターホン越しに調査依頼を行うことになる。そのため，対象者と調査員は直接対面した状態で調査への協力を依頼することが出来ず，「呼び出しても応答がない」や「調査票を手渡しで渡せない」などのことから，調査依頼が行いにくいとされている。しかし，「調査の記録」に記載された，「調査員の感想」からは，「実際に対面した方が対応がよかった」などの対面を重視した感想はごく少数にとどまり，「オートロックの有無にかかわらず，応対は非協力的であった」「インターホン越しでも，特別依頼しにくいということはない」など，オートロックの有無が，訪問調査には影響しないと感じた調査員が大部分を占めた。そればかりか，「距離があるせいか，いきなり訪問するより警戒心を持たれなかった」「オートロックなしのマンションでは，管理人に拒否されることが多かった」といった感想がみられ，オートロックは調査の障害になり得ず，むしろオートロック付きのマンションの方が調査しやすいのではないかということが読み取れる興味深い結果となった。

表 5-26 オートロック有無別受け渡し成功率

オートロックの有無	成功	不在	拒否	総チャレンジ
あり	123 (26.2)	277 (58.9)	70 (14.9)	470 (100%)
なし	281 (26.7)	563 (53.6)	207 (19.7)	1,051 (100%)
合計	404 (26.6)	840 (55.2)	277 (18.2)	1,521 (100%)

(注) オートロックの有無が不明なものは除いている。

　調査員の感想から読み取ることができた「オートロックの有無は調査にあまり影響しない」ことは，実際にデータにも現れているのだろうか。オートロックの有無別に集計した「総チャレンジ数」，「回収率」から分析したい。

(1) 受け渡し成功率

　表5-26は「オートロックあり・なし」における，調査票の受け渡しについて考察したものである。オートロックが「あり」は不在率が58.9％と高いが，「なし」の53.6％と比べるとその差はわずか5.3％しかない。拒否率に関しては「なし」が19.7％であり，「あり」の14.9％に比べて少し高くなっている。これらの結果は，国勢調査でも問題とされている「応答がない」「協力が得られない」という事柄に即さない結果となった。さらに，配布成功率を比べると，両者に大きな差は生まれておらず，オートロック「なし（26.7％）」の方が，わずかに成功率が高いという結果になったのである。

(2) 回収率

　次に，回収率について同じように考察してみたい。表5-27をみると，どの配布方法でも，オートロック「あり」は「なし」を上回る回収率を示し，むしろ高い回収率が見込めるという結果を示した。この結果は，従来の「オートロックが調査環境悪化の原因となっている」という説を否定する根拠となるのではないか。このように今回の調査では，「オートロックの有無は調査に影響を与えない」ということが調査員の声とデータ分析結果より示されたといえるだろう。

表5-27 オートロック有無別回収率

オートロックの有無	郵　　送	ポスティング	訪　　問
あ　　り	59/228　(25.9)	136/738　(18.4)	65/129　(50.4)
な　　し	92/515　(17.9)	292/1,710　(17.1)	147/229　(49.2)
合　　計	151/743　(20.3)	428/2,448　(17.5)	212/428　(49.5)

(注)　オートロックの有無が不明なものは除いている。

第5節　アパート調査の企画と結果の分析

1　アパート調査の概要——アパート調査設計の考え方

　近年，社会調査の回収率の低下の問題が指摘されており，それに対応していろいろな調査法が模索されてきた。現在，ほとんどの新聞社が世論調査として導入しているRDD法は，従来の名簿方式に代わって採用された方法である。従来の名簿方式は，選挙人名簿や住民基本台帳等の公的名簿から無作為抽出された標本で，電話番号を調べることができた標本に調査を実施する方法であった。この方法では，「転居に伴って住民票が移されていること」や「電話帳に番号が掲載されていること」が調査の精度に大きく関係していた。統計数理研究所の『日本人の国民性2000年度吟味調査』では「電話帳への番号記載者は，高齢者・小都市・一戸建て居住者で多い」ことが報告されていた[6]。またコンピューターでランダムに発生させた番号に対して調査をするRDD法は，番号が記載されていない者に対して調査できる利点はあるが，固定電話をベースに設計されているため，携帯電話の普及に伴って調査精度が急速に落ちてきているという問題を抱えている。今回のアパート調査では，ともすれば回収率の悪い都市部，若年，単身者層を対象とするため，「どの程度の回収率が見込めるか」「回収できる住民層はどのような人たちか」を実験的に把握することを目的として調査設計を行った。また「現在実施されている世論調査が，アパート居住者に対して有効なものなのか」という点の考察も考慮して調査票作成を試

表5-28 調査対象棟の内訳

	棟　数	戸　数
1階建て	11棟	44戸
2階建て	1,420棟	9,018戸

みることにした。

2　アパート調査の設計・準備

(1) サンプリング設計

①対象外の建物を除外

「マンションデータベース」の1階建て・2階建ての共同住宅は1682棟存在する。その中から，別記情報に名前が記載されていないなど，アパート調査に適さないと判断した231棟を対象外とした。この作業により，残った「1431棟」を調査対象棟とした。**表5-28**は調査対象棟の内訳を示したものである。

②調査の対象となるアパートを決定する

回収率が低いとされるアパート住人から，より効率よく調査票の回収を行うため，調査対象となった建物から「確実に調査が行える」ことを第一に考え，基本的に「入居率」が100％のアパートを対象として選定することにした。ただし，総数が少ない1階建てのアパートと「レオパレス」は例外として一部対象とした。

西宮市内に「レオパレス」は27棟存在しているが，入居率が100％である棟は存在していない。ただ，賃貸アパートのひとつの典型ともいえる物件が，まったく調査対象から外れてしまうことを考慮し，別途基準（「1棟あたりの個人名数が3以上」）を設けてサンプルに組み込むこととした。

このようにして選定されたサンプルは**表5-29**のようである。

表5-29 アパート調査のサンプル内訳

階　数	調査対象	棟　数	サンプル数
1階建て	全　　棟	11	24
2階建て	個人名 100％棟	219	1,245
	レオパレス （個人名3以上）	6	76
合　　計		236	1,345

（2）調査票の作成

　回収率を上げるため，簡単に回答できるように質問文はA3，1枚の質問票とし，はがきを解答用紙とする形式で行った。はがき1枚にコンパクトに収まるように，表面の下部にフェイスシートの欄を設けた。アパート調査の質問項目としては，「家賃」「居住年数」などの住居に関する項目や「職場」「入居契機」など居住者に関する項目を加えた。また，世論調査の有効性に関する質問項目としては，「固定電話を引いているか」「住民票が現住所にあるか」「内閣支持」「投票行動」の実態を問う質問文を作成した。質問項目は全部で18項目と，マンション調査の半分以下である。はがき形式の調査票と一緒に同封した質問票，アパート調査の単純集計表は巻末資料を参照されたい。

3　回収状況

　アパート調査は3つの配布方法を用いたマンション調査とは異なり，ポストに直接投函する「ポスティング法」のみで実施された。**表5-30**は対象としたアパートそれぞれの回収状況を整理したものである。

　全体では，配布した1345票のうち回収できたのは121票となり，回収率はわずか9.0％と非常に悪いことがわかる。これは，マンション調査におけるポスティングの回収率17.6％と比較してもかなり低い数字である。調査開始時点では回収率が悪くなることをある程度考慮に入れ，調査票をはがき形式にし，質問項目を減らすなど工夫をしたが，その効果はなかったといえる。マンション

第5章 西宮アパート・マンション調査の実験的試み

表5-30 アパート調査の回収率

アパート	回収／配布（回収率）
1F	3/30 (10.0)
2F	114/1,277 (8.9)
レオパレス	4/38 (10.5)
合 計	121/1,345 (9.0)

調査では、訪問法の回収率が最も高かったことから、アパート調査においても、訪問法が有効な調査といえるかもしれない。

[4] 回収できた標本——アパートとマンションの違い

次に回収された121票（9.0％の人々）から、アパート居住者の特徴をマンション調査結果との比較からみていきたい。

（1）年齢と住まい方

表5-31は、マンション調査とアパート調査の年齢と住まい方について整理したものである。マンション住民の家族構成別の割合をみると、夫婦と子どもが377（44.8％）と最も多く、単身者は108（12.8％）と全体の1割程度であった。一方、アパートでは、単身者が62（52.5％）と過半数を占めている。さらに、アパート住民から回収できた118票のうち35票は「20代以下の単身層」からのものであり、アパートには、若年層・単身者が多いといえる。

（2）入居契機

表5-32はマンション住人とアパート住人の入居契機について比較したものである。マンションでは、子どもの成長、転勤の割合が高くなっている一方、アパートでは入学、結婚の割合が高くなっている。このことから、アパートには学生や新婚さんが多いことがわかる。入学を契機に一人暮らしを始めるパ

表5-31　年齢と住まい方表

	マンション (NA1)					アパート (NA3)				
	単身	夫婦のみ	夫婦と子供	その他	合計	単身	夫婦	夫婦と子供	その他	合計
20代以下	6	4	7	2	19	35	5	5	2	47
	(31.6)	(21.1)	(36.8)	(10.5)	(100%)	(74.5)	(10.6)	(10.6)	(4.3)	(100%)
30代	6	10	77	8	101	5	11	14	0	30
	(5.9)	(9.9)	(76.2)	(7.9)	(100%)	(16.7)	(36.7)	(46.7)	(0.0)	(100%)
40代	10	23	116	11	160	6	1	4	3	14
	(6.3)	(14.4)	(72.5)	(6.9)	(100%)	(42.9)	(7.1)	(28.6)	(21.4)	(100%)
50代	11	32	96	28	167	4	3	0	2	9
	(6.6)	(19.2)	(57.5)	(16.8)	(100%)	(44.4)	(33.3)	(0.0)	(22.2)	(100%)
60代	22	90	63	27	202	2	2	0	2	6
	(10.9)	(44.6)	(31.2)	(13.4)	(100%)	(33.3)	(33.3)	(0.0)	(33.3)	(100%)
70代以上	53	106	18	16	193	10	2	0	0	12
	(27.5)	(54.9)	(9.3)	(8.3)	(100%)	(83.3)	(16.7)	(0.0)	(0.0)	(100%)
合計	108	265	377	92	842	62	24	23	9	118
	(12.8)	(31.5)	(44.8)	(10.9)	(100%)	(52.5)	(20.3)	(19.5)	(7.6)	(100%)

表5-32　入居契機の回答結果

	マンション	アパート		マンション	アパート
入　　学	16 (1.9)	29 (24.4)	子どもの成長	188 (22.6)	4 (3.4)
就　　職	18 (2.2)	11 (9.2)	退職後の変化	60 (7.2)	3 (2.5)
転　　勤	145 (17.4)	13 (10.9)	地　　震	57 (6.9)	2 (1.7)
結　　婚	103 (12.4)	27 (22.7)	そ の 他	233 (28.0)	28 (23.5)
離　　婚	12 (1.4)	2 (1.7)	合　　計	843 (100%)	121 (100%)

ターンや，結婚を契機にまずは2人で安価なアパートに暮らすというパターンが推測できる。

（3）出身地

　表5-33はマンション住人とアパート住人の出身地を比較したものである。マンション住人の出身地は近畿圏内が85.6%と圧倒的に多い。一方，アパート住人の出身地は近畿圏内も近畿圏外もほぼ半々である。アパート居住者には，

第5章　西宮アパート・マンション調査の実験的試み

表5-33　出身地

| | マンション | アパート | | | |
	合計	合計	学生	社会人	無職
近畿圏内	478 (62.4)	69 (58.5)	10 (35.7)	44 (60.3)	15 (88.2)
近畿圏外	288 (37.6)	49 (41.5)	18 (64.3)	29 (39.7)	2 (11.8)
合計	843 (100%)	121 (100%)	28 (100%)	73 (100%)	17 (100%)

(NA=77)

表5-34　世論調査に対する質問の回答結果

	マンション		アパート	
固定電話	引いている (95.1%)	引いていない (4.7%)	引いている (59.4%)	引いていない (40.6%)
住民票	現住所 (95.2%)	現住所にない (4.7%)	現住所 (76.2%)	現住所にない (23.8%)
支持政党	自民党 (27.6%)	民主党 (21.2%)	自民党 (52.3%)	民主党 (47.7%)

他県から来た人，特に近畿圏外から転居してきた人が多く住んでいることが明らかになった。

（4）固定電話，住民票，支持政党

　表5-34は名簿方式やRDD法における調査精度について，固定電話や住民票の有無から分析するため調べたものである。アパートでは半数以上の人が固定電話を引いており，携帯電話の普及により，固定電話はあまり引かれていないのではないかという予想以上の結果となった。また，7割以上の人が住民票は現住所にあると回答しており，ある程度住民登録をしている人が多かった。これはマンション住人と比べると少ないものの，当初予想していた以上に高い数字であり，名簿形式やRDD法であっても，アパート住人にまったく使えない方法とはいえないことを示す結果であった。

　支持政党の質問項目は，2000年の総選挙における名簿方式とRDD方式の推計比較の際，電話番号非掲載者に民主党支持者が多かったという事実，そのことが選挙結果に大きな影響力を持っていたという事実に起因して取り入れられている[7]。マンション調査では，自民党・民主党以外でも支持政党を聞いており，アパート調査では，自民党と民主党のみを提示している。そのため，政党ごと

の「支持率」の比較こそできないが,アパートもマンションも,自民党支持者がわずかに多いことがわかった。

第6節 「マンション調査」「アパート調査」が抱える問題点

1 マンション調査の問題点

今回の調査では,住宅地図を使ったサンプリング,「郵送」「訪問」「ポスティング」の3つの配布方法など多くの実験的試みを行ったが,調査にあたって判明した問題点についても考察したい。

(1) 世帯主を調査対象とせざるをえないという課題

サンプリングの原簿としたゼンリン住宅地図は,基本的に世帯主が地図上に記載されているため,調査票送付の際には,世帯主の名前で送付しなければならない。しかし,調査方法を工夫することにより,調査対象者を指定することは十分可能である。今回の調査では,「基本的に世帯主の方にお答えいただきたい」ということを調査票に記載し,さらにフェイスシート欄に「あなたは世帯主ですか」という質問項目を加えることで,回答者を指定・把握できるようにした。今後,「世帯主以外の人にも答えてもらうべきか」「どのような方法で対象者を指定すべきか」といった課題をさらに考えていく必要があるだろう。

(2) 分譲─賃貸がどうしても判別できないという課題

サンプリングの段階で大きな問題となったように(本章2節),「ゼンリン住宅地図」の別記情報には居住形態別の区別が記載されていない。そのため,この情報をもとに作成した「マンションデータベース」から,〈分譲〉,〈賃貸〉を判断することは大変困難であり,調査設計においてこの方法の致命的な欠陥となっている。今回はこの弱点を補うため,市役所所有のデータによって判別できたものを「分譲」,できなかったものを「グレー」(賃貸)と定義して調査

第5章　西宮アパート・マンション調査の実験的試み

表5-35　「グレー（賃貸）カテゴリー」の「現在の住居」の回答結果

	分譲	賃貸	その他	合計
「グレー（賃貸）」	118 (51.8)	76 (33.3)	34 (14.9)	228 (100%)

表5-36　国勢調査との比較

	分譲	賃貸	公営・UR	社宅・寮	その他
マンション調査	56.0%	12.0%	20.0%	10.0%	2.0%
国勢調査	35.0%	38.0%	20.0%	7.0%	0.0%

を進めた。しかし，回収した調査票の分析結果から，「グレー」の中に「分譲」が数多く含まれていることがわかった。

　表5-35をみると，「賃貸」として配布していたが，現住居形態を「分譲」と答えている回答者が5割をも占めていたことがわかる。この結果が，回収標本の居住形態比率に与える影響を分析するため，分譲・賃貸の比率を修正したデータを作成し，国勢調査データと比較することとした。

　表5-36を比較すると，マンション調査における「分譲」の割合は，国勢調査よりも20.0%ほど高い数字になっている。分譲・賃貸を見分けられない理由として，分譲マンション居住者が賃貸として転貸していることや，不動産仲介業者が売却できずに残っている物件を賃貸として貸し出していることなどが考えられる。このような理由から，建物ベースでの分譲・賃貸の判別は容易にはできなくなっていることが窺える。今後も「分譲・賃貸を判別する方法はないのか」ということを課題として考えていく必要がある。

（3）やはり若年層からの回収が困難だという課題

　近年行われている多くの調査では，若年層からの回収率が極端に低いことが問題とされている。表5-37の国勢調査データの年齢構成20～39が37.9%を占めている。国勢調査は回答義務のある調査であることを鑑みると，20～39歳が国民の約4割を占めているといえるだろう。しかし，「マンション調査」における回収票では60歳以上の世代からの回収率が高い一方，20～39歳での回収率

表5-37　西宮市の年齢構成（2005年国勢調査）

年　齢	国　勢　調　査 （370,485人）	マンション調査 （831）
20～39歳	37.9%	14.4%
40～49歳	15.0%	19.3%
50～59歳	17.2%	19.8%
60～69歳	14.3%	24.4%
70歳以上	14.5%	21.8%

表5-38　主な入居率100％アパートの最寄駅

多い順	最　寄　駅	棟　数	多い順	最　寄　駅	棟　数
1	阪急甲東園	54（24.7）	6	阪急西宮北口	8（3.7）
2	阪急甲陽園	37（16.9）	7	阪急苦楽園	7（3.2）
3	JR甲子園口	31（14.2）	8	阪　急　夙　川	7（3.2）
4	阪　神　鳴　尾	12（5.5）	9	阪急・阪神今津	6（2.7）
5	阪　急　仁　川	11（5.0）	10	神　鉄　岡　場	6（2.7）

は14.4％と少なくなっている。今回の調査においても，若年層の回収率はやはり低い値を示し，今後も若年層への調査方法を検討する必要があるということが示される結果となった。

2　アパート調査の問題点

　今回のアパート調査においては，回収率を高めるため，「入居率100％」（＝別記情報に空欄のない）アパートを調査対象とすることにしたが，この方法は妥当であったのか検討してみたい。
　表5-38は「居住率100％のアパート」の棟数が多い最寄駅を順に整理したものである。阪急甲東園・門戸厄神・仁川・甲陽園・鳴尾など，大学の近くの駅に多いことから，学生マンションが多いことが推測される。また，梅田や三宮に1本で出られる阪急西宮北口や，JR甲子園口は交通の便がよく，通勤にも便利であるため，労働者に人気があると推測される。
　実際に回答者の職業をみると，全回答者121人中「勤め」が51人，「学生」が27人を占めていた。こうした回答結果をふまえて考察すると，「入居率100％」

のアパートには，地域的偏り（ターミナル駅や大学周辺の地域に多い等）があり，結果として回答者の偏りを生んでしまう可能性がある。今回の調査は実験的に行ったものであるが，「アパート調査」においても「マンション調査」の場合と同様に，〈割当法〉による「典型的なアパート」からのサンプル抽出が必要であったと考えることもできるだろう。

注
(1) 長谷川公一「調査倫理と住民基本台帳閲覧問題」『社会と調査』創刊号，社会調査士資格認定機構，2008年，23-28頁。
(2) 回収率の実態については，小野寺典子，片山　朗，佐藤嘉倫，前田忠彦，松田映二，吉川　徹，篠木幹子，大谷信介「座談会——回収率を考える」『社会と調査』第5号，社会調査協会2010年の特集（37-39頁）。
(3) 大谷信介『〈都市的なるもの〉の社会学』ミネルヴァ書房，2007年，165-167頁。
(4) 大谷信介『4都市居住類型別調査報告書——都市住民の居住特性別パーソナルネットワーク』関西学院大学社会学部大谷研究室，2000年。大谷信介編『「関西ニュータウン比較調査」報告書——ニュータウン住民の住居選択行動と生活実態』関西学院大学社会学部大谷研究室，2005年。
(5) 『社会と調査第5号——座談会—回収率を考える』2010年，37-39頁。
(6) 『統計数理研究所研究リポート87——日本人の国民性　2000年度吟味調査報告——電話・郵送・面接調査の比較』2001年9月，統計数理研究所，30頁。
(7) 松田映二『新情報Vol. 85——良質な調査結果を得るために（RDD法を採用した経緯）』2001年，松田映二『行動計量学第29巻第1号——朝日新聞社のRDD調査について』2002年，松田映二『オペレーションズ・リサーチ第48巻1号——調査手法転換時の対応と判断—2000年総選挙と2001年参院選挙の事例』2003年。

第6章
回収票が語る西宮マンションの特徴

　第6章と第7章では，実際に回収することのできた843票の分析を通して，西宮市のマンションと居住者の特徴，ひいては日本全国のマンションと居住者の特徴について検討をしていく。今回の調査では，マンションデータベースでは把握できない，間取りや家賃・居住者の特徴などさまざまな質問項目を調査しているので，回収票の分析を行うことによって，より詳細な特徴を解明することが可能である。ただ分析にあたって注意しなければならないのは，回収標本の偏りである。第5章でふれているように，回収率は22.3％であった。この回収結果から，回収時点ですでに偏りが生じている可能性があったのである。回収票の結果と国勢調査結果との照合では，次の2点の偏りが存在していた。

①マンションデータベースでは賃貸と分譲の区別がつかなかったことから，分譲マンションが多く回収され，その分賃貸マンションの回収数が少なくなってしまった。

②若年層からの回収が少なく，高齢者層が多く回収されている。

　分析にあたっては，こうした偏りはもちろんそれ以外の偏り（たとえばこの調査が世帯主を対象として実施されたということによる偏り等）についても常に念頭に置いて分析を進めていく必要があるといえるだろう。本章では，そうした843票の回収分析標本の分析を通して，西宮マンションの特徴を明らかにしていきたい。1節ではマンションの建物自体に注目し，間取りや家賃などの居住形態別の特徴を，2節ではマンション居住者に注目し，住まい方や働き方，暮らし方について分析を行う。そして3節では，マンション居住者の人間関係の特徴を整理していきたい。

表 6-1 居住形態別分類

購入新築	購入中古	賃 貸	UR	公 営	社 宅	合 計
342 (40.7)	141 (16.8)	111 (13.2)	62 (7.4)	100 (11.9)	85 (10.1)	841 (100)

(NA 2)

第1節　居住形態別特徴――分譲・賃貸・公営・社宅の特徴

　マンションデータベースの最大の問題点は「分譲」「賃貸」の区別ができず，居住形態別の特徴を出すことができなかった点である。また別記情報から得られる情報も限られているため，居住形態別特徴を多角的にみることができなかったのである。それに対して「西宮マンション調査」では，対象者本人が回答する居住形態についての質問（Q1.）をはじめ，間取り，家賃・価格，居住年数，居住者の特徴といった質問項目が調査されているので，居住形態別の特徴についてより詳細な分析が可能である。

　表6-1は，「Q1. 現在，あなたがお住まいの住居は次のどちらですか」の単純集計を整理したものである。分譲マンションは「購入新築」と「購入中古」に分けて選択肢を設けている。なお，選択肢の「アパート」は「賃貸」に入れ，「寮」は「社宅」に入れ集計した。その他・NAについては，マンションコードを利用しデータクリーニングを行った。[1]

　この居住形態の分類をもとに①階数と間取りの分析から外観と内装の特徴を，②家賃や購入価格，年収と居住形態との関連性を，③居住者の年齢と居住年数の分析から西宮マンションの特徴を明らかにしてみよう。

1 　階数と間取り

　表6-2は，マンションデータベースとマンション調査の共通項目である「階数」について，両者を比較し，整理したものである。[2]

　データベースでは平均階数が3.8階で，1～3階建てが60.4%であったのに

第 6 章　回収票が語る西宮マンションの特徴

表6-2　マンションデータベースとマンション調査の階数比較

	平均階数	1～3階	4階	5階	6～10階	11階以上	合計	最上階
マンションデータベース	3.8	4,309 (60.4)	1,076 (15.1)	877 (12.3)	715 (10.0)	158 (2.2)	7,135 (100%)	31
マンション調査	6.8	120 (14.4)	130 (15.6)	186 (22.2)	248 (29.7)	152 (18.2)	836 (100%)	25

(注)　マンションデータベース（階数不明43）．マンション調査（NA7）。

表6-3　階数と間取り

	平均階数	階　　数						間　取　り				
		3階	4階	5階	6～10階	11階以上	合計	2LDK以下	3K・3DK	3LDK以上	その他	合計
購入新築	7.8	21 (6.2)	26 (7.7)	69 (20.5)	132 (39.2)	89 (26.4)	337 (100%)	17 (5.0)	12 (3.6)	302 (89.3)	7 (2.1)	338 (100%)
購入中古	6.4	25 (17.4)	20 (13.9)	31 (21.5)	52 (36.1)	16 (11.1)	144 (100%)	13 (9.3)	8 (5.5)	123 (84.8)	1 (0.7)	145 (100%)
賃　貸	5.0	56 (50.9)	16 (14.5)	17 (15.5)	11 (10.0)	10 (9.1)	110 (100%)	43 (39.1)	13 (11.8)	54 (49.1)		110 (100%)
Ｕ Ｒ	8.7		9 (14.5)	19 (30.6)	11 (17.7)	23 (37.1)	62 (100%)	15 (23.8)	37 (58.7)	10 (17.5)		63 (100%)
公　営	7.0	2 (2.0)	21 (21.2)	34 (34.3)	29 (29.3)	13 (13.1)	99 (100%)	30 (30.3)	50 (50.5)	18 (18.2)	1 (1.0)	99 (100%)
社　宅	4.7	15 (17.6)	38 (44.7)	16 (18.8)	13 (15.3)	3 (3.5)	85 (100%)	9 (10.6)	22 (25.9)	51 (60.0)	3 (3.5)	85 (100%)
合　計	6.8	119 (14.2)	130 (15.6)	186 (22.2)	248 (29.6)	154 (18.4)	837 (100%)	127 (15.1)	142 (6.9)	559 (66.5)	12 (1.4)	840 (100%)

χ^2 (d.f.) = 294.270(20), p<0.01　　(NA 6)　　χ^2 (d.f.) = 375.058(15), p<0.01　　(NA 3)

対し，マンション調査では平均階数が6.8階，6～10階建てが29.7％であった。この数字の違いは，マンションデータベースが棟数ベースの数字で，マンション調査が居住者ベースの数字であることが大きく反映していると考えられる。

　表6-3は「Q2. あなたがお住まいの住居は何階建てですか」から平均階数と階数分布を，「Q4. あなたがお住まいの住居の間取りは次のどちらですか」から間取りをそれぞれ整理したものである。

　階数に関しては，全体的に3～5階建ての比率が高かったため，「3階」「4階」「5階」に分け，6階以上は，「6～10階」「11階以上」と整理した。間取

りについては，「2LDK以下」「3K・3DK」「3LDK以上」「その他」に分けそれぞれの居住形態別の間取り分布を求めた。

　階数分布から西宮マンション全体での平均階数は6.8階で，6～10階建てが29.6%と多かったことがわかる。居住形態別にみると，購入新築と購入中古のどちらも6～10階建てが多くの割合を占めた（購入新築＝39.2%，購入中古＝36.1%）。これに対して賃貸は，3階建てが50.9%と多く，6～10階建ては10.0%と少なかった。このことから，高層の建物は「分譲」，低層の建物は「賃貸」と判断する目安となるだろう。この事実は，マンションデータベースのみからは判断できなかったことであり，今回の調査を実施したことにより明らかになったといえる。

　それ以外の居住形態別特徴として，URが5階建てと11階建て以上の比率が高い（5階建て＝30.6%，11階建て以上＝37.1%）ことから，URはこの2つの種類に大別できると考えられる。また，公営では5階建てのマンションが34.3%と多く，社宅に4階建てが44.7%という結果であったことは，注目すべき点である。

　次に間取りについて分析した結果は次の通りである。西宮マンション全体では3LDK以上が66.5%を占め，居住形態別にみると，主として民間が建設した「購入新築」「購入中古」「賃貸」「社宅」では，3LDK以上が他の間取りよりも多いことがわかる（購入新築＝89.3%，購入中古＝84.8%，賃貸＝49.1%，社宅＝60.0%）。これに対し，「公営」や「UR」の間取りは3K・3DKがそれぞれ50.5%，58.7%と比率が高かった。このことは，民間建設マンションではリビングがある間取りが多く存在し，「公営」「UR」ではリビングがない間取りが一般的であるという特徴が存在するといえる。

〔2〕　家賃・購入価格・年収

　次に家賃・購入価格と年収から特徴をみてみる。年収に関しては，URは，毎月の平均月収額が基準月収額以上，または貯蓄額が基準貯蓄額以上ある人が

表 6-4 家賃と購入価格と年収

	平均家賃(万)	家賃分布				購入価格				年収			
		4万未満	4～7万未満	7万以上	合計	2000万未満	2000～4000万未満	4000万以上	合計	200万未満	200～600万未満	600万以上	合計
購入新築						29 (8.7)	191 (57.0)	115 (34.3)	335 (100%)	17 (5.2)	156 (47.2)	157 (47.6)	330 (100%)
購入中古						40 (29.2)	78 (56.9)	19 (13.9)	137 (100%)	9 (6.7)	65 (48.1)	61 (45.2)	135 (100%)
賃貸	9.8		15 (15.6)	81 (84.4)	96 (100%)					8 (7.5)	51 (47.6)	48 (44.9)	107 (100%)
UR	6.7	1 (2.0)	30 (61.2)	18 (36.7)	49 (100%)					11 (18.6)	40 (67.8)	8 (13.6)	59 (100%)
公営	3.2	53 (75.7)	12 (17.1)	5 (7.1)	70 (32.2)					43 (47.3)	43 (47.3)	5 (5.4)	91 (100%)
社宅	3.5	35 (66.0)	14 (26.4)	4 (7.5)	53 (35.1)					17 (20.7)	65 (79.3)		82 (100%)
合計	6.3	89 (33.2)	71 (26.5)	108 (40.3)	268 (62.6)	69 (14.6)	269 (57.0)	134 (28.4)	472 (100%)	88 (10.9)	372 (46.3)	344 (42.8)	804 (100%)

χ^2 (d.f.) =547.157(10), p<0.01 (NA575)　　χ^2 (d.f.) = 44.790(6), p<0.01 (NA371)　　χ^2 (d.f.) =222.859(10), p<0.01 (NA39)

入居資格をもつ。これに対し公営は，普通住宅，改良住宅など住宅ごとに入居条件が変わるが，県公社住宅・特別賃貸住宅を除いた公営住宅は，世帯月収が一定額を超えると入居できない。[3] このようにURと公営は，年収によって入居基準があるが，国勢調査では公営もURも一つにまとめられている。この分類の妥当性を明らかにするために家賃・購入価格・年収について比較した。

表 6-4 は「Q44. 一か月の家賃はおいくらですか」から平均家賃と家賃分布を整理し，「Q44. 購入時の住居の価格はおいくらでしたか」から購入新築と購入中古の違いを分析し整理したものである。家賃は，分譲を除いた賃貸・UR・公営・社宅の4つの居住形態の家賃分布を「4万未満」「4～7万未満」「7万以上」，購入価格は，「2000万未満」「2000～4000万未満」「4000万以上」に分けた。年収に関しては，「200万未満」「200～600万未満」「600万以上」と分けた。

家賃分布からわかったことは，西宮マンション全体の平均家賃は6.3万円で，

7万円以上が40.3%と多かったことである。社宅を除いた賃貸，UR，公営をみると，賃貸が7万円以上（84.4%）と借家の中でも一番高く，続いてURは4～7万未満（61.2%），公営は4万円未満（75.7%）という結果であった。

購入価格分布から購入新築と購入中古の違いが明らかになった。どちらも，2000～4000万未満が多いが（購入新築＝57.0%，購入中古＝56.9%），2000万未満と4000万以上に注目すると，中古マンションは2000万未満の比率が多く（29.2%），新築マンションは4000万以上の比率が多いことがわかる（34.3%）。このことから，両者の違いは購入価格から区別することができるといえる。

次に世帯年収について分析した結果は次の通りである。西宮マンション全体では200～600万未満が46.3%と多く，居住形態別をみると，公営以外は世帯年収200万円以上の回答が多く，200～600万未満の比率が多いのは，購入中古，賃貸，URであった（購入中古＝48.1%，賃貸＝47.6%，UR＝67.8%）。そして600万以上の比率が多かった居住形態は購入新築と社宅であった（購入新築＝47.6%，社宅＝79.3%）。公営の世帯年収は他の居住形態と比較するときわめて低いことがいえる。このことは，家賃が安い公営は世帯年収が低く，逆に家賃が高い賃貸は世帯年収が高いことが表からみてとれる。

3　居住年数・年齢

最後に年齢と居住年数から西宮市マンションの特徴をみていく。

表6-5は「Q38. あなたの年齢をお答えください」から平均年齢と年齢分布を整理し，「Q6. 現在の住居にお住まいになって何年何か月になりますか」から平均居住年数と居住年数分布を整理した。

年齢分布に関しては20代が少なかったため「30代以下」としてまとめ，「40代」「50代」「60代」「70代以上」と分類した。なお年齢については今回の調査を行なった2008年時点での年齢から年代別に整理している。居住年数については，「5年以内」「6～10年」「11～20年」「21年以上」に分けてそれぞれの居住形態別の居住年分布を整理した。

第 6 章 回収票が語る西宮マンションの特徴

表 6-5 年齢と居住年数

	平均年齢	年齢分布						平均居住年数	居住年数分布				
		30代以下	40代	50代	60代	70代以上	合計		5年以内	6〜10年	11〜20年	21年以上	合計
購入新築	58.1	25 (7.4)	78 (23.1)	65 (19.2)	100 (29.6)	70 (20.7)	338 (100%)	15.3	33 (9.7)	101 (29.7)	115 (33.8)	91 (26.8)	340 (100%)
購入中古	58.1	11 (7.8)	23 (16.3)	40 (28.4)	43 (30.5)	24 (17.0)	141 (100%)	12.9	31 (23.1)	36 (25.6)	39 (29.1)	28 (20.9)	134 (100%)
賃貸	48.9	37 (33.6)	25 (22.7)	23 (20.9)	10 (9.1)	15 (13.6)	110 (100%)	6.2	60 (58.3)	27 (26.2)	12 (11.7)	4 (3.9)	103 (100%)
UR	67.4	4 (6.7)	1 (1.7)	7 (11.7)	17 (28.3)	31 (51.7)	60 (100%)	20.4	13 (21.3)	10 (16.4)	12 (19.7)	26 (42.6)	61 (100%)
公営	65.7	5 (5.3)	5 (5.3)	16 (16.8)	28 (29.5)	41 (43.2)	95 (100%)	20.1	10 (10.3)	19 (19.6)	23 (23.7)	45 (46.4)	97 (100%)
社宅	41.9	38 (44.7)	28 (32.9)	15 (17.6)	4 (4.7)	/	85 (100%)	4.2	55 (77.5)	13 (18.3)	2 (2.8)	1 (1.4)	71 (100%)
合計	56.8	120 (14.5)	160 (19.3)	166 (20.0)	202 (24.4)	181 (21.8)	829 (100%)	13.5	202 (25.1)	206 (25.6)	203 (25.2)	195 (24.2)	806 (100%)

χ^2 (d.f.) = 256.404(20), p<0.01 (NA14) χ^2 (d.f.) = 303.017(15), p<0.01 (NA37)

　年齢分布からわかったことは，西宮マンション居住者の平均年齢が56.8歳で，60代が24.4%，70代以上が21.8%と高齢者が多かったことである。居住形態別にみると，賃貸と社宅に居住する人は30代が多く（賃貸＝33.6%，社宅＝44.7%），比較的若い年代の人が居住している。これに対しURと公営では，高齢者が多く居住し，そのなかでも70代以上の年代の人が多かった（UR＝51.7%，公営＝43.2%）。

　居住年数については，西宮マンションの平均居住年数は13.5年，どの居住年数の分布も均衡している。居住形態別にみると，賃貸と社宅は居住年数が5年以内という回答が一番多く（賃貸＝58.3%，社宅＝77.5%），URと公営は居住年数「21年以上」という比率がそれぞれ42.6%，46.4%と長いことがわかる。

　以上みてきたようにURと公営については，間取り・居住年数・回答者の年齢においては差がなかったが，階数・家賃・年収からは大きな差が存在した。今回の調査結果から，金銭面で大きな差が存在しているのに，URと公営をま

とめて取り扱うことは不適切であろう。URは家賃分布からいうと，賃貸に近い特徴をもっているため，今後の分析では，URを「賃貸」に入れて西宮マンションについて検証していく。

第2節　マンション居住者の特徴

　西宮マンション居住者は，誰と暮らしどのようなライフスタイルを送っているのだろうか。また，こうした「暮らし方」の実態は，何か他の要因によって影響を受けているのだろうか。本節では，こうした「暮らし方」の側面に着目し，何人でどのように住んでいるのかという「住まい方」や働き方，暮らし方について分析を行っていきたい。

1　誰と暮らしているのか

　「単身者」「新婚夫婦」「家族」「子ども独立後の高齢夫婦」と，多様化するマンション住民の暮らし方を調査票から整理することは，きわめて難しい問題であるといえるだろう。たとえば，「4人暮らしの世帯」とひとまとめにいっても，夫婦と子ども2人なのか，あるいは夫婦とその両親が同居しているのかといった具体的な世帯構成は異なってくるため，さまざまな質問項目を組み合わせなければ「実際の世帯構成」を把握することはできないからである。ここでは，「Q12. 一緒に暮らしている人数（構成人数）」と「SQ. 一緒に住んでいる人」を組み合わせることにより，世帯構成の把握を試みた。それを整理したものが，以下に示す**表6-6**である。たとえば，構成人数が「1人」の場合を「単身者」，構成人数が「2人」の場合は配偶者と共に住んでいるものを「夫婦のみ」，親もしくは子どもと住んでいるものを「親か子」というように，世帯構成を分類していった。ただし今回の調査では，「子どもの人数」を「同居している子どもの数」と定義して質問項目を作っている。そのため，すでに独立した子どもが構成人数に入っておらず，「すべての子どもの人数」を把握す

第❻章　回収票が語る西宮マンションの特徴

表6-6　構成人数と世帯構成

構成人数	1人	2人	3人	4人	5人以上	合　計	平均
	108（12.8）	311（36.9）	182（21.6）	197（23.4）	45（5.3）		
世帯構成	単身者 108（100%）	夫婦のみ 265（86.0） 親か子 39（12.7） 兄弟 1（0.3） その他 3（1.0） （NA3）	夫婦と子ども 156（85.7） 夫婦と親 4（2.2） 3世代 4（2.2） 親か子 13（7.1） その他 5（2.7）	夫婦と子ども 185（93.9） 3世代 8（4.1） 親子 4（2.0）	夫婦と子ども 36（80.0） 3世代 8（17.8） その他 1（2.2）	843（100%）	2.72人

ることができなかった。しかし，マンション居住者の「現在の居住人数」を把握することは可能である。

　構成人数の分布をみると，2人が36.9%と最も多く，次いで4人・3人と続く。平均人数は2.7人であった。このように，今回の調査におけるマンション居住者の構成人数は，5人以上が少なく，4人までで住んでいる世帯が多くの割合を占めている。世帯構成に注目すると，構成人数が二人の場合では「夫婦のみ」が86.0%，3人以上の構成人数になると「夫婦と子ども」が80%以上（3人＝85.7%，4人＝93.9%，5人＝80.0%）という傾向が読み取れる。では，それぞれの世帯はどのように暮らしているのだろうか。「夫婦のみ」の世帯といっても，新婚の「夫婦のみ」や，子が独立して「夫婦のみ」になった世帯も考えられる。このような世帯構成の詳細を把握できるように，次の表では年齢別に世帯構成と構成人数・同居している子どもの人数をみていく。

　表6-7は，年齢別にマンション居住者の世帯構成・構成人数・同居している子どもの数を整理したものである。世帯構成は，多くの割合を占めていた「単身者」「夫婦のみ」「夫婦と子ども」を主とし，その他の「親か子」「3世代」などは「その他」としてまとめた。

　表の世帯構成に注目すると，「夫婦と子ども」（44.8%）が多く，次いで「夫婦のみ」（31.5%）「単身者」（12.8%）となっている。年齢別にみると，40代までは「夫婦と子ども」が多く（30代以下＝70.0%，40代＝72.5%），構成人

表6-7 年代別世帯構成

	単身者	夫婦のみ	夫婦と子ども	その他	合計	構成人数平均	同居子供人数平均
30代以下	12 (10.0)	14 (11.7)	84 (70.0)	10 (8.3)	120 (100%)	3.2人	1.3人
40代	10 (6.3)	23 (14.4)	116 (72.5)	11 (6.9)	160 (100%)	3.4人	1.6人
50代	11 (6.6)	32 (19.2)	96 (57.5)	28 (16.8)	167 (100%)	3.1人	1.3人
60代	22 (10.9)	90 (44.6)	63 (31.2)	27 (13.4)	202 (100%)	2.4人	0.5人
70代以上	53 (27.5)	106 (54.9)	18 (9.3)	16 (8.3)	193 (100%)	1.9人	0.2人
合計	108 (12.8)	265 (31.5)	377 (44.8)	92 (10.9)	842 (100%)	2.72人	0.9人

χ^2 (d.f.) = 250.317(12), p<0.01 (NA1)

表6-8 年代別・性別の単身者の内訳

	単身者		合計
	男性	女性	
30代以下	4 (33.3)	8 (66.7)	12 (100%)
40代	7 (70.0)	3 (30.3)	10 (100%)
50代	6 (54.5)	5 (45.5)	11 (100%)
60代	9 (40.9)	13 (59.1)	22 (100%)
70代	11 (21.2)	41 (78.8)	52 (100%)
合計	37 (34.6)	70 (65.4)	107 (100%)

χ^2 (d.f.) = 12.025(4), p<0.05 (NA1)

数・子どもの数は年齢と共に増えている。しかし，60代以上になると「夫婦のみ」（60代=44.6%，70代以上=54.9%）が増え，構成人数や子どもの数が大きく減っている事がわかる。さらに，70歳以上になると「単身者」の割合が高くなり，居住者のほとんどが「単身者」（27.5%）か「夫婦のみ」（54.9%）となっている。つまり，マンション居住者の構成人数は年齢が高くなるにつれて減っており，世帯構成も最終的には「高齢単身世帯」と変化していくことがわかる。

このような単身世帯の実態を把握するため，年代と性別についても整理していった。表6-8は「単身者」を性別で分けて整理を行ったものである。性別でみると，男性より女性単身者が多く，単身者全体の半数以上を占めている事がわかる。とくに，70歳以上の女性が1人でマンションに住んでいる割合が高い。このように，「西宮マンションには単身者の高齢女性が多く住んでいる」

表6-9 あなたの職業

自　営	70	(8.4)
勤　め	427	(51.4)
パート	51	(6.1)
専業主婦	47	(5.7)
無　職	236	(28.4)
合　計	831	(100%)

(NA12)

表6-10 配偶者の職業

自　営	24	(2.9)
勤　め	111	(13.6)
パート	146	(17.9)
専業主婦	189	(23.2)
無　職	179	(21.8)
非該当	168	(20.6)
合　計	817	(100%)

(NA26)

という特徴が示されていた。

　以上のことから，年齢と世帯構成は密接に関係しており，年齢によって，マンション居住者の特徴を表すことができた。50代までは子と共に暮らし，60代になると子が独立して「夫婦のみ」世帯になり，70代以上では「単身」世帯，とくに女性の単身世帯が増えているのである。

２　働き方と年収

　西宮マンション居住者はどのように働き，生計をたてているのだろうか。年齢や性別，結婚の有無などによって働き方や得る収入は異なる。そこで，本項では配偶者のもつ世帯ともたない世帯に分けそれぞれの特徴を明らかにしていく。表6-9，表6-10は，西宮市のマンション居住者がどのような職業に就き働いているのかを，「Q13. あなたの職業は次のどれにあてはまりますか。配偶者がおられる場合は，配偶者についてもお答えください」の回答結果をもとに整理したものである。

　あなたの職業の集計表では，「勤め」が半数以上（51.4%）と最も多く，次いで「無職」（28.4%）となった。配偶者の職業では，「専業主婦（夫）」が最も多く（23.2%），次いで「無職」（21.8%），「非該当」（20.6%）と続いている。「非該当」とは，世帯構成が「単身者」や「親か子」など，配偶者がいないということを意味する。どちらの集計結果においても，2番目に多い職業は「無職」であった。これは年代的な偏りからすでに退職している層が多いこと

表6-11 あなたと配偶者の職業の組み合わせ

	共働き	男(自営・勤め)×女(パート)	男(自営・勤め)×女(専・無職)	男(専・無職)×女(専・無職)	その他	合　計
30代以下	21 (21.4)	13 (13.3)	60 (61.2)	0 (0.0)	4 (4.1)	98 (100%)
40代	37 (27.0)	39 (28.5)	52 (38.0)	1 (0.7)	8 (5.8)	137 (100%)
50代	26 (19.0)	43 (31.4)	57 (41.6)	1 (0.7)	10 (7.3)	137 (100%)
60代	10 (6.4)	22 (14.0)	37 (23.6)	54 (34.4)	34 (21.7)	157 (100%)
70代	2 (1.7)	3 (2.5)	14 (11.7)	89 (73.3)	12 (10.8)	120 (100%)
合　計	96 (14.8)	120 (18.5)	220 (33.9)	144 (22.2)	69 (10.6)	649 (100%)

χ^2 (d.f.) = 382.073(16), p<0.01　　　　　　　　　(NA26, 非該当168)

に起因しているといえるだろう。

　表6-11は，配偶者のいるマンション居住者がどのような「職業の組み合わせ」で働いているかを「非該当」168票を除き，年代別に分析したものである。その際に性別を考慮し，回答者が男性の場合は「あなた」を「男」，「配偶者」を「女」とし，回答者が女性の場合は「あなた」を「女」，「配偶者」を「男」として整理し，性別を考慮した「職業組み合わせ」を作成した。また「働き方」については，主として「働いている」ことを重視し「自営」と「勤め」をひとつにまとめ，「パート」については独立させた。専業主婦と無職については「働いていない」という観点からひとつにまとめている。「その他」には「男（専業主夫・無職）×女（自営・勤め）」や「男（パート）×女（自営・勤め）」の場合などが含まれている。

　あなたと配偶者の職業の組み合わせでは，「男（自営・勤め）×女（専業主婦・無職）」の場合が33.9％で最も多く，次いで，「男（専業主夫・無職）×女（専業主婦・無職）」は22.2％となっていた。年代別にみていくと，60代から「共働き」「男（自営・勤め）×女（パート）」「男（自営・勤め）×女（専業主婦・無職）」の組み合わせは急激に減少しており，一方で「男（専業主夫・無職）×女（専業主婦・無職）」「その他」は，60代から急激に増加している。とくに，70代では「男（専業主夫・無職）×女（専業主婦・無職）」の組み合わせが最も多く，73.3％を占める結果となった。

第❻章　回収票が語る西宮マンションの特徴

表6-12　一人働きの職業

	男				女			
	自営・勤め	パート	無職・専業主婦	合計	自営・勤め	パート	無職・専業主婦	合計
30代以下	8 (100%)	0 (0.0)	0 (0.0)	8 (100%)	8 (90.0)	1 (10.0)	0 (0.0)	9 (100%)
40代	7 (87.5)	1 (12.5)	0 (0.0)	8 (100%)	10 (100)	0 (0.0)	0 (0.0)	10 (100%)
50代	8 (88.9)	1 (11.1)	0 (0.0)	9 (100%)	12 (63.1)	4 (21.1)	3 (15.8)	19 (100%)
60代	4 (33.3)	3 (25.0)	5 (41.7)	12 (100%)	4 (14.8)	6 (22.2)	17 (62.9)	27 (100%)
70代以上	1 (8.3)	0 (0.0)	11 (91.7)	12 (100%)	1 (2.0)	1 (2.0)	47 (95.9)	49 (100%)
合計	28 (57.1)	5 (10.2)	16 (32.7)	49 (100%)	35 (30.7)	12 (10.5)	67 (58.7)	114 (100%)

χ^2 (d.f.) = 44.090(12), p<0.01　(NA1)　　　　χ^2 (d.f.) = 92.189(16), p<0.01　(NA3)

　それでは，配偶者のいない世帯はどのような働き方であろうか。ここでは「非該当」を一人働きとし，世帯構成が「単身者」と「親か子」などが含まれている。

　表6-12[(6)]は，一人働き世帯を男女別に職業ごとに分け，年代別に整理したものである。一人働きでは，男性が49票，女性が114票となり，男性に比べ女性が多かった。職業でみると，男性は「自営・勤め」が最も多く（57.1%），次いで「無職・専業主夫」(32.7%)，「パート」(10.2%)と続いている。また女性は，「無職・専業主婦」が半分以上を占め（58.7%），次いで「自営・勤め」(30.7%)，「パート」(10.5%)と続いた。男女ともに，「パート」の人は少ないといえるだろう。

　年代別にみると，男性では「自営・勤め」が50代までは8割を超えている（30代以下＝100.0%，40代＝87.5%，50代＝88.9%）が，60代で33.3%と急激に減り，70代では8.3%しかない。逆に，「無職・専業主婦（夫）」は50代まではまったくいないが，60代から増え70代では91.7%を占めている。女性でも男性と同様の傾向がみられ，とくに70代の「無職・専業主婦」は95.9%という結果となった。

　表6-13は「あなた」と「配偶者」が両方働いている世帯の収入を職業別に整理した表である。全体の分布では，「600万以上」が最も多く49.1%であった。次いで，200〜600万が44.7%と続いている。また，あなたと配偶者の職業の組み合わせと併せて見ると，「共稼ぎ」と，「男（自営・勤め）×女（パート）」

表6-13 あなたと配偶者で働く世帯の収入

	200万未満	200～600万	600万以上	合計
共稼ぎ	2（2.1）	28（29.5）	65（68.4）	95（100%）
男（自営・勤め）×女（パート）	3（2.5）	37（31.4）	78（66.1）	118（100%）
男（自営・勤め）×女（専・無職）	5（2.3）	69（32.2）	140（65.4）	214（100%）
男（専・無職）×女（専・無職）	18（13.1）	110（80.3）	9（6.6）	137（100%）
その他	11（15.5）	40（56.3）	20（28.2）	71（100%）
合計	39（6.1）	284（44.7）	312（49.1）	635（100%）

χ^2 (d.f.) = 171.614(8), p<0.01 (NA40，非該当168)

表6-14 一人働きの収入

	男				女			
	200万未満	200～600万	600万以上	合計	200万未満	200～600万	600万以上	合計
自営・勤め	2（7.4）	14（51.9）	11（40.7）	27（100%）	6（17.6）	23（67.6）	5（14.7）	34（100%）
パート	1（20.0）	4（80.0）	0（0.0）	5（100%）	3（27.3）	7（63.6）	1（9.1）	11（100%）
無職・専業	2（15.4）	11（84.6）	0（0.0）	13（100%）	31（49.2）	29（46.0）	3（4.8）	63（100%）
合計	5（11.1）	29（64.4）	11（24.4）	45（100%）	40（37.0）	59（54.6）	9（8.3）	108（100%）

(NA4)　χ^2 (d.f.)=37.196(20), p<0.05 (NA7)

　「男（自営・勤め）×女（専業主婦・無職）」の世帯収入は「600万以上」が最も多く，「男（専業主夫・無職）×女（専業主夫・無職）」と「その他」は「200～600万」が最も多いという結果となった。表6-11から「男（専業主夫・無職）×女（専業主夫・無職）」と「その他」のほとんどが60代以上であることを考えると，仕事を退職し年金暮らしをしているために世帯収入が低いと推測できる。

　表6-14は一人働きの収入を職業別に整理したものである。一人働きの男性の収入は，「200～600万」が最も多く（64.4%）次いで「600万以上」（24.4%）と続いている。職業と併せてみると，「自営・勤め」で収入「200～600万」であるケースが最も多かった。また，一人働きの女性の収入も男性の場合と同じく「200～600万」が最も多く（54.6%），次いで「200万未満」が37.0%と続いていた。

　以上「働く」という観点からは，「無職」のほとんどが「60代以上」であることから，60代を境にして「現役層」「引退層」に分けられ，年収に差がでる

第**6**章　回収票が語る西宮マンションの特徴

表6-15　年代別パソコン・インターネットの有無と自動車の有無

	パソコンの有無			インターネットの利用頻度				
	有	無	合　計	非常に利用	よく利用	たまに利用	利用しない	合　計
30代以下	115 (95.8)	5 (4.2)	120 (100%)	59 (49.2)	33 (27.5)	22 (18.3)	6 (5.0)	120 (100%)
40代	153 (95.6)	7 (4.4)	160 (100%)	73 (45.6)	56 (35.0)	25 (15.6)	6 (3.8)	160 (100%)
50代	156 (93.4)	11 (6.6)	167 (100%)	48 (28.9)	47 (28.3)	40 (24.1)	31 (18.7)	166 (100%)
60代	154 (75.9)	49 (24.1)	203 (100%)	40 (20.9)	58 (30.4)	42 (22.0)	51 (26.7)	191 (100%)
70代以上	84 (44.0)	107 (56.0)	191 (100%)	18 (11.3)	24 (15.0)	25 (15.6)	93 (58.1)	160 (100%)
合　計	662 (78.7)	179 (21.3)	841 (100%)	238 (19.9)	218 (27.4)	154 (19.3)	187 (23.5)	797 (100%)

χ^2 (d.f.) =208.371(4), p<0.01 (NA2)　　　χ^2 (d.f.) =198.352(12), p<0.01 (NA46)

	インターネット利用場所					自動車の有無		
	職場のみ	自宅	職場と自宅	その他	合　計	有	無	合　計
30代以下	6 (5.3)	37 (32.7)	70 (61.4)	0 (0.0)	113 (100%)	100 (83.3)	20 (16.7)	120 (100%)
40代	8 (5.2)	36 (23.4)	108 (70.1)	2 (1.3)	154 (100%)	139 (86.9)	21 (13.1)	160 (100%)
50代	10 (7.4)	38 (28.1)	85 (63.0)	2 (1.5)	135 (100%)	141 (84.4)	26 (15.6)	167 (100%)
60代	14 (10.0)	74 (52.9)	50 (35.7)	2 (1.4)	140 (100%)	133 (65.5)	70 (34.5)	203 (100%)
70代以上	3 (4.4)	57 (83.8)	6 (8.8)	2 (2.9)	68 (100%)	81 (42.4)	110 (57.6)	191 (100%)
合　計	41 (6.7)	242 (39.7)	319 (52.3)	8 (1.3)	610 (100%)	594 (70.6)	247 (29.4)	841 (100%)

χ^2 (d.f.) =109.318(12), p<0.01 (NA233)　　　χ^2 (d.f.) =120.916(4), p<0.01 (NA2)

とともに暮らし方にも違いが出てくると考えることが可能である。

3　どのように暮らしているのか

　本項では「年代」が、マンション住民の暮らし方に影響を与えているのかどうかを検証していきたい。年代によって、パソコンの利用や自動車の有無、休日の過ごし方、最も親しい人に変化はあるのだろうか。たとえば、パソコンが普及したのは近年のことであり、年配の方には馴染みのないものなのかもしれない。そこでまず、パソコンの有無・利用頻度と自動車の有無から見て、これらが生活に欠かせないものとなっている年代を検討し、次に「余暇の過ごし方」や「親しい間柄」についても年代との関連で検討していく。

　表6-15は「Q29．現在お住まいの住居にパソコンはありますか」からパソコンの有無を、「Q30．あなたは普段どのくらいパソコンを使ったインターネッ

トを利用されていますか」「Q30.SQ1. あなたは普段どこでパソコンを使ったインターネットを利用されていますか」から「インターネットの利用頻度」と「利用場所」を整理したものである。なお，インターネットの利用頻度に関する質問文は，パソコンの有無にかかわらず回答している場合がある（職場でのみ使用している人が存在する）。なお，インターネットの利用場所は，Q30でインターネットを「利用している」と答えた人のみの回答である。

まず全体に着目すると，パソコンを持っている世帯が78.7%と多くを占めた。インターネットの利用頻度は，「利用しない」が23.5%となっており，インターネットにまったくふれていない人は少ないといえる。また，インターネットの利用場所に関しては，「職場と自宅」が52.3%と半数を占めていた。そして，自動車も全体で70.6%の人が所有している。年代別では，パソコン・インターネットに関する項目に，50代以下と60代・70代以上で違いがみられた。パソコンは30代以下から50代までの世代の所有率はそれぞれ9割を超える。しかし，60代になるとパソコンの所有率が減少し，70代以上になるとパソコンの所有率は半数を切る（60代＝75.9%，70代＝44.0%）。このことから，年代があがるにつれてパソコンをもたない人が増えていることがわかる。

「インターネットの利用頻度」は，30代以下と40代で「非常に利用する」割合が高く，反対に「利用しない」は50代から増加し始め，年代があがるとインターネットを利用しないという回答が多くなった（50代＝18.7%，60代＝26.7%，70代以上＝58.1%）。「利用頻度」においても，「パソコンの有無」と同様のことがいえるだろう。

「インターネットの利用場所」では，どの年代も「職場のみ」で利用するという回答は少なく，「職場と自宅」でインターネットを利用する回答者が50代までは多かった（30代以下＝61.4%，40代＝70.1%，50代＝63.0%）。続いて「自宅」で利用する人たちは60代以上になると増え，70代ではほとんどを占める（60代＝52.9%，70代以上＝83.8%）。50代以下と60代以上のパソコンの所有率の差は，職場で利用しているかどうかが影響しているのだと考えられるだろう。

第6章 回収票が語る西宮マンションの特徴

表6-16 年代別余暇活動

	休日の過ごし方			趣味活動		
	活動派	休養派	合計	参加している	参加していない	合計
30代以下	64 (53.8)	55 (46.2)	119 (100%)	33 (27.5)	87 (72.5)	120 (100%)
40代	81 (51.3)	77 (48.7)	158 (100%)	43 (26.9)	117 (73.1)	160 (100%)
50代	84 (50.9)	81 (49.1)	165 (100%)	62 (37.1)	105 (62.9)	167 (100%)
60代	129 (64.8)	70 (35.2)	199 (100%)	101 (50.0)	101 (50.0)	202 (100%)
70代以上	107 (60.5)	70 (39.5)	177 (100%)	109 (57.1)	82 (42.9)	191 (100%)
合計	465 (56.8)	353 (43.2)	818 (100%)	348 (41.4)	492 (58.6)	840 (100%)

χ^2 (d.f.) = 10.933(4), p<0.05 (NA25)　　　χ^2 (d.f.) = 50.203(4), p<0.01 (NA3)

　こうした年代の特徴は，「余暇の過ごし方」や「最も親しい人」でも同様に指摘できるのだろうか。表6-16は「Q21．普段の休日の過ごし方は，しいていえば次のどちらに近いですか」から「趣味などをし，できるだけ余暇を楽しむようにしている」を「活動派」，「できるだけのんびりし，休養するようにしている」を「休養派」と整理し，「Q23．あなたは現在，習い事とは別に何らかのグループ活動やサークル活動に参加されていますか」の質問から，趣味活動への参加状況を年代別に整理したものである。

　全体をみると，「活動派」が56.8%，趣味活動は「参加していない」という回答が58.6%を占めた。年代別にみると，休日の過ごし方において，50代以下は「活動派」，「休養派」共に半数近くであった。これに対し，60代を過ぎると「活動派」が6割以上を占める（60代＝64.8%，70代以上＝60.5%）。これまでは平日は働き休日は家で休養していた人が，定年後は休日を活動的に過ごしているということである。それは，趣味活動への参加状況でも同様に指摘できる。仕事をしている世代の50代以下では「参加していない」人が多いのに対して，60代で半数まで増え，70代ではさらに増加しているのである（60代＝50.0%，70代以上＝57.1%）。

　こうした「現役層」と「引退層」でみられた変化は，「最も親しい人」との間柄とも密接に関連しているようである。表6-17は「Q19．同居家族以外で，あなたが現在最も親しくつきあっている人は次のうちどの間柄の人ですか」を年代別に整理したものである。なお，「同居家族以外の家族・親戚」を「非同

表 6-17 年代別最も親しい人との間柄

	非同居の親族	学校	仕事	地域	趣味・サークル	上記以外	合 計
30代以下	39 (33.6)	16 (13.8)	31 (26.7)	16 (13.8)	10 (8.6)	4 (3.4)	116 (100%)
40代	43 (27.9)	21 (13.6)	55 (35.7)	21 (13.6)	8 (5.2)	6 (3.9)	154 (100%)
50代	47 (30.5)	10 (6.5)	57 (37.0)	11 (7.1)	15 (9.7)	14 (9.1)	154 (100%)
60代	62 (33.3)	14 (7.5)	38 (20.4)	30 (16.1)	28 (15.1)	14 (7.5)	186 (100%)
70代以上	53 (33.5)	4 (2.5)	22 (13.9)	30 (19.0)	28 (17.7)	21 (13.3)	158 (100%)
合 計	244 (31.8)	65 (8.5)	203 (26.4)	108 (14.1)	89 (11.6)	59 (7.7)	768 (100%)

χ^2 (d.f.) = 75.718(20), p<0.01 　　　　　　　　　　　(NA 75)

居の親族」,「学校が同じだった人」を「学校」,「仕事を通じて(職場が同じなど)知り合った人」を「仕事」,「地域(近隣・地域活動・子どもの学校関連など)で知り合った人」を「地域」,「趣味・サークルを通じて知り合った人」を「趣味・サークル」,「上記以外の人」を「上記以外」と表記した。

　この表にも示されるように,「現役層」と「引退層」で「最も親しい人」の「間柄」が変化していることが理解可能である。まず,全体をみると「非同居の親族」が31.8%と多く,続いて「仕事」が26.4%と続く。年代別でみると,「非同居の親族」が最も親しいと答えた人はどの年代も30.0%前後に落ち着いており,最も親しい人が「学校」と答えた人は年代が上がるにつれて減っている。また「仕事」と答えた人は50代までは増えているが,60代からは減っているのに対し(60代=20.4%, 70代=13.9%),「地域」や「趣味・サークル」の比率は60代からは増えている(「地域」60代=16.1%, 70代=19.0%。「趣味・サークル」60代=15.1%, 70代=17.7%)。このことから年代が上がるにつれてもっとも親しい人との間柄に「学校」や「仕事」関係者から「地域」や「趣味・サークル仲間」へと,移り変わりが見られるのである。このようにマンション居住者の暮らしは年代別に大きく変化をしている。とくに定年を迎えた引退者においては,パソコンの利用状況や,余暇の過ごし方,親しい人との間柄に著しく変化がみられた。

　以上,西宮市マンション居住者の特徴を住まい方や働き方,暮らし方から明らかにしてきた。50・60・70代それぞれの世代間で,住まい方,働き方,暮ら

表6-18 居住形態別〈隣人づきあい〉

	隣 人 づ き あ い									
	家族構成		世帯主職業		おすそわけ		入居時あいさつ		あいさつ以外の会話	
	知っている	知らない	知っている	知らない	ある	ない	行った	行っていない	ある	ない
分譲	407 (85.5)	69 (14.5)	236 (49.8)	238 (50.2)	268 (56.4)	207 (43.6)	387 (82.2)	84 (17.8)	368 (77.5)	107 (22.5)
賃貸	121 (71.2)	49 (28.8)	45 (26.3)	126 (73.7)	70 (41.2)	100 (58.8)	149 (89.8)	17 (10.2)	94 (55.6)	75 (44.4)
公営	81 (84.4)	15 (15.6)	46 (51.7)	43 (48.3)	71 (74.0)	25 (26.0)	81 (87.1)	12 (12.9)	79 (84.0)	15 (16.0)
社宅	77 (90.6)	8 (9.4)	76 (89.4)	9 (10.6)	51 (60.0)	34 (40.0)	84 (98.8)	1 (1.2)	66 (77.6)	19 (22.4)
合計	686 (83.0)	141 (17.0)	403 (49.2)	416 (50.8)	460 (55.7)	366 (44.3)	701 (86.0)	114 (14.0)	607 (73.8)	216 (26.2)
	(NA16)		(NA24)		(NA17)		(NA28)		(NA20)	

し方の3つに共通して大きな変化がみられた。ここからマンション居住者のライフスタイルには，年代が大きな影響を与えていることがわかった。

第3節　マンション居住者の近隣関係

1　居住形態別の特徴

　今回の調査では〈隣人づきあい〉について，「隣人の家族構成を知っているか」「隣人の世帯主の職業を知っているか」「隣人とおすそわけをしたりもらったりしたことがあるか」「入居時にあいさつに行ったか」「隣人とあいさつ以外の会話をしたことがあるか」という5項目を質問している。
　表6-18は，居住形態ごとに5項目の回答結果を集計したものである。表をみると，「入居時にあいさつに行った」（86.0％）が最も多く，「家族構成を知っている」（83.0％），「あいさつ以外の会話をしたことがある」（73.8％）と続く。一方，「おすそわけを行っている」は55.7％で半数になり，「世帯主の職業を知っている」が，49.2％と最も低い数字であった。
　居住形態別では，賃貸マンション居住者の隣人関係がとくに希薄であるとい

表 6-19 居住形態別〈近所づきあい〉平均人数

	顔と名前の一致	あいさつ以外の会話	おすそわけ
分譲	13.5	5.9	1.4
賃貸	6.4	3.2	1.0
公営	15.3	8.9	1.9
社宅	12.7	6.4	1.8
合計	12.1	5.7	1.4
	(NA34)	(NA24)	(NA18)

う特徴が読み取れる。「家族構成を知っている」と答えた人の割合では,「社宅」が90.6%と最も高く,「分譲」(85.5%)「公営」(84.4%)なのに対して,「賃貸」は71.2%と低くなっている。

さらにこの傾向は,同じマンション内での〈近所づきあい〉にも同様にあらわれていた。〈近所づきあい〉については,「同じマンション内に顔と名前が一致する人は何人いるか」「同じマンション内に3か月以内にあいさつ以外の会話をしたことがある人は何人いるか」「同じマンション内に3か月以内におすそわけをしたりもらったりしたことがある人は何人いるか」の3項目を質問している。

表6-19は,同じマンション内で〈近所づきあい〉をしている人の平均人数を,居住形態別に整理したものである。「賃貸」の数値をみると,「顔と名前の一致」(6.4人),「会話」(3.2人),「おすそわけ」(1.0人)とすべての項目において他の居住形態よりも低い数値が出ていることがわかる。このように,〈隣人づきあい〉〈近所づきあい〉ともに「賃貸マンション居住者の近隣関係がとくに希薄である」という特徴がみられた。

2 過去の調査との比較

近隣関係に関しては,「都市住民の居住類型別パーソナル・ネットワーク特性に関する調査」(以下4都市調査,1999年実施),「関西ニュータウン比較調査」(以下NT調査,2004年実施)においても調査がなされている。そこで,

今回の調査結果と過去の調査結果を比較し，「西宮マンション調査で明らかになった特徴は，過去の調査においても同様に指摘できるのか」を確かめていきたい。なお過去の調査と比較できる内容は，それぞれの調査で質問されている項目によって限定されている。

　4都市調査とニュータウン調査では，「一戸建て」と「分譲マンション」の比較が可能である。ニュータウン調査と西宮調査では，一戸建てを除くマンション居住形態の比較が可能である。

　住民の属性に関する項目では，年代，居住年数，性別の3項目が全調査において比較可能である。

　近隣関係の質問項目に関しては，〈隣人づきあい〉では，「家族構成を知っているか」「世帯主の職業を知っているか」「おすそわけをしたりもらったりしたことがあるか」の3項目が，〈近所づきあい〉では「おすそわけをしたりもらったりしたことがある人は何人いるか」の項目において比較が可能である。

（1）居住形態と近隣関係

　表6-20は，居住形態ごとに近隣関係の程度を比較したものである。過去の2調査は「隣人」の定義を「家の両隣のうち親しい1人」としていたのに対して，今回は「家の右隣に住んでいる人」としている。さらに〈近所づきあい〉に関しても「小学校区内」から「同じマンション内」に変更し，マンション内での人間関係の測定を試みた（第5章）。こういったワーディングの変更点は留意しておく必要があるだろう。

　4都市調査の結果からは，分譲マンション居住者の隣人づきあいは一戸建てよりも希薄であることが指摘されてきた。[9]そこで，ニュータウン調査でもこの傾向がみられるのかを検証してみたい。ニュータウン調査の「家族構成を知っている」割合が「一戸建て」92.7%であるのに対し「分譲マンション」が83.5%であるといったように，分譲マンションの数値が一戸建ての数値を一貫して下回っていることが読み取れる（世帯主職業：一戸建て＝78.3%，分譲＝56.6%。おすそわけ：一戸建て＝83.7%，分譲＝67.4%）。さらにこの傾向は

表6-20　3調査間での居住形態と近隣関係の比較

	〈隣 人 づ き あ い〉（%）									〈近所づきあい〉（人）		
	家族構成を知っている			世帯主の職業を知っている			おすそわけをしたことがある			おすそわけをしたことがある		
	4都市調査	NT調査	西宮調査	4都市調査	NT調査	西宮調査	4都市調査	NT調査	西宮調査	4都市調査	NT調査	西宮調査
一戸建て	90.0	92.7	/	82.1	78.3	/	81.9	83.7	/	3.6	3.7	/
分　譲	80.4	83.5	85.5	56.8	56.6	49.8	64.3	67.4	56.4	2.6	3.3	1.4
賃　貸	/	72.5	71.2	/	47.9	26.3	/	62.7	41.2	/	2.5	1.0
公　営	85.6	81.5	84.4	69.6	60.8	51.7	85.8	75.0	74.0	3.7	3.0	1.9
その他（社宅・寮含む）	/	88.1	90.6	/	84.7	89.4	/	79.7	60.0	/	4.5	1.8
全　体	86.3	86.2	83.0	72.2	67.0	49.2	77.5	75.6	55.7	3.4	3.4	1.4

(注)　〈隣人づきあい〉の場合「知っている」「したことがある」のみの割合を表示している。100%からその数字を引くと「知らない」「したことがない」の割合が把握できる。

〈近所づきあい〉の数値においても存在していた（おすそわけ：一戸建=3.7人，分譲=3.3人）。以上のことは，「分譲マンションの近隣関係が一戸建てよりも希薄」だということを普遍的に示していると考えられる。

それでは，今回の調査で得られた「賃貸マンション居住者は近隣関係がとくに希薄」だという傾向は，過去の調査でも指摘できるのかを検証してみよう。

比較可能なニュータウン調査の〈隣人づきあい〉に着目してみると，「家族構成を知っている」では，「分譲」83.5%，「賃貸」72.5%，「公営」81.5%，「その他（社宅・寮等）」88.1%と，賃貸マンションの数値が他の居住形態を下回っていることがわかる。このことは，「世帯主の職業を知っている」「おすそわけをしたことがある」の結果でも同様にいえていた。またおすそわけをしたことがある人数を尋ねる〈近所づきあい〉においても，「賃貸」平均人数が2.5人と，他の形態より低いことがわかる。以上の結果から，「賃貸マンション居住者は近隣関係がとくに希薄」だという特徴も，普遍的な特徴として考えることが可能である。

第**6**章　回収票が語る西宮マンションの特徴

表6-21　3調査間での住民の属性と近隣関係の比較

		隣人づきあい（％）								近所づきあい（人）		
		家族構成を知っている			世帯主の職業を知っている			おすそわけをしたことがある			おすそわけをしたことがある		
		4都市調査	NT調査	西宮調査	4都市調査	NT調査	西宮調査	4都市調査	NT調査	西宮調査	4都市調査	NT調査	西宮調査
年代	30代以下	75.9	69.9	77.5	51.9	39.7	44.5	66.7	51.6	48.7	3.0	2.5	1.3
	40代	84.1	85.5	84.9	56.6	57.2	54.4	72.4	65.5	49.4	3.4	3.9	1.2
	50代	78.3	82.4	80.6	61.5	61.2	43.3	71.2	74.3	54.0	2.5	3.1	1.1
	60代	85.9	82.8	87.9	69.9	66.3	51.3	72.3	76.5	59.0	3.4	3.3	1.4
	70代以上	94.4	86.5	80.8	79.6	67.9	51.7	90.4	80.5	63.6	3.2	2.9	1.9
居住年数	5年未満		64.2	70.4		36.7	42.6		46.3	36.9		2.2	1.0
	5～10年未満		79.1	84.5		50.5	43.1		66.3	55.8		2.5	1.1
	10～15年未満		83.3	83.9		62.2	43.1		70.0	49.7		3.8	1.3
	15～20年未満		84.6	93.9		59.7	67.3		66.7	70.0		3.4	1.5
	20年以上		90.9	88.1		73.7	60.8		85.3	72.8		3.8	2.0
性別	男性	74.6	75.1	82.8	58.8	52.9	50.2	63.0	63.6	52.9	2.4	2.7	1.4
	女性	87.6	85.1	83.6	63.6	60.4	46.7	79.3	72.4	64.1	3.5	3.4	1.5
全体		82.5	80.3	83.0	61.9	56.8	49.2	73.0	68.3	55.7	3.1	3.1	1.4

（2）属性的特徴にみられるマンションの近隣関係の傾向

　これまでの近隣関係に関する先行研究では，「その近隣に長く住んでいる人」，「年輩者」，「日中家にいがちな人（退職者・主婦）」等は近隣関係を比較的よくするといった，「属性面」での違いがあることが指摘されてきた。フィッシャーが『都市的体験』において，それらを整理している。ここではそういった「属性面」に着目し，近隣関係にどう影響しているのかを分析していきたい。

　表6-21はマンション住民の属性ごとに，近隣関係質問項目の回答結果をクロスしたものである。ここではマンション住民のみの比較をするため，4都市調査とNT調査においては，「一戸建て居住者」を除いている。

①年輩者ほど近隣づきあいをよくする

　西宮マンション調査の〈隣人づきあい〉項目，「おすそわけをしたことがある」に着目すると，「30代以下」（48.7％），「40代」（49.4％），「50代」（54.0％），「60代」（59.0％），「70代以上」（63.6％）と年代が上がるにつれ，隣人づきあ

いをする人の比率が高くなる傾向が存在していたのである。さらに過去の2調査の「おすそわけ」に関しても，同様の特徴が表れていたものが存在していた（4都市調査：30代以下＝66.7％，40代＝72.4％，50代＝71.2％，60代＝72.3％，70代以上＝9.4％。ニュータウン調査：30代以下＝51.6％，40代＝65.5％，50代＝74.3％，60代＝76.5％，70代以上＝80.5％）。

②そこに長く住んでいる人ほど近隣づきあいをよくする

　まず，4都市調査では居住年数に関する項目はなかったので，ニュータウン調査と西宮マンション調査の数値で比較している。表6-21から，居住年数別に近隣関係の程度に有意な差が存在していることがわかる。西宮マンション調査の〈近所づきあい〉項目をみると，「おすそわけをしたことがある」近所の人の平均人数が居住年数「5年未満」1.0人だったのに対し，「5～10年未満」1.1人，「10～15年未満」1.3人，「15～20年未満」1.5人，「20年以上」2.0人と，居住年数の増加に従い平均人数も多くなっている。またそのことは，ニュータウン調査の〈隣人づきあい〉項目においても，同様であった。「5年未満」（64.2％）から，「5～10年未満」（79.1％），「10～15年未満」（83.3％），「15～20年未満」（84.6％），「20年以上」（90.9％）と，同様に高くなっていた。このように複数の項目において，居住年数に従い近隣づきあいも活発になるという傾向が存在していたのである。

③女性の方が近隣関係に積極的

　表6-21の性別の比率の傾向をみていくと，〈隣人づきあい〉「家族構成」「世帯主職業」「おすそわけ」，〈近所づきあい〉「おすそわけ人数」すべての項目おいて，女性の数値が男性よりも高いことが読み取れる。ここから，「女性の方が男性よりも近隣関係に積極的」だという特徴が指摘できる。またこの傾向は，3つの調査すべてにおいて一貫してみられた。ただし，西宮マンション調査の「世帯主の職業を知っているか」のみ「男性」50.2％，「女性」46.7％と男性の方が高い数値が出ており，例外的な結果だといえる。

以上2項では、マンション居住者の近隣関係の特徴を過去の調査（「4都市調査」「NT調査」）と比較することによって明らかにしてきた。そのなかでとくに注目すべき点は、居住形態や住民の属性が近隣関係に影響を及ぼすという傾向が、複数の調査結果において同様に指摘できたことである。このことから、マンションの近隣関係には普遍的な特徴が存在するのだと結論づけることができそうだ。

[3] 質問項目の妥当性の検証

　これまでの分析から近隣関係の傾向を明らかにしてきたが、そのなかでいくつか例外的な数値が表れていたことにもふれておかなくてはならないだろう。それらの例外的な数値を含む質問項目を検討していく過程で、いくつかの興味深い事実が発見された。

(1) 隣人の職業を聞く質問の妥当性
　今回の調査の分析過程でとくに注目されたのは、「世帯主の職業を知っているか」の数値が極端に低かったことである（表6-18）。また前項の男女別近隣関係で、「世帯主の職業を知っているか」だけが例外的に男性の方が高いという結果が示されていた（表6-21）。
　これらの例外的な結果は、今回の調査の回答者が60代・70代以上の高齢者に大きく偏っていたことと密接に関連しており、そのことが、近隣関係の例的数字と大きく関係していたと推測できるのである。高齢者の多いマンションの場合、隣に住む人の職業が無職かもしれないし、あるいは隣の人の職業を「知らない」のではなく「明確にわからない」可能性も高いのである。このことから、回答者の高齢化が予測される今日の調査環境においては、「職業に関する項目を近隣関係分析の指標にすることは、もはや適さない」、という知見が発見されたのである。

表6-22 新築マンションと中古マンションの近隣関係の比較

	隣人づきあい (%)					近所づきあい (人)		
	家族構成	世帯主職業	おすそわけ	入居時あいさつ	あいさつ以外の会話	顔と名前の一致	あいさつ以外の会話	おすそわけ
購入新築	86.7	50.5	56.4	75.6	77.3	13.8	5.7	1.4
購入中古	83.3	48.2	56.9	97.8	77.2	12.2	6.2	1.4
その他	83.3	50.0	50.0	66.7	100.0	16.9	5.9	0.8

（2）今回新たに作成した質問の有効性

今回の調査で新たに作成した質問項目は，近隣関係を測定する上で有効だったといえるのだろうか。

①「入居時のあいさつ」では隣人づきあいは測れない？

西宮マンション調査結果から「賃貸マンション居住者の近隣づきあいは特に希薄である」という傾向を述べたが，「入居時にあいさつに行ったか」の数値のみ，その傾向に当てはまっていなかったことが特筆すべき事項であった（表6-18）。そこで賃貸よりもさらに数値の低かった「分譲マンション」に着目し，新築と中古とに分類し数値を比較してみた。すると，両者の間に大きな差がみられたのである。同じ分譲マンションでも，中古居住者の97.8%が「あいさつに行った」と回答しているのに対し，新築居住者は75.6%しかあいさつに行っていなかったのである（**表6-22**）。

この数値に関しては，「入居時あいさつの意味合い」が，分譲新築の場合のみ他の居住形態と異なっていることが要因にあると推測される。一般的な「入居時あいさつ」とは，すでにコミュニティが出来上がっている集団（マンション住民）の中に入るため，人々が行うものであろう。それを考慮すると，全員が一斉に入居する形式の分譲新築マンションに既存のコミュニティは存在しないため，入居時にわざわざ隣人にあいさつに行く習慣はむしろ稀であるという可能性も提起できる。それゆえこのような結果が出たのだと推測される。

この事実をふまえると，「入居時にあいさつに行ったか」の回答結果は「マンションの隣人づきあい」とはまた別の意味合いを持っており，「マンション

第6章 回収票が語る西宮マンションの特徴

表6-23 総戸数別「顔と名前の一致」

総戸数	平均人数	度数	総戸数	平均人数	度数
10未満	7.4	56	100～150未満	14.4	70
10～30未満	11.2	267	150以上	15.7	65
30～50未満	11.8	207			
50～100未満	13.6	144	全体	12.1	809

(NA34)

の近隣関係の程度」を測定するには適さない質問項目だったのではないかといえる。

②「顔と名前の一致人数」で近隣関を測定できるか

表6-23は，「同じマンション内に顔と名前が一致する人は何人いるか」という項目について，マンションの総戸数ごとに回答人数の平均をまとめたものである。これをみると，マンションの規模が大きくなるにつれ顔と名前が一致する人数も増えていくことがわかる。マンションの規模が大きくなると，そこに住む住民の数自体も増えていく。それにともない，同じマンション内で顔と名前を知っている人の数も増加していくのは必然的である。つまり「顔と名前を知っている人数」の回答結果は，「マンションの規模」という近隣関係とはまた別の要因に大きく左右されているといえる。また，この質問項目では「顔と名前が一致するか」のみを聞いており，実際の関わりがあるかどうかについては問われていない。そのため，単純に数値が大きければ大きいほど「近隣関係を活発にしている」と言い切ることはできないのである。

このように，今回新たに作成した質問項目の中には，「マンションの近隣関係」を測定するには適さないものもいくつか存在したことがわかった。これらの反省点をふまえ，質問項目作成の際から「他の要因に左右され正確な測定結果が得られない可能性はないか」を十分検証する必要があるといえる。

以上3節では，「西宮マンション調査」に加え「4都市調査」「ニュータウン調査」のデータを用いて「マンション居住者の近隣関係」に関する分析を進めてきた。今回の検証で明らかになったことは，マンションの近隣づきあいは希

薄であるが，「居住形態」や「住民の属性」といった要因によってその程度が異なってくるのだということ，さらにそれらの傾向が複数の調査結果において実証できるという事実であった。しかし，いくつかの質問項目が近隣関係の分析に適していなかった可能性がある点で，問題を抱えていたことも否めない。今後はそうした点をふまえ，近隣関係を正しく検証できるような調査設計をしていくことが重要な課題だと指摘できるだろう。

注
(1) NAの回答のうち2票は購入新築か購入中古までは分類できなかったため，その2票は除いた。
(2) マンション調査における1〜3階の分布は3階のみの比率である
(3) URと公営の入居条件は，以下のホームページを参照した（2012年1月現在）。
　〈UR〉UR都市機構ホームページ＞住まいのご案内＞申し込みの手続き＞申込資格。
　　①日本国籍のある方，またUR都市機構が定める資格のある外国人の方で，継続して自ら居住するための住宅を必要する方
　　②現に同居し，または同居しようとする親族のある方（単身者も住居タイプによっては申込可能）
　　③入居開始日から1か月以内に入居できること
　　④全居世帯の全員が団地内において円満な共同生活を営むことができること
　　⑤同居世帯の全員が暴力団員ではないこと
　　⑥申込本人の毎月の平均収入額が基準月収額以上，または貯蓄額が基準貯蓄額以上ある方
　　⑦過去にUR賃貸住宅の家賃等を滞納する等により発生して，UR都市機構及びその継承者に対する未払金が無い方
　〈公営〉西宮市役所ホームページ＞くらしの情報＞住宅＞県・市営住宅＞申込資格
　　①申込の本人が西宮市内に住んでいるか，勤務をしている方
　　②世帯の条件を満たす方
　　③収入基準に合う方（入居予定者全員の収入が対象）
　　④現在，住宅に困窮している方
　　⑤入居予定者全員が暴力団員でないこと
(4) 表6-9では学生1票，その他5票，NA12票であった。この表では，「働く」という観点から見た時に，曖昧である学生，その他，NAを除いた831票で処理して

第 **6** 章　回収票が語る西宮マンションの特徴

(5)　表6-10ではその他5票，NA26票であった。この表でも，「働く」という観点から見た時に，曖昧であるその他，NAを除いた817票で処理している。また，非該当とは「あなた」が配偶者を持たないという意味である。
(6)　表4では一人働きでは，NA2票であった。また，一人働きの男では，学生1票，その他2票であった。この表でも，「働く」という観点から見た時に，曖昧であるその他，学生，NAを除いた163票で処理している。
(7)　質問項目に関しては，第5章を参照。
(8)　「分譲」は「購入新築」「購入中古」・「賃貸」は「賃貸」「アパート」「UR」・「公営」は「公営」・「社宅」は「社宅」「寮」で分類している。
(9)　大谷信介『〈都市的なるもの〉の社会学』ミネルヴァ書房，2007年，165-166頁。
(10)　クロード・S・フィッシャー『都市的体験──都市生活の社会心理学』松本康，前田尚子訳，未來社，1996年，163-164頁。
(11)　4都市調査は「一戸建て」を除いた472名，NT調査は878名を対象とした表である。また，4都市調査では居住年数に関する項目は含まれていない。
(12)　回収票の偏りについては第5章を参照。

第7章
マンション居住者の移動実態

　第6章では,「西宮マンション調査」によって回収できた843票を用いて,居住形態別の特徴やマンション住民のライフスタイルおよび隣人関係を明らかにしていった。本章では,「地域」および「駅・路線」といった観点から,マンション住民の「移動」に関する分析を行っていきたい。まず1節では,回答者の出身地と前住地を整理し,居住者が西宮市にどのように転居してきたのかについて考察する。2節では,マンション居住者の通勤実態を,現在の住居の最寄駅と勤務先の最寄駅を用いて探り,どのように通勤しているのかについて分析を行う。3節では,現在の住居とその直前に住んでいた住居から,「マンション居住者の住み替え」について考察していく。4節では,マンション居住者の「5年後の住まいの予定」や「最終的に住みたい住居」などの質問項目を分析することにより,「定住意志」に関して探っていきたい。

第1節　マンション居住者はどこから来たのか

1　マンション居住者の出身地

　西宮市マンション居住者はどの地域の出身者が多いのだろうか。調査票には,「Q39. あなたの出身地をお答えください(配偶者がおられる場合は配偶者についてもお答えください)」という項目で,回答者の出身地と配偶者の出身地について質問している。ここでの「出身地」とは,「15歳までに主に過ごした地域」と定義しており,近畿圏内であれば,「市町村・最寄駅」,近畿圏外であ

表7-1 本人の出身地

〈兵庫県内〉		〈兵庫県外〉	
西宮市	133 (17.3)	大　　阪	98 (12.8)
神戸市	54 (7.0)	京　　都	26 (3.4)
尼崎市	32 (4.2)	滋　　賀	10 (1.3)
芦屋市	14 (1.8)	奈　　良	10 (1.3)
姫路市	12 (1.6)	和 歌 山	9 (1.2)
明石市	10 (1.3)	三　　重	8 (1.0)
宝塚市	8 (1.0)	〈近畿圏内計〉	161 (21.0)
伊丹市	6 (0.8)	北海道・東北	12 (1.6)
その他	48 (6.3)	関　　東	36 (4.7)
		中　　部	36 (4.7)
		中　　国	72 (9.4)
		四　　国	53 (6.9)
		九州・沖縄	73 (9.5)
		海　　外	6 (0.8)
		〈近畿圏外計〉	288 (37.6)
兵庫県内計	317 (41.4)	兵庫県外計	449 (58.6)
合　　計		766 (100%)	

(NA 77)

れば，「都道府県（海外の場合は「外国」の選択肢あり）」も合わせて聞いている(1)。

　表7-1は，本人の出身地を「兵庫県内」「兵庫県外」に分類し整理したものである。「兵庫県内」については市町村別に，「兵庫県外」の「近畿圏内」については都道府県別に，「近畿圏外」については地方別に分けて整理をしている。表をみると，県内出身者は全体の41.4%であり，他県の出身者の割合が58.6%と，県外出身者が多い結果となった。その県外出身者に注目すると，近畿圏内が21.0%，近畿圏外が37.6%であり，圏内の場合は隣接する大阪・京都が，圏外の場合は中国・九州地方の兵庫県から西側の出身者が多いことがわかる。一方，県内出身者に注目すると，西宮市が多く，41.4%中17.3%を占めていた。また西宮市に次いで多かったのは，神戸市（7.0%），尼崎市（4.2%）といった，西宮市に隣接している市であった。

表7-2 本人出身地と配偶者出身地の組み合わせ

西宮市内どうし	23	(3.9)
西宮市内と兵庫県内	37	(6.4)
兵庫県内どうし	61	(10.5)
兵庫県内までと県外	200	(34.2)
（西宮市内と県外）		(75 (12.8))
（兵庫県内と県外）		(125 (21.4))
兵庫県外同士	263	(45.0)
（近畿圏外どうし）		(149 (25.5))
（近畿圏内どうし）		(49 (8.4))
（圏内と圏外）		(65 (11.1))
合　　計	584	(100%)

　表7-2は，本人と配偶者の出身地の組み合わせを示したものである。なお，ここでは配偶者の出身地に回答がある584を分析対象としている。この表から，最も多い組み合わせは「兵庫県外どうし」であることがわかる。県外同士のなかでも，「近畿圏外どうし」が25.5%と多くの割合を占めていた。それに対して，「西宮市内どうし」は3.9%，非常に少ない結果となり，「兵庫県内までと県外」の組み合わせが全体の34.2%を占めていることから，県外出身の配偶者と結婚している世帯が多いことがわかった。この結果は，1989年に実施された「中四国調査」における「大都市ほど市内出身者同士で結婚したカップル（同質結合傾向）の比率は下がり，県外出身者同士のカップル（異質結合傾向）の比率が上がる」という調査結果と，同様の結果になったといえるだろう[2]。

2　どこからどのように来たのか

　マンション居住者はどこに住んでおり，どのように移動してきたのか。今回の調査では，「Q10. 現在の住居の直前に住んでいた住居はどちらにありましたか。近畿圏内にお住まいだった場合は鉄道の最寄り駅と沿線を，近畿圏外の場合は都道府県名をお答えください」と「前住地」について質問している。「前住地」とは「直前に住んでいた住居があった場所」と定義しており，出身地と

表7-3 前住地

〈兵庫県内〉		〈兵庫県外〉	
西宮市	412 (51.3)	大　阪	96 (12.0)
神戸市	41 (5.1)	京　都	7 (0.9)
尼崎市	46 (5.7)	滋　賀	2 (0.2)
芦屋市	31 (3.9)	奈　良	4 (0.5)
宝塚市	27 (3.4)	和歌山	2 (0.2)
その他	33 (4.1)	三　重	1 (0.1)
		〈近畿圏内計〉	112 (13.9)
		北海道・東北	5 (0.5)
		関　東	50 (6.2)
		中　部	17 (2.1)
		中　国	17 (2.1)
		四　国	6 (0.7)
		九州・沖縄	6 (0.7)
		海　外	3 (0.4)
		〈近畿圏外計〉	101 (12.6)
兵庫県内計	590 (73.5)	兵庫県外計	213 (26.5)
合　計		803 (100%)	

(NA 40)

　同様に「駅・路線」についても聞いている。これにより，前住地の駅と現住地の駅を整理し，前住地から現住地への移動実態を把握しようと試みたのである。

　表7-3は回答者本人の前住地を兵庫県内と県外で整理したものである。表全体からみると，兵庫県内が73.5％と多くを占め，県外の回答者は26.5％にとどまった。県内に注目すると，西宮市が73.5％中51.3％あり，全体の半数以上が西宮市内で転居していることが把握できた。

　では，西宮市内で転居した人々はどのように移動したのであろうか。ここでは「市内で転居した」という回答者412を対象として，前住地の最寄駅（以下，前住駅）がある路線と現住地の最寄駅（現住駅）がある路線をもとに，西宮市内での移動実態を検証する。

　表7-4は現住駅と前住駅を路線別に整理したものである。注目すべき点は，回答者のほとんどが同路線の沿線上で転居を行っていることである。「JR沿線からJR沿線への転居」の割合は53.3％,「阪急沿線から阪急沿線への転居」は

表7-4　路線別転居

		前住駅路線			
		JR	阪急	阪神	合計
現住駅の路線	JR	40 (53.3)	16 (21.3)	19 (25.3)	75 (100%)
	阪急	20 (14.0)	99 (69.2)	24 (16.8)	143 (100%)
	阪神	14 (7.3)	30 (15.6)	148 (77.1)	192 (100%)
合　計		74 (18.0)	145 (35.4)	191 (46.6)	410 (100%)

χ^2 (d.f.) = 209.926(4), p<0.01　　　　(NA2)

69.2%,「阪神沿線から阪神沿線への転居」は77.1%,となっている。つまり,西宮市内で転居した回答者は,慣れ親しんだ沿線上での転居をしているといえよう。

以上の分析結果から,西宮のマンション住民は「一度西宮市に出てくれば,その後の転居は近場で行う」という傾向があるといえるだろう。

第2節　西宮マンション居住者の通勤実態

1　調査票の回答者本人の通勤実態

西宮市のマンション居住者は,どこに通勤しているのだろうか。このことを考察するために,まず今回の調査で回収できた843人のなかで「通勤している人」を定義する。調査票の質問項目の中から「Q14①,あなた(配偶者)の通勤先の最寄駅はどちらですか」の回答結果を整理してみたところ,「あなた(世帯主)」で回答があったのは466人であった。その職業の内訳は「自営」が7.3%,「勤め」が83.7%,「パート」は8.2%,「学生」は0.2%,「その他」は0.6%と,ほとんどが「勤め」であった。そのため,「自営」「パート」「学生」「その他」を対象外とし,「勤め」と回答した389人(男87.6%,女12.4%)を「通勤している者」として分析を行った。

表7-5は,通勤している人の通勤先を表したものである。この表から,最も多いのは大阪市の43.2%であることが読み取れる。大阪市内の通勤の様子を

表7-5 勤めの通勤先都市名

大阪市				大阪府(大阪市以外)	西宮市	神戸市	尼崎市	兵庫県(西宮市・神戸市以外)	その他	合計
北区	中央区	その他の区	合計							
41 (10.5)	65 (16.7)	62 (16.0)	168 (43.2)	27 (6.9)	86 (22.1)	44 (11.3)	32 (8.2)	28 (7.2)	4 (1.1)	389 (100%)

細かくみると、オフィスが集まる北区(中心部は梅田で、デパートや商業施設、放送局や新聞社、大阪市役所や日本銀行大阪支店がある)や中央区(大部分がオフィス街、金融街、官庁街である)に勤めている人が多いことがわかる。

次に、通勤の実態を空間的に把握していきたい。そこで、現住駅と勤め先をそれぞれケース数としてまとめ、整理していく。

表7-6は現住駅と通勤先をケース数として整理したものである。「現住駅→通勤先」が「JR→JR(環状線を含む)」は46ケース、「阪神→阪神」は72ケース、「阪急→阪急」は51ケースであることから、電車で通勤する場合、現住駅と通勤先が同じ路線上に存在するケースが多いことがわかる。全体ではJR路線に勤めている人が87ケース(環状線22ケース)、大阪市営地下鉄89ケース、阪神94ケース、阪急70ケースになった。また、大阪市営地下鉄へは阪急の利用者が44ケースと他の2線より多くなった。しかし、谷町線へは阪神が10ケースと他の2線より多くなっている。これは谷町線の改札が最も近いのは阪神梅田駅で、このことが関係していると考えられる。

次に、現住駅と帰宅時間はどのような関係性があるのであろうか。「Q14③ あなたは普段(月曜日から金曜日の間)、だいたい何時ごろ現住居に帰宅されますか。おおよその帰宅時刻をお答えください。」の質問項目により、回答された帰宅時間を「〜17時」「18〜20時」「21時〜」にまとめた。

表7-7は現住駅と帰宅時間の関係をケース数で整理したものである。この表を全体的にみると、18〜20時の帰宅のケースが196ケースと最も多いことがわかる。また、現住駅別にみると、阪急苦楽園口や阪神香櫨園など、住宅街が広がる駅周辺に住んでいる人は「18〜20時」に帰宅しているケースがみられる。また、阪急今津線の仁川、甲東園、苦楽園口も「18〜20時」に帰宅している

第7章 マンション居住者の移動実態

表7-6 現住駅と通勤先との関係

現住駅路線	現住駅	JR		大阪市営地下鉄					阪神	阪急	その他	計
		JR	環状線	御堂筋線	谷町線	四つ橋線	その他	計				
JR	西宮	8	1	1	0	1	2	4	5	3	2	23
	甲子園口	22	2	6	1	0	1	8	4	2	2	40
	さくら夙川	1	1	0	0	0	0	0	1	0	0	3
	西宮名塩	7	1	1	0	0	0	1	0	1	0	10
	生瀬	1	2	1	0	0	1	2	0	0	0	5
	JR計	39	7	9	1	1	4	15	10	6	4	81
阪神	西宮	3	4	5	2	1	1	9	10	3	3	32
	今津	3	0	1	0	0	0	1	2	2	1	9
	香櫨園	5	1	1	2	0	1	4	6	2	2	20
	久寿川	3	1	1	0	0	1	2	15	2	1	24
	甲子園	4	0	3	3	0	0	6	7	0	0	17
	鳴尾	3	1	1	1	0	1	3	11	1	2	21
	武庫川	2	1	2	0	1	0	3	4	0	1	10
	東鳴尾	0	0	0	1	0	0	1	2	0	0	3
	洲先	1	0	0	0	0	0	0	7	0	1	9
	武庫川団地前	1	1	5	1	1	0	7	8	3	1	21
	阪神計	25	8	19	10	3	4	36	72	13	12	166
阪急	西宮北口	5	2	8	0	1	1	10	4	8	1	30
	阪神国道	2	1	0	0	0	0	0	1	0	1	5
	門戸厄神	7	2	4	1	2	6	13	1	13	1	37
	甲東園	2	1	3	3	0	1	7	3	8	2	23
	仁川	0	0	3	0	1	0	4	0	8	0	12
	夙川	2	0	2	0	1	1	4	0	0	0	6
	苦楽園口	4	1	4	1	0	0	5	3	11	0	24
	甲陽園	1	0	1	0	0	0	1	0	3	0	5
	阪急計	23	7	25	5	5	9	44	12	51	5	142
合計		87	22	53	16	9	17	89	94	70	21	389

ケースが多い。一方，JR甲子園口や阪神武庫川など，大阪に勤めている居住者が多い駅では，帰宅時間が「21時～」の遅くに帰宅しているケースがみられた。

表7-7 現住駅と帰宅時間のケース数

		～17時	18～20時	21時～	合計
JR	甲子園口	1	16	22	39
	西　宮	1	12	10	23
	さくら夙川	1	2	0	3
	西宮名塩	1	4	4	9
	生　瀬	1	2	2	5
阪神	西　宮	1	18	13	32
	今　津	1	5	2	8
	香櫨園	1	11	8	20
	久寿川	2	14	8	24
	甲子園	0	8	9	17
	鳴　尾	3	9	9	21
	武庫川	2	2	6	10
	東鳴尾	0	1	2	3
	洲　先	0	3	6	9
	武庫川団地前	2	11	8	21
阪急	西宮北口	0	19	9	28
	阪神国道	1	2	2	5
	門戸厄神	2	22	13	37
	甲東園	2	12	8	22
	仁　川	1	9	2	12
	夙　川	1	1	3	5
	苦楽園口	2	12	9	23
	甲陽園	1	1	2	4
合　計		27	196	157	380

2 　夫婦共働きの通勤実態

　ここでは，夫婦共働きの通勤実態について検証していきたい。Q14で「あなた」と「配偶者」の勤め先の回答があったのは117人であった。117人のうち，配偶者の性別は男が8.5％，女が91.5％であることから，配偶者はほとんどが女性，つまり「妻」であると考えられる。配偶者の職業の内訳は自営が1.7％，勤めが46.2％，パートが52.1％で，パートが最も多くなった。そこで，回答の多かった勤めとパートの勤務地を整理してみることにした（表7-8）。

表7-8 配偶者の勤め・パートと通勤先

		大阪市	大阪府（大阪市以外）	西宮市	神戸市	尼崎市	兵庫県（神戸市・西宮市以外）	合計
配偶者の職業	勤め	14 (24.1)	2 (3.4)	19 (32.8)	7 (12.1)	9 (15.5)	7 (12.1)	58 (100%)
	パート	8 (12.3)	1 (1.5)	46 (70.8)	3 (4.6)	5 (7.7)	2 (3.1)	65 (100%)

表7-9 現住駅と夫婦の通勤先の路線の関係

		夫が同じ	妻が同じ	どちらも同じ	どちらも異なる	各駅の計/54（票）
現住駅の路線	JR	0 (0.0)	2 (16.7)	5 (41.7)	5 (41.7)	12 (100%)
	阪神	1 (4.5)	9 (40.9)	8 (36.4)	4 (18.2)	22 (100%)
	阪急	2 (10.0)	10 (50.0)	4 (20.0)	4 (20.0)	20 (100%)
	合計	3 (5.6)	21 (38.9)	17 (31.5)	13 (24.1)	54 (100%)

　この表から，「配偶者」の勤めは大阪市が24.1％，西宮市が32.8％であることがわかる。パートにおいては，西宮市が70.8％と多くなっていることから考えると，配偶者は住居に近いところで勤務する人が多いといえるだろう。

　次に，夫婦における通勤の実態を空間的に把握していきたい。表7-9は現住駅の路線と夫婦それぞれの勤め先の路線を比較したものである。まず，性別においては，回答者が男性の場合は「あなた」を「夫」，「配偶者」を「妻」とし，回答者が女性の場合は「あなた」を「妻」，「配偶者」を「夫」とした。そのうえで，現住駅の路線と勤め先の路線において整理すると，夫が同じ路線の場合は「夫が同じ」，妻のみが同じ路線の場合は「妻が同じ」とし，ともに同じ路線の場合は「どちらも同じ」，ともに異なる路線の場合は「どちらも異なる」とした。たとえば，現住駅路線がJRで，夫の勤め先の駅が阪急，妻の勤め先の駅がJRならば，「妻と同じ」に分類した。なお，夫婦の職業はQ14で回答を得られたうちの「あなた勤め×配偶者勤め」の54件のみで行う。

　表7-9を全体でみると，「夫が同じ」は5.6％，「妻が同じ」が38.9％で，「妻が同じ」が多いことがわかる。そのほか，「どちらも同じ」が31.5％，「どちらも異なる」が24.1％であった。現住駅の路線別にみるとJRは「どちらも同じ」「どちらも異なる」が共に41.7％であった。阪神は「妻が現住居と同じ路

表7-10 夫・妻の通勤先詳細

現住駅路線	現住駅	夫の通勤先（路線）	妻の通勤先（路線）
JR	西　宮 甲子園口 さくら夙川 西宮名塩	住吉（JR） ポートタウン東（大阪市営） 西宮（阪神） 梅田（阪神） 甲子園口（JR） 新大阪（JR） 甲子園口（JR） 江坂（大阪市営） 淀屋橋（大阪市営） 梅田（阪神） 尼崎（JR） 十三（阪急）	北新地（JR） 夙川（阪急） 西宮（阪神） 天満（JR） 甲子園口（JR） 六甲道（JR） 甲子園口（JR） 摂津本山（JR） 北浜（大阪市営） 梅田（阪神） 宝塚（JR） 田尾寺（神鉄）
阪神	西　宮 今　津 香櫨園 久寿川 甲子園 鳴　尾 武庫川	甲子園口（JR） 三宮（阪神） 淀屋橋（大阪市営） 園田（阪急） 今津（阪神） 寝屋川市（京阪） 門戸厄神（阪急） 姫路（JR） 西宮（阪神） 天満橋（大阪市営） 野田（阪神） 武庫川（阪神） 今津（阪神） 尼崎（阪神） 相野（JR） 武庫川（阪神） 茨木（JR） 大物（阪神） 川西能勢口（阪急） 安治川口（JR） 本町（大阪市営） 三宮（阪神）	新大阪（JR） 今津（阪神） 西宮（阪神） 西宮（阪神） 青木（阪神） 摂津本山（JR） 野田（阪神） 梅田（阪神） 西宮（阪神） 香櫨園（阪神） 武庫川（阪神） 鳴尾（阪神） 甲子園（阪神） 阪神国道（阪急） 武庫川（阪神） 武庫川（阪神） 出屋敷（阪神） 武庫川（阪神） 西宮（阪神） 伊丹（阪急） 伊丹（阪急） 甲子園（阪神）
阪急	西宮北口 阪神国道 門戸厄神 甲東園 仁川 夙川 苦楽園口	本町（大阪市営） 天満（JR） 甲子園（阪神） 尼崎（阪神） ポートタウン東（大阪市営） 梅田（阪急） 天神橋筋六丁目（大阪市営） 門戸厄神（阪急） 上新庄（阪急） 千林大宮（大阪市営） 芦屋（阪神） 江坂（大阪市営） 淀屋橋（大阪市営） 四ツ橋（大阪市営） 十三（阪急） 桜ノ宮（JR） 烏丸（阪急） 猪名寺（JR） 苦楽園口（阪急） 心斎橋（大阪市営）	天満橋（大阪市営） 門戸厄神（阪急） 大石（阪神） 千里丘（JR） 塚口（阪急） 芦屋川（阪急） 三宮（阪神） 門戸厄神（阪急） 西宮（阪神） 西宮北口（阪急） 武庫之荘（阪急） 逆瀬川（阪急） 上新庄（阪急） 伊丹（阪急） 三ノ宮（JR） 本町（大阪市営） 梅田（阪急） 六甲（阪急） 苦楽園口（阪急） 甲陽園（阪急）

線上に勤めている」が40.9％，阪急も同じく，「妻が現住居と同じ路線上に勤めている」のが50.0％と半数を占めていた。

　JRは鉄道の長さや乗り換えの利便性などから，夫婦ともに現住居の路線と「同じ沿線」か「どちらも異なる」が多いことはわかる。しかし，阪神・阪急においては，「妻が同じ」が多くなる結果となり，夫は違う路線に乗り換えている実態が把握できた（表7-10）。

第3節　マンション居住者の転居と住居選定要因

1　マンション居住者の転居パターン

　マンション居住者は，どこからどのようにして転居してきたのであろうか。ここではマンション居住者の住み替えの実態について考察していく。従来からの住み替えのパターンとして「住宅双六」というものがあった。それは，「新婚時代はアパートから始まり，子どもが生まれるころに少し広めの賃貸マンション，やがて分譲マンションを手に入れ，最後に庭付きの一戸建てを手にいれたところであがり」といったふうに，双六のように住居を変えていくものであった。このような双六パターンが，現在のマンション居住においてもみられるのであろうか。「Q1．現在，あなたがお住まいの住居は次のどちらですか。」で質問している「現在住んでいる住居（以下，現住居）」と「Q10②．前に住んでいた住居は次のどちらですか」で質問している「現在の住居に入居する直前に住んでいた住居（以下，前住居）」についての回答結果を組み合わせることにより，マンション居住者の住み替えの実態をみていきたい。

　表7-11は現住居と前住居を整理し，「転居パターン」としたものである。表をみると，上位にきているものは従来の住宅双六パターンにみられる，「賃貸→分譲」（20.2％）であり，次いで，「賃貸→賃貸」（11.5％）が多いことがわかる。注目すべきことは，「一戸建て→分譲」のパターンが上位にあることである。従来の住宅双六では考えられていない転居パターンが，なぜこれほど

表7-11 転居パターン

前住居→現住居		前住居→現住居	
賃貸→分譲	168 (20.2)	賃貸→社宅	16 (1.9)
賃貸→賃貸	96 (11.5)	社宅→賃貸	14 (1.7)
社宅→分譲	93 (11.2)	一戸建て→公営	13 (1.6)
一戸建て→分譲	92 (11.0)	分譲→賃貸	10 (1.2)
分譲→分譲	75 (9.0)	一戸建て→社宅	8 (1.0)
賃貸→公営	54 (6.5)	分譲→社宅	8 (1.0)
社宅→社宅	42 (5.0)	公営→賃貸	4 (0.5)
一戸建て→賃貸	37 (4.4)	社宅→公営	1 (0.1)
公営→分譲	24 (2.9)	その他	57 (6.8)
公営→公営	21 (2.5)	合　計	833 (100%)

(NA 10)

表7-12 「一戸建て→分譲」の転居契機

就　職	1 (1.1)	退職後の変化	9 (10.0)
転　勤	4 (4.4)	その他	31 (34.4)
結　婚	13 (14.4)	地　震	10 (11.1)
離　婚	2 (2.2)		
子どもの成長	20 (22.2)	合　計	90 (100%)

(NA 2)

多くの割合を占めているのであろうか。この理由をみていくため，「Q9. あなたが現在の住居に住むきっかけとなった出来事は次のどちらですか」で聞いている転居の契機を用いて，「一戸建て→分譲」のパターンを整理してみる。

表7-12は，一戸建てから分譲へ転居した者の転居契機である。このようにしてみると，「一戸建て→分譲」への転居の契機はさまざまであることがわかる。たとえば，就職と結婚を契機にして，実家から出たという人は，従来の双六パターンでいう初めの段階にあたるのであろう。それに対して，子どもの成長や退職後の変化を契機に転居しているものは，一戸建てをたたんでマンションに移り住んでいることになり，双六パターンの逆をいく転居のパターンであ

表7-13 転居パターン

		転居パターン		契　　　機	
ステップアップパターン 371 (44.5)		賃貸→分譲	168 (20.2)	子どもの成長 結　婚 転　勤 地　震 その他	67 (8.0) 24 (2.9) 12 (1.5) 12 (1.5) 53 (6.3)
		社宅→分譲	93 (11.2)	転　勤 子どもの成長 退職後の変化 地　震 その他	20 (2.4) 17 (2.1) 10 (1.2) 6 (0.7) 40 (4.8)
		公営→分譲	24 (2.9)	子どもの成長 結　婚 退職後の変化 地　震 その他	11 (1.3) 2 (0.2) 2 (0.2) 2 (0.2) 7 (0.9)
		分譲→分譲	30 (3.7)	子どもの成長 結　婚	27 (3.3) 3 (0.4)
		賃貸→賃貸	34 (4.1)	結　婚 子どもの成長	22 (2.7) 12 (1.4)
ダウンサイジングパターン 50 (6.0)	実家独立型 22 (2.7)	一戸建て→分譲	14 (1.7)	結　婚 就　職	13 (1.6) 1 (0.1)
		一戸建て→賃貸	8 (1.0)	結　婚 就　職	5 (0.6) 3 (0.4)
	一戸建てたたみ型 40 (4.8)	一戸建て→分譲	29 (3.5)	子どもの成長 退職後の変化	20 (2.4) 9 (1.1)
		一戸建て→賃貸	11 (1.3)	退職後の変化 子どもの成長	7 (0.8) 4 (0.5)
		分譲→賃貸	10 (1.2)		
その他のパターン 412 (49.5)	社宅型 74 (8.9)	社宅→社宅 賃貸→社宅 分譲→社宅 一戸建て→社宅	42 (5.0) 16 (1.9) 8 (1.0) 8 (1.0)		
	公営型 89 (10.7)	賃貸→公営 公営→公営 一戸建て→公営 社宅→公営	54 (6.5) 21 (2.5) 13 (1.6) 1 (0.1)		
	その他 249 (29.9)	賃貸→賃貸 一戸建て→分譲 分譲→分譲 一戸建て→賃貸 社宅→賃貸 公営→賃貸 その他	62 (7.4) 49 (5.9) 45 (5.4) 18 (2.2) 14 (1.7) 4 (0.5) 57 (6.8)		
合　　計			833 (100%)		

(NA 10)

るといえる。

　このように，転居契機によって，転居パターン内にさまざまなケースが存在していることがわかる。各転居パターンにおいて，契機も考慮しながら分けていくことにより，新たなパターン分類を作ることが可能になるだろう。次から，実際に転居パターンを転居契機と組み合わせ，整理を行っていきたい。

　表7－13は現住居と前住居のパターンと転居契機から，「ステップアップパターン」「ダウンサイジングパターン」「その他のパターン」の3分類を行ったものである。「ステップアップパターン」とは，従来の住宅双六パターンのような転居である。このパターンのなかには，結婚や就職などにより実家から出る「実家独立型」や，子どもの成長を契機に大きな間取りに転居するといったものを含めている。また，「賃貸・公営・社宅」から「分譲」へ転居するパターンは，持ち家に上がることから，転居契機にかかわらずこのパターンに分類した。「ダウンサイジングパターン」とは，退職後に一戸建てからマンションに転居する「一戸建てたたみ型」など，住宅双六パターンとは逆の転居をするものである。「分譲→賃貸」は例外なくこのパターンに分類した。なお，社宅と公営への転居に関しては，入居希望時点で制限があるなど，その住居形態独特の転居があるため，「その他のパターン」としてまとめている。

　以下より，それぞれのパターン別に高い割合を占めるものを，転居の事例として整理していきたい。

（1）ステップアップ転居パターン
①「賃貸→分譲」（168ケース）
・子どもの成長により住居を購入するパターン（67ケース）

　　「入居年齢」30～49歳が最も多く，平均入居年齢は39.2歳である。なかでも33～43歳までの割合がとくに高く，全体の61.9％を占めていることから，この10年間に子どもの成長に合わせて持ち家を買う傾向が出た。前住地は西宮が60.9％を占めており，近距離で転居していることがわかる。子どもの転校などを考慮に入れた転居の仕方であろう。

・新婚ですぐに持ち家を買うパターン（24ケース）

　　「入居年齢」は23～37歳に多い。とくに30～33歳までで全体の65.1%を占める。このように結婚を「転居契機」に入ったものは比較的年齢が高く、現在の「働き方」も共働きが43.5%を占めていることから、持ち家をすぐに買える状態であったと予想でき、また親の援助を受けて購入した可能性も考えられる。

②「社宅→分譲」（93ケース）

・転勤を契機にして持ち家に転居するパターン（20ケース）

　　「入居年齢」40～57歳までによくみられ、とくに40代が70%を占めている。「前住地」は、兵庫県内が55%であり、この内訳をみると西宮が最も多く、他は宝塚市・芦屋市などの隣接市であった。つまり、転勤がきっかけで社宅を出ているが、比較的近くの分譲マンションを購入している場合が多いといえよう。

・子どもが成長したことをきっかけに持ち家を買うパターン（17ケース）

　　「入居年齢」33～55歳の間にみられ、40代が64.7%を占める。平均入居年齢は43.5歳である。「前住地」が西宮であるものは41.2%と、近距離移動の傾向が見られる。「賃貸→分譲」パターンと比較すると、「入居年齢」が高く、「前住地」西宮の数字が低くなっていることから、子どもがある程度大きくなり、部屋数確保のために転居したものと推測できる。その際、転校を考慮に入れなくてよくなり、転居距離の範囲が若干広くなったのであろう。

③「公営→分譲」（24ケース）

・子どもの成長により、住居を購入するパターン（11ケース）

　　「入居年齢」36～52歳の間にみられ、平均年齢が43.8歳と他の分譲へ転居したケースよりわずかに高めになっている。前住居は72.7%が西宮市であり、近距離で移動している傾向がみられた。

〈入居契機によりステップアップとしたパターン〉

④「分譲→分譲」（30ケース）

- 子どもの成長により移り住むパターン（27ケース）

　　「入居年齢」は40代が最も多く，55.6％を占める。「間取り」は4LDK以上が59.3％であり，半数以上が広い間取りを選んで転居している。「前住地」西宮市が68.0％ということから，近距離での転居であることもわかる。以上のことから，子どもの成長，もしくは，第二子の誕生により，広い間取りが必要となり，極力子どもの学区が変わらないように近距離で転居をしたのであろう。

　⑤「賃貸→賃貸」（34ケース）
- 結婚を契機に転居をするパターン（22ケース）

　　「入居年齢」は25～40歳にばらついているが，30代が最も多く，52.2％を占める。前述した，「賃貸→分譲」との比較では，出身地が県内のものは31.8％，県外は68.1％であり，「親の住居」は西宮市であるものが4.3％と非常に少ないことから，土地勘があまりない人たちであると考えられる。「家賃」は4～6万円未満が45％,「最終的に住みたい住居」は「将来一戸建て」志向が63.2％であることから，次の転居を考え，新居ではあまり高価なところには住んでいないと考えられる。つまり，従来の転居パターンの一部であると推測できる。

〈実家独立型〉

　⑥「一戸建て→分譲」（14ケース）
- 実家に住んでいて，新婚後すぐに持ち家を購入するパターン（13ケース）

　　このパターンの「入居年齢」は27~47歳と回答がばらついており，晩婚の転居とみられる。また，「前住地」と「親の住居地」とを分析すると，90％の回答者が同じ市町村を回答していたところから，実家に住んでいたことが予測できる。

　⑦「一戸建て→賃貸」（8ケース）
- 新婚で，新居としてまずは賃貸に入居する従来型転居双六パターン（5ケース）

「入居年齢」は30～39歳の間に固まる。「親の居住地」はすべて県内であり，西宮市60%・芦屋市20%・神戸市20%であった。

（2）ダウンサイジング転居パターン

〈一戸建てたたみ型〉

①「一戸建て→分譲」（29ケース）

・子どもの成長にともない一戸建てが不便になり，便利のよい分譲マンションに転居するパターン（20ケース）

「入居年齢」は30～54歳に集まっており，とくに40代に多い。「前住地」は西宮が75%を占めており，市内で移動している実態がわかる。「間取り」は，3LDK以上が90%，4LDK以上が50%と，広い間取りに移り住んでいることがわかる。一戸建てをもっていながら，分譲マンションへ転居する理由を調べたところ，親の住居と前住居を整理しても一致するものは少なく，また震災前に転居している場合が多いため，震災の影響は考えにくい。「住居選択要因」をみると，最も重視した要因は「通勤」が30.4%，「価格」が39.1%であった。現在は夫婦のみの世帯が多いことから，子どもが大きくなり，一戸建てだと広いので，稼いでいる間に便利な場所に転居しておこうと考えたのであろうか。このケースについては，転居時の子どもの年齢等から分析を行う必要があるであろう。

・退職を契機にマンションに移り住むパターン（9ケース）

「入居年齢」は55歳以上である。「夫婦のみ」が77.8%と多いことから，一戸建てをたたんでマンションに転居していると考えられる。

②「一戸建て→賃貸」（11ケース）

・退職を契機にマンションに移住するパターン（7ケース）

「入居年齢」は59歳以上であり，「夫婦のみ」が85.7%である。居住年数は5年未満が85.7%を占めることから，退職して間もないものが多い。子どもが独立して，夫婦二人では一戸建てが広いので，退職を契機にマンションに転居したのであろう。

（3）その他の転居パターン（社宅型転居パターンと公営型転居パターン）

社宅型転居パターンとは，社宅への転居を整理したものである（74ケース）。転居契機は転勤が77.8％であり，その回答者に焦点を当てると，前住居が近畿圏外の者は79％であった。つまり，「転勤を契機に県外から転居してきたもの」が多く当てはまるパターンであるといえる。

公営型転居パターンとは，公営住宅への転居を整理したものである（89ケース）。公営への入居基準には，基本的に「市内居住者」「県内居住者」といった規定がある。そのため，回答者の前住居は95.5％が兵庫県内，その内76.4％は西宮市であり，ほとんどが県内・市内から転居してきたことがわかる。

以上，転居の特徴をパターン別に整理をしてみた。全体の特徴としては，持ち家である「分譲マンション」に転居するパターンは，前住居が同市や隣接市で近距離移動が多く，転居契機は「子供の成長」や「結婚」など，新居や広い間取りが必要な時に多いことがわかる。また，「社宅」の転居は，県外からの転居者は「転勤」による転居が主であった。今回の分析では，前住居から現住居への動きと，転居契機を整理することで，「ステップアップパターン」と「ダウンサイジングパターン」に分けることを試みた。その結果，西宮市では従来の住宅双六パターンである「ステップアップパターン」がよくみられた。また，社宅・公営住宅では，それぞれ居住別の特徴的な転居が発見することができた。このように前住居と現住居をパターン化することにより，より細やかに居住者の転居パターンを把握することが可能になるであろう。

2 マンション居住者の住居選定要因

本項では，マンションを選ぶにあたり，「考慮」または「重視」する要因について，「4都市調査」や「ニュータウン調査（NT調査）」の結果もふまえ，分析を行っていく。また，西宮マンション調査で新たに作成した質問事項の妥当性についても検証を行う。

（1）一戸建て居住者とマンション居住者の住居選択要因

　今回の調査では，「住居選定要因」について，「実家との距離」，「通勤の便」，「子供の教育環境（学区・校区など）」「住居の間取り，設備（セキュリティーなど）」「住居周辺の生活環境（商業・医療施設など）」「住居の価格や家賃」の全6項目を選択肢にしている。そこで，本項では「Q8. 住居選定に際して最も重要であったもの（最重要選定要因）」から，マンション居住者が重視する要因を把握してみたい。表7-14は3調査の最重要選定要因を「一戸建て」と「マンション」で比較したものである。なお，選択肢の数やワーディングはそれぞれの調査対象地や調査対象に合わせて，若干変更しているが（第5章2節），同じ質問の領域を中心に，「一戸建て」と「マンション」の住居選定の違いをみていきたい。

　西宮マンション調査における，重視した選定要因の特徴をみると，「住居の価格や家賃」（27.2%）が最も回答を集め，次いで「通勤の便がよい」（23.8%），「住居周辺の生活環境」（16.6%）と続いている。次に，過去の調査（「4都市調査」「ニュータウン調査」）との比較により，マンション居住者の普遍的な選択要因について分析していく。

　まず，「実家との距離」からみていくと，4都市調査・ニュータウン調査ともに，マンション居住者が重要視している割合が高くなっており，「通勤の便」についても，マンション居住者の方が重視していることがわかる。「実家との距離」や「通勤の便」は，実家や職場への距離や便利さと考えられることから，マンション居住者は住居に利便性を求める傾向があるといえよう。

　次に「生活環境」に注目すると，「生活環境」にかかわるすべての項目において，マンション居住者の割合が高くでている。「生活環境」とは，「周囲の施設における充実」のことから，利便性に含まれ，「地域環境」は住居周辺の街並みや自然環境の良さという，環境面のことを指している。「生活環境」を重視する居住者は，4都市調査では一戸建てが3.9%に対して，マンションは11.7%，また，ニュータウン調査では，選択肢を細分化しているものの，すべての項目においてマンションの割合が高くなっていることがわかる。それに対

表7-14　3調査「最も重要であった要因」比較表

			4都市調査 （8問）	NT調査 （10問）	西宮調査 （6問）
	最も重要視した要因		2000年	2004年	2008年
人的要因	実家との距離	一戸建て マンション	(12.9) (13.1)	(4.8) (8.8)	— (7.1)
	友人・知人に近い	一戸建て マンション	(2.5) (3.9)	— —	— —
利便性要因	通勤の便がよいこと	一戸建て マンション	(18.8) (33.6)	(17.3) (23.5)	— (23.8)
	公共交通機関（駅・バス停留所など）までの近さ	一戸建て マンション	— —	(13.1) (19.3)	— —
	都心（梅田・難波・三宮・河原町など）までの利便性	一戸建て マンション	— —	(2.3) (2.0)	— —
環境要因	住居周辺の生活環境 （商業・医療施設など）	一戸建て マンション	(3.9) (11.7)	— —	— (16.6)
	公共サービス（保育所・福祉サービス・図書館など）の充実	一戸建て マンション	— —	(0.6) (0.8)	— —
	商業施設（スーパー・専門店など）の充実	一戸建て マンション	— —	(2.3) (2.7)	— —
	医療施設の充実	一戸建て マンション	— —	(2.0) (2.4)	— —
	住居の広さ	一戸建て マンション	(22.7) (15.4)	— —	— —
	住居の間取り・設備	一戸建て マンション	— —	— —	— (11.5)
	子供の教育環境（学区・校区など）がよいこと	一戸建て マンション	(12.9) (12.2)	(14.4) (14.5)	— (13.7)
	地域環境（町並み・緑・静けさ）がよいこと	一戸建て マンション	— —	(40.8) (24.5)	— —
	自然環境のよさ	一戸建て マンション	(23.1) (9.0)	— —	— —
	その地域のイメージ・ブランドがよいこと	一戸建て マンション	(3.2) (1.1)	(2.2) (1.5)	— —
経済的要因	住居の価格や家賃	一戸建て マンション	— —	— —	— (27.2)
	合　　計		(100%)	(100%)	(100%)

して,「地域環境」では,過去2つの調査において,一戸建て居住者が高い割合で回答しており,「生活環境」と「地域環境」の違いが明らかに出ていることがわかる。すなわち,「生活環境の利便性」に関してはマンション居住者の方が重視し,「地域周辺の環境の良さ」に関しては一戸建て居住者が重視する傾向がでたのである。西宮調査においての「生活環境」の割合が,他の調査より高くなっている要因は,おそらく他の調査で多くの回答を得ていた「地域環境」が含まれたからであろう。最後に「間取り(部屋の広さ)」について,4都市調査と比較すると,一戸建て居住者の方が重要視する傾向が示されていた。このような住居の間取り(部屋の広さ)は,「環境面」と考えられる。

以上より,住居選定要因において,マンション居住者は一戸建て居住者よりも「利便性」を重視する傾向があらわれたといえるだろう。

(2) 西宮マンション居住者の最重要住居選定要因
①「実家との距離」を最も重視した人

「実家との距離」を最も重視した回答者56人の分析を行った。この回答者の年齢分布を整理すると,30代以下(44.6%)と50代(23.2%)に回答が集まった。そこで,「実家との距離」を重視したものは「子どもの育児」か「親の介護」を重視したのではないかという仮説を立て,回答者を整理していった。

「Q41. あなたのご両親はどちらにお住まいですか」の質問項目を用い,回答者の現住駅と親の居住地・最寄駅から考察する。56の回答のうち,両親の居住地が記入されていた票は25票,両親の記入がされていなかった票が31票となっていた。その回答票を回答者の「入居年齢」,「世帯構成」,「同居している子どもの時期」などから事例として分析を行う。[4]たとえば,「現住駅」と「親の居住駅」が同じ,もしくは近くであり,同居している子どもの時期から「居住年数」を引いて,「子どもの予想時期」が「出産前」の場合,「子どもの育児」を考えて転居しているとした。また,「入居年齢」50歳以上で「親の居住地」が「西宮」のものを,「親の介護」とする。その結果,「子どもの育児」が16ケース,「親の介護」が10ケースと「子どもの育児」の理由が多いことがわ

表7-15 通勤を重視した人の現住駅と通勤先の路線

		通勤先の沿線					
		JR	大阪市営	阪急	阪神	その他	合計
現住居の沿線	JR	25 (67.6)	4 (10.8)	4 (10.8)	2 (5.4)	2 (5.4)	37 (100%)
	阪急	4 (16.7)	3 (12.5)	13 (54.2)	2 (8.3)	2 (8.3)	24 (100%)
	阪神	7 (14.6)	14 (29.2)	6 (12.5)	18 (37.5)	3 (6.3)	48 (100%)
	合計	36 (31.8)	21 (19.3)	23 (21.1)	22 (20.2)	7 (6.4)	109 (100%)

χ^2 (d.f.) = 53.618(8), p<0.01（非該当80）

かった。

今回は，事例としてこの2つが「実家との距離」重視の要因としてみられたが，回答数や有効な回答が少ないことから信憑性に欠ける結果となった。「実家との距離」の要因を測る方法は，今後も検討の必要があるだろう。

②「通勤の便」を重視した人

「通勤の便」を最も重要視した回答者は189人であった。ここではこの189人の回答者の通勤実態を解明していく。まず分析を進めて行くうえで，入居時期と本調査時期に，時間のずれがあり対象者の職場環境等の変化が生じていることを考慮に入れておく必要がある。189人の現在の平均年齢は56.7歳（年齢NA2），入居時の平均年齢は43.0歳（年齢NA3），居住年数平均は13.9年（NA2）である。189名のうち80人（42.3％）は，退職等で現在は職がなく，勤務先がない。そこで，現在職に就き勤務先のある109人（57.7％）を対象に分析を進めていく。またこれらの回答者も入居時とは異なる職場で働いている可能性も考慮に入れる必要がある。以上のことをふまえて，「通勤の便」を最も重視した回答者の実態を分析していく。

表7-15は通勤先と現住駅と通勤先の路線の関係を示したものである。この表から，住居も通勤先も同じ路線であるケースが多いことがわかる。また梅田駅で乗り換えが必要な大阪市営地下鉄沿線に勤める人は，阪神沿線に住む傾向にあった。主な要因は運賃がJRに比べて阪神は安く，乗り換え時間も短縮できるからと考えられる。梅田駅での大阪市営地下鉄の乗り換えは御堂筋線，四

表7-16 「子供の教育環境」重視者の前住地別,受入困難校区

(NA 4)

	指定地区	指定地区外	合　計
西　宮　市	34 (60.7)	22 (39.3)	56 (100%)
兵庫県内他市	11 (64.7)	6 (35.3)	17 (100%)
兵　庫　県　外	18 (50.0)	18 (50.0)	36 (100%)
合　　　計	63 (57.8)	46 (42.2)	109 (100%)

(注)「指定地区」は,2011年7月末時点の「受入困難地区」「準受入困難地区」「監視地区」「予測地区」であり,「指定地区外」はそれ以外の校区である。

つ橋線,谷町線,堺筋本町線の4つの線があり,このうち谷町線への乗り継ぎは阪神梅田駅の改札が便利である。実際,谷町線を利用する人は全員阪神沿線に住んでいた。

以上より,通勤の便を最も重視したものは,「通勤先の駅と同路線である」または,「乗り換えの便利さ」を考慮に入れて選んでいることが把握できる。

③「子供の教育環境」を最も重視した人

最も重要視したものを,「子供の教育環境」と回答した人は109人であった。109人の平均年齢は53.8歳,平均入居年齢は40.9歳である。入居年齢は30代が最も多く43.4%,次いで40代が32.1%と多くを占める。とくに35〜45歳での入居年齢が54.7%を占め,入居時の子どもの年齢は小・中学生程度であることが推測できる。

教育環境を重視して移動してきた人の地域を,第4章2節の校区問題をふまえて整理すると,「受入困難地区」(大社),「準受入困難地区」(高木) の居住者が含まれており,そのほか,「監視地区」(浜脇・用海・甲子園浜・香櫨園・互林)や「予測地区」(甲東・鳴尾北・甲陽園・上ケ原・南甲子園・広田・段上西・樋ノ口・春風)に指定されている地区の居住者も含まれていた(受入困難地区については第4章2節)。

表7-16は,「子供の教育環境」を重視した人を前住居別に,受入困難地域に指定されている校区(指定地区)か,それ以外の校区(指定地区外)かに整理したものである。表より,「西宮市」「兵庫県内他市」に住んでいた回答者は,

表7-17 住居の間取り・住居の価格・生活環境における『考慮した』『考慮せず』

	住居の間取り,設備			住居周辺の生活環境			住居の価格や家賃		
	考慮した	考慮せず	合計	考慮した	考慮せず	合計	考慮した	考慮せず	合計
分 譲	406 (87.5)	58 (12.5)	464 (100%)	415 (88.1)	56 (11.9)	471 (100%)	415 (88.1)	38 (8.1)	469 (100%)
賃 貸	125 (79.1)	33 (20.9)	158 (100%)	132 (81.5)	30 (18.5)	162 (100%)	132 (81.5)	14 (8.5)	164 (100%)
公営住宅	32 (43.2)	42 (56.8)	74 (100%)	42 (53.2)	37 (46.8)	79 (100%)	42 (53.2)	26 (32.1)	81 (100%)
社 宅	30 (39.0)	47 (61.0)	77 (100%)	35 (44.9)	43 (55.1)	78 (100%)	35 (44.9)	43 (55.8)	77 (100%)
合 計	593 (76.7)	180 (23.3)	773 (100%)	624 (79.0)	166 (21.0)	790 (100%)	624 (79.0)	121 (15.3)	791 (100%)
			(NA70)			(NA53)			(NA52)

「指定地区」(西宮市60.7%,兵庫県内他市64.7%)に転居しているものが6割を超えていることがわかる。このことは,前住地が県外の人よりも市内・県内他市の人のほうがより多く「受入困難地区」に転居してきたことを示している。

(3) 住居選定要因における質問事項の妥当性

今回の調査では第5章でも述べているように,住居選定時の要因として,新たに「住居の間取り・設備」と「住居の価格・家賃」の質問項目を作成し,「地域環境」の項目を削除して,「生活環境」へまとめている。このようにして作成された項目は,マンション居住者の住居選定要因を把握するためには有効だったのであろうか。居住形態別に整理することにより,検証してみたい。

住居選定要因とは,「物件を選ぶ時」に考える要因である。しかし,公営住宅や社宅では,「入居する理由」が選定要因となる可能性が高く,分譲や賃貸と同じ項目で回答することは難しい。それは,公営住宅・社宅の場合には,立地条件や間取りなどの建物の条件や賃料がすでに決められているため,物件の選択範囲が他と比べて狭いと考えられるからである。表7-17はQ7より,新たに追加した2項目と「生活環境」の項目を抜き出し,居住形態別に整理したものである。なお,項目は「考慮した」と「考慮せず」にまとめた。

分譲・賃貸居住者のほとんどが「考慮した」のに対し,公営・社宅居住者は「考慮せず」の割合がかなり高くなっていることがわかる。つまり,「公営住

宅」や「社宅」の居住者にとって，すでに決まっている建物の「間取り」「生活環境」「家賃」については，考慮する意味がないことが窺える。

この回答結果があらわしているように，物件を選択する前にある程度条件が決められている「公営住宅」や「社宅」の居住者に対しては，「分譲」「賃貸」居住者と質問方式を同じくすることは妥当でなかったと考えられる。今後，住居選定の調査においては，住居形態の特徴を考えたうえで，検証していく必要があるであろう。

第4節　マンション居住者の将来像

これまで，マンション居住者がどのような経緯で現住居へ住むようになったのか，移動実態として空間的に把握してきた。本節ではマンション居住者がこれから先，どのような将来像を想像しているのか，以下の3つの質問を分析することにより，検証していきたい。

```
Q24   あなたは条件が許せば最終的に住みたい住居はどちらですか。
      1. なんといってもマンション      2. どちらかといえばマンション
      3. どちらかといえば一戸建て      4. なんといっても一戸建て

Q25   あなたは条件が許せば西宮市に住み続けたいですか。
      1. 西宮市に住み続けたい          2. 西宮市にこだわりはない

Q26   あなたの5年後のお住まいの予定について，しいていえば次のどちらに近いですか。
      1. 5年後も現在の住居に住み続けているだろう
      2. 5年後には別の住居に転居しているだろう
```

まず，マンション居住者転居予定についてみていきたい。転居予定は，Q26「『5年後の住まい』は現在の住居に住み続けているのか，それとも，転居しているのか」で質問している。この転居意志には，何が影響しているのであろうか。第6章1節で居住年数が居住形態別にそれぞれ違ったように，このような意思についても，居住形態で差がでることが予想される。なお，本節では居住者の意識について分析するため，URは賃貸とまとめず，独立して分析を

表7-18 居住形態・年代別の転居予定【5年後も居住】

	分 譲	賃 貸	公営住宅	U R	社 宅
30代以下	34 (94.4)	7 (19.4)	4 (80.0)	2 (50.0)	11 (29.7)
40代	80 (80.8)	9 (36.0)	3 (60.0)	0 (0.0)	5 (17.9)
50代	95 (90.5)	9 (39.1)	13 (81.3)	6 (85.7)	0 (0.0)
60代	135 (95.1)	4 (40.0)	24 (88.9)	13 (76.5)	0 (0.0)
70代以上	88 (93.6)	13 (81.3)	40 (88.9)	24 (75.0)	―
合 計	432 (90.8)	42 (38.2)	84 (85.7)	45 (73.8)	16 (19.0)

(注) 表は,「5年後も居住」のみの割合。100%から表の弧子内の数字を引くと,「5年後は転居」の割合が把握できる。

表7-19 定住意志と転居予定

	5年後も居住	転 居	合 計
永 住	420 (81.7)	94 (18.3)	514 (100%)
こだわりない	199 (63.2)	116 (36.8)	315 (100%)
合 計	619 (74.7)	210 (25.3)	829 (100%)

χ^2 (d.f.) = 35.483(1), p<0.01 (NA14)

行った。

表7-18は形態別に転居予定で「5年後も居住」と答えたものを整理したものである。

居住形態別に表をみていくと,「分譲」では,年代別にみても,ほとんどの居住者が「5年後も居住」(90.8%)と答えている。分譲マンションを持ち家として購入していることから,転居予定は少ないのであろう。また,「公営」や「UR」についても,同様な結果が出ており,この2形態は居住年数が長い事が示されているように,あまり転居を行わず,住み続けるようである。

それに対して,「賃貸」と「社宅」では全体で転居の割合が高くなっている。年代別にみると,賃貸は70代以上では「5年後も居住」(81.3%)が多いが,60代以下ではほとんどが「転居している」と回答している。社宅については,転勤の可能性や社宅使用の年齢制限や定年退職の影響もあるのか,「転居しているだろう」の回答がほとんどであった。

表7-19は,Q25の定住意志と転居予定を整理したものである。表より,西宮市に住み続け,「5年後も居住」と答えたものは,81.7%の割合を占めて

表7-20 居住形態・年代別の最終希望住居【マンション派】

	分譲	賃貸	公営	UR	社宅
30代以下	14 (38.9)	14 (37.8)	1 (20.0)	2 (50.0)	13 (34.2)
40代	37 (36.6)	8 (32.0)	2 (40.0)	1 (100%)	7 (25.0)
50代	61 (57.5)	10 (43.5)	7 (43.8)	2 (28.6)	4 (26.7)
60代	98 (69.0)	9 (90.0)	13 (46.4)	10 (58.8)	1 (25.0)
70代以上	75 (78.1)	10 (62.5)	21 (48.8)	22 (71.0)	―
合計	285 (59.3)	51 (45.9)	44 (45.4)	37 (61.7)	25 (29.4)

(注) 表は,「マンション派」のみの割合。100%から表の弧子内の数字を引くと,「一戸建て派」の割合が把握できる。

いることがわかる。また,西宮市に「こだわりがない」と答え,「5年後も居住」と答えた人は,63.2%であり,西宮市の定住意志の強さがわかる。

次に,Q24の「あなたは条件が許せば最終的に住みたい住居はどちらですか」という質問より,マンション居住者の最終希望住居をみていきたい。前節の転居パターンでは入居年齢がかかわっていたことから,最終希望住居においては,年齢が影響を与え,年齢によって違いあるだろうと予想される。それをふまえた上で,選択肢の「なんといってもマンション」「どちらかといえばマンション」を「マンション派」とし,「どちらかといえば一戸建て」「なんといっても一戸建て」を「一戸建て派」として分析を行った。

表7-20は年代別に最終希望住居が「マンション」と答えた人を,居住形態別に比較したものである。「分譲」に注目すると,50代からマンション派が増えていることがわかる。「賃貸」「UR」居住者に関しては60代からマンション派の割合が増えている。一方,公営住宅は一戸建て派がやや多くなっているが,各年代に違いが見えないという結果になった。社宅については,一戸建て派が多数を占め,一戸建て志向が強いことがわかる。このように,分譲・賃貸・URについては,年代が高いほど,「マンション派」の割合が多くなるという結果となった。

最後に,「西宮市に住み続けたいか」という,定住意志について分析を行う。表7-21は,年代別に西宮市に「定住意志がある」ものを整理したものを,形態別に比較したものである。表をみると,「社宅」以外の居住形態では,定

表7-21　居住形態・年代別の西宮市定住意志【定住意志あり】

	分　譲	賃　貸	公　営	Ｕ　Ｒ	社　宅
30代以下	22 (61.1)	15 (40.5)	3 (60.0)	3 (75.0)	16 (42.1)
40代	59 (58.4)	19 (76.0)	4 (80.0)	0 (0.0)	8 (28.6)
50代	60 (56.6)	13 (56.5)	12 (75.0)	5 (71.4)	4 (26.7)
60代	99 (68.8)	6 (60.0)	18 (64.3)	13 (76.5)	0 (0.0)
70代以上	69 (71.1)	13 (81.3)	35 (77.8)	23 (71.9)	―
合　計	309 (63.8)	66 (59.5)	72 (72.7)	44 (72.1)	28 (32.9)

(注)　表は,「定住意志あり」のみの割合。100％から表の弧子内の数字を引くと,「定住意志なし」の割合が把握できる。

住意志が強いことがわかる。とくに,「公営」「UR」といった西宮市からあまり動いていない居住者が多い居住形態では,回答者の7割以上に定住意志があった。「社宅」に関しては,近畿圏外から来た居住者が多いことから（1節参照),「こだわりない」が多くなったのであろう。また,定住意志は,社宅を除けば,年齢が高くなるほど強くなるという傾向が存在することが読み取れる。

　以上のように,西宮マンション居住者の将来像を年代・形態別に整理した。そこで把握されたことは,「(社宅・公営を除くと) マンション居住者は年代が高くなるほど,「マンション派」が増え,「西宮市」に定住すると回答する割合が増える」ということである。今回の調査の場合,60代では「夫婦のみ」世帯が多く,70代以上では,ほとんどが「夫婦のみ」か「単身者」であった（第6章2節）。この事実を本節の結果（高齢層の定住意志が強い）と照らし合わせてみると,西宮市に居住している60代以上の「夫婦のみ」世帯は,今後いずれ「単身者」に変化していくことが予想される。

注
(1)　近畿圏内は「大阪府・京都府・滋賀県・奈良県・兵庫県・三重県・和歌山県の2府5県」としている。
(2)　大谷信介著『現代都市住民のパーソナル・ネットワーク――北米都市理論の日本的解読』ミネルヴァ書房,2007年,181-183頁。中四国調査における回答者の出身地と配偶者の出身地の組み合わせでは,広島では広島市出身者同士結婚したカップルが全体の20.0％,市内と県内出身者のカップルが20.7％,県内同士が21.4％,市

内と県外が12.2%,県内と県外が7.2%,県外出身者同士で結婚したカップルが18.6%であった。それに対して,松山市では松山市出身者同士結婚したカップルが全体の26.9%,市内と県内出身者のカップルが27.5%,県内同士が23.1%,市内と県外が4.9%,県内と県外が9.8%,県外出身者同士で結婚したカップルが7.6%と出ている。

(3) 現住地の最寄駅に関しては,質問項目に入れておらず,マンションデータベースで入力した「最寄駅」(入力方法については3章2節参照)を使用した。「現住地の最寄駅」を調査票の質問項目に入れなかったことは,今回の調査の反省点である。

(4) 今回の調査では対象者に対し,同居している子どもを,［就学前］,［小学生］,［中学生］,［高校生以上］の4分類で質問した。そのため,4分類と照らし合わせながら,入居時期から調査時期までの年数を差引き,同居している「子どもの時期」を求めた。

終　章
「西宮マンション調査」が提起している実践的課題

　本書で展開した一連の調査研究で明らかになった事実は，現代社会のどのような問題点を明らかにし，今後の課題を提起しているのだろうか？「西宮マンション調査」が「新たな社会調査手法の開発」の一環として企画されたこと，また「都市居住の一形態としてのマンション居住」の実態を解明する調査研究であったという点を考慮し，「社会調査方法論」への実践的問題提起と「住宅政策」への問題提起という2側面からファインディングスを整理していきたい。

第1節　今後の「調査方法論」に示唆的な問題提起

　「西宮マンション調査」は，2005-08年度日本学術振興会科学研究費基盤研究（A）「危機的調査環境下における新たな社会調査手法の開発」（研究代表者 大谷信介）の一環として実施されたものである。この基盤研究は，社会調査の実施に不可欠な信頼性の高い名簿（選挙人名簿や住民基本台帳）の利用が年々制限されてきている環境のなかで，「公的名簿を利用しない新たな調査手法」の開発を目指した研究であった。「西宮マンション調査」の最大の特徴は，「ゼンリン住宅地図」を使ってサンプリングを実施し，西宮市民全体でなく「マンション居住者」を母集団とした標本調査を実施したことである。この調査の実施過程では，従来の一般的な社会調査論で蓄積されてきた方法とは異なる調査設計を手探りのなかで模索し，新たな実験的試みも数多く実施してきた。それらは，完成されたものではないが，今後の「調査方法論」に対して何らかの貢献をする知見も含まれている。本節では，そうした知見をまとめてみたいと思

う。

1　「住宅地図」を使った共同住宅標本調査

①ゼンリン住宅地図は「調査名簿」として使えるのか

　今回の調査で検討されなければならない重要な課題は，「ゼンリン住宅地図が，社会調査の名簿として活用することができるのか？」という疑問への回答であろう。今回の調査で「住宅地図」に関して判明した事実を整理しながらその点について考察してみよう。

〈住宅地図の名前表記の実態〉

　2005年に実施した高松調査では，住宅地図に記載されている名前表記の比率が，「一戸建て」では，「姓名両方」＝81.2％，「姓のみ」＝18.8％，「共同住宅」では，「姓名両方」＝24.8％，「姓のみ」＝75.1％であった（表2-3）[2]。西宮調査の「共同住宅」では，「姓名両方」＝19.7％，「姓のみ」＝75.4％という比率だった。高松市より都市化が進んだ（共同住宅率：高松市39.7％・西宮市62.2％：表1-16）西宮市においては，若干「姓名両方」表記が少ないが，全体の95.1％が少なくとも住所と「姓」が判明するということがわかった。この事実は，「住宅地図」が都市化した地域においても，最低限「調査名簿」として使えることを示唆していた。

〈住宅地図の精度〉

　高松市選挙人名簿抽出サンプルを住宅地図で照合した結果では，500標本中358標本で，全体の71.6％が住所・姓とも完全に一致した（表2-5）。

　西宮市における市営・県営住宅の公的データと「住宅地図」の照合作業の結果は次のようになった。

　市役所データでは，225棟の市営住宅が存在するところ，住宅地図では184棟（81.8％）が確認でき，照合できなかった41棟のうち34棟は「マンション名に

市営という言葉がなかった」ことが原因であった（表2-21，22）。

　県公社データでは，104棟の県営住宅が存在するところ，住宅地図では，75棟（72.1％）が確認でき，照合できなかった29棟のうち，25棟が「県がURから借り上げた住宅」であり，住宅地図上ではURと分類されていたことが判明している（表2-24，25）。

　ゼンリン住宅地図から住所と姓名を記載して実施した「西宮マンション調査」の郵送調査（800標本）中「あて所に尋ねあたりません」と返送されてきたのは54標本（全体の6.8％）に過ぎなかった（表5-20）。

　以上の結果は，「ゼンリン住宅地図」を「調査名簿」として使うことが，工夫次第で十分可能であることを示唆していた。

〈基本的に世帯主を対象とせざるをえない住宅地図〉

　住宅地図では，名前の記載は基本的に「世帯主」が対象とされる。表札等にたくさんの名前が記載されている場合は，データとして全員が記載されるケースはあるが例外的である。そのため住宅地図を「調査名簿」として利用する場合，「世帯主以外の住民が把握できない」という問題を抱えている。今回の西宮調査では，「世帯主がお答えください」と調査対象を「世帯主」に限定して調査を実施した。回収分析標本に男性の比率が高いのは，「世帯主」を対象とした結果である。今後「住宅地図」を使った調査票調査を一般化させるためには，①住宅地図に記載されている名前が「どの程度「世帯主」を正確に反映しているのか」を検証していくこと，②「世帯主以外の住民」も含めて，調査対象者をランダムに限定する方法を考案していくこと（過去のエリアサンプリングや電話調査の場合には，「世帯内の有権者のなかで，誕生日が最も近い人を対象者とする」等の工夫がとられてきた），といった具体的な工夫が模索されなければならないであろう。

②マンション居住者を母集団とした標本調査設計

　これまでの「公的名簿」を使った調査方法では，西宮市民を代表する標本抽

出はできたが,「西宮市のマンション居住者」を母集団とする調査設計は不可能に近かった。それは公的名簿（＝住所だけ）で「一戸建て居住者」と「マンション居住者」を判別することが困難であったからである。今回の西宮調査では,「住宅地図」の別記情報をもとに作成した〈マンションデータベース〉と〈国勢調査共同住宅世帯数比率〉を使った「割当法」を採用することによって,その標本調査を実験的に実施した。この方法は,新しい調査設計ではあるが,実際に調査作業を進めてみると問題点も数多く存在した。ここでは,それらの問題点を整理するとともに,克服方法についても検討してみたい。

〈「分譲」-「賃貸」を判別できないという住宅地図の欠点〉

ゼンリン住宅地図の最大の欠点は,別記情報だけでは「分譲」-「賃貸」を判別できないという点である。今回は西宮市役所から借用したデータ（これもすべての分譲を把握していない）で確認できたものを「分譲」,それ以外を「賃貸」としたが,「賃貸」の中に多くの「分譲」が含まれてしまい,結果として「分譲」を多く回収してしまった。

この欠点を克服するために,建物名で「分譲」-「賃貸」が判別できるかを,第2章3節2項で検討したが,確認できたのは152棟のみで,マンション名からの判別は困難であることがわかった。

回収された843票のうち「賃貸」と答えた110票の階数について分析してみると,「賃貸」と回答した人の階数は,3階が50.9%,4～5階が30.0%,6階以上が19.1%という分布であった。「分譲（新築）」と回答した人の場合,3階が6.2%,4～5階が28.2%,6階以上が65.6%という分布であった。こうした分布に注目し,階数をベースとして「民間賃貸」を抽出する方法については,可能性があるかもしれない（表6-3）。

〈「割当法」のベースとした国勢調査世帯数比率の問題点〉

西宮調査では,国勢調査共同住宅世帯数比率を「割当法」のベースとして使用した。しかし,この方法にも問題点が存在していた。

終章 「西宮マンション調査」が提起している実践的課題

　まず，国勢調査は5年に一度実施されるものであり，集計にも時間がかかるのが常である。今回の2008年実施の調査では，2005年の国勢調査の結果を使用することができた。もし2006年実施であった場合には，おそらく2000年の国勢調査結果を使わざるをえなかったと考えられる。場合によっては，6・7年前の古い国勢調査データを使わざるをえないという事実は，この割当法の問題点といえるだろう。

　今回の調査で「割当法」のベースとしたのは，居住形態別・階数別世帯数比率であった。国勢調査の居住形態別の分類は，「公営・都市機構（UR）・公社の借家」「給与住宅」「持家」「民営の借家」という分類が使われている。サンプリング段階では，それぞれを「公営」「社宅」「分譲」「賃貸」と位置づけて，マンションデータベースでサンプルの案分作業を行った。とくに問題と思われる点は，「公営」と「UR」を同じカテゴリーとしていいのかという疑問である。「公営」住宅では，入居条件に所得の上限が設定されているのに対して，「UR」では，所得の下限が入居条件に設定されている。第6章の回収票を使った分析では，居住者の支払っている平均家賃で，「公営」＝3.2万円，「UR」＝6.7万，「賃貸」＝9.8万，という結果が示されていた。一方，居住者の年齢構成では，「UR」は公営住宅に近い数字を示しているという側面も存在している。国勢調査では，建築主体が公的なものという観点から「公営」「UR」が同じカテゴリーで集計されている。しかし，「UR」を「公営」と一緒にするべきか，または「（民間）賃貸」と一緒にするべきかについては，大変難しい問題といえるのである。その点を考慮するならば，国勢調査では，「公営」と「UR」を区別できる集計方法に改良すべきであろう。

　国勢調査の集計カテゴリーの問題点としては，「一戸建て」「長屋建て」「共同住宅」の「長屋建て」のカテゴリーが必要ないのではないかという問題も存在した。2005年の全国世帯数比率は，「一戸建て（57.2%）」・「共同住宅（39.5%）」・「長屋建て（3.2%）」という結果で，「長屋建て」は数的にもきわめて少ないのが実情である。また，第1章3節1項で指摘したように，西宮市内の長屋建て住宅住民への聞取り調査では，多くの住民が自らを「一戸建て」

とカテゴライズしているという実態が判明している。その事実は，基本的に自己申告が尊重される国勢調査では，「長屋建て」の数字の信憑性を疑わざるをえないことを意味していた。次回の国勢調査では，「長屋建て」の選択肢は廃止することが現実的対処法といえるだろう。

2 「調査実施過程」で明らかとなったファインディングス

「西宮マンション調査」の実施過程では，これまでの「調査方法論」であまり実施されてこなかった「新しい実験的試み」を数多く実施した。ここでは，それらのなかで，今後「調査方法論」で注目すべきと思われるファインディングスを整理してみたい。

〈配布回収方法の実験的試み〉
マンション調査では，効果的な調査票配布方法を考察するために，「訪問法」（800サンプル），「郵送法」（800），「ポスティング法」（2400）という3つの方法を実験的に試みた。

配布方法別の回収率は，マンション調査全体＝22.3％に対し，訪問法＝49.6％，郵送法＝21.6％，ポスティング法17.6％という結果であった。アパート調査はすべてポスティング法で実施されたが，回収率は9.0％だった。

はがき形式で調査を簡素化したアパート調査（1・2階建てを対象）であっても，3階建て以上のマンション調査の約半数の回収率にとどまり，アパート居住者の回収率がきわめて低いことがあらためて実証された。

訪問法の回収率は，49.6％と高くなっているが，この回収率は，訪問して「受け渡し」が成功した後の回収率である。訪問法の「受け渡し成功率」は，総チャレンジ回数の27.5％であり，不在の場合が54.4％，拒否された場合が18.4％あったという結果であった。すなわち，おおよそ100回訪問して，54回が不在で，18回拒否され，28回で受け渡しに成功し，その約半数（49.6％）が実際に回収できたという確率であった。

マンション調査で示された「郵送法＝21.6％」「ポスティング法＝17.6％」という数字の差は，作業量（宛名記入・調査票封入作業）やコスト（郵送代＝1件140円）を考慮すると，ポスティング法の有効性を示す結果と位置づけられる。

〈「現地記入シート」分析による「調査しやすい」マンションの特徴〉
　今回の調査では，調査員が，訪問記録としての「現地記入シート」を詳しく記入することにした。「何回訪問し，何回不在で，何回受け渡しに成功したか」「訪問した曜日・時間」「訪問時の調査員の感想」等を詳細に記録した。現地記入シートを集計することにより，どのようなマンションで回収率が高いか，どのような時に訪問すれば「受け渡し成功率」が高いかといった分析が可能となっている。
　回収率が最も高かったマンションは，居住形態別では，「分譲」マンションであり，「公営」「賃貸」の郵送法・ポスティング法での回収率が低いという傾向が特徴的な点である（表5-23）。
　訪問法の「受け渡し成功率」が高いのは，曜日別では，日曜日（30.0％），時間帯別では17：00以降（34.2％）が高く，平日（24.1％）と午前中（23.4％）が低かった。マンション居住形態別では，社宅（35.3％）が最も高く，公営住宅（24.6％）が最も低かった（公営では拒否が多かった）。「分譲」マンションでは不在率が高かった（表5-25）。これらの結果は，曜日としては日曜日，平日であれば17：00以降に訪問調査を実施するのが効率的であるということである。今後の調査でも，「現地記入シート」を工夫することによって，「調査しやすい」条件に関する知見を蓄積していくことが重要である。

〈オートロックマンションの回収率は悪くなかった〉
　近年の回収率の低下の原因として，オートロックマンションの普及をあげる見解が広く語られてきた。社会調査協会の機関誌である『社会と調査』で実施された「回収率」に関する座談会では，そのことについて議論が展開されてい

る。今回は，現地記入シートに「オートロック有」「無」を記入していたため，オートロックマンションの回収率の状況を把握することが可能となった。

オートロック有マンションの回収率は，郵送法＝25.9％，ポスティング法＝18.4％，訪問法＝50.4％であり，オートロック無マンションの回収率，郵送法＝17.9％，ポスティング法＝17.1％，訪問法＝49.2％と比較すると，どの方法でも「オートロック有」が高いという結果が示されていた。

受け渡し成功率の結果では，オートロック有マンション：成功＝26.2％，不在＝58.9％，拒否＝14.9％，オートロック無マンション：成功＝26.7％，不在＝53.6％，拒否＝19.7％という数字であり，「成功率」はほとんど変わらないものの「拒否」が少ないという結果であった。

これらの結果は，一般的な見解とは異なる興味深い結果といえるだろう。仮説的には，「オートロックがあるマンションの方が，階層が高く，回収率を挙げている」といった原因を考えることもできるだろう。いずれにしても，学生の「調査記録」の感想にも示されていたように，オートロックマンションが「調査しにくい」わけでも，「回収率が悪い」わけでもないことは，確かな事実であった。学生の「調査記録」からは，「管理人による調査拒否」という問題の方が，「回収率低下させる要因」としては，深刻な課題と位置づけるべきである。

第2節 「西宮マンション研究」が明らかにした「住宅政策」の課題

大谷研究室では都市研究の一環として，都市居住の実態に関する調査研究を積み上げてきた。1999年には，西宮・武蔵野・八王子・松山市民（2520サンプル）を対象として『都市住民の居住地域別パーソナルネットワーク特性に関する調査（4都市居住類型別調査）』を実施した。この調査は，1998年度文部省科学研究費基盤研究B『都市化とボランタリーアソシエーションの実態に関する社会学的研究（研究代表者 越智昇）』の一環として実施されたものである。この調査の特徴は，全市サンプリングを行わず居住類型別にサンプルを割り当

終章　「西宮マンション調査」が提起している実践的課題

てる調査設計を実施し，「居住類型がどの程度パーソナルネットワークに影響を与えているか」「都市別の比較と居住類型別の比較がどのように相互関連しているか」等の分析を行った。⁽⁵⁾

また2004年には，関西8つの大規模ニュータウン（須磨・西神・三田・千里・泉北・和泉・平城・洛西）住民を対象とした大規模な（4800サンプル）「関西ニュータウン比較調査」を実施した。この調査は，2003年度関西学院大学21世紀COEプログラム『人類の幸福に資する社会調査の研究』の指定研究の一環として実施した。この調査の最大の特徴は，すべての人が居住地選択をして移り住んできたニュータウン住民を対象として，「いつ」「どこから」「どのようにして」移住してきたかを詳細に把握することによって，関西の都市形成論・都市構造論を考察することであった。⁽⁶⁾

今回の「西宮マンション研究」は，こうした一連の都市居住に関する研究の延長線上で企画された研究でもある。この研究が「公的名簿を利用しない新たな調査手法」の開発の一環として「住宅地図」に注目したことは，都市研究という側面にも新たな視点を提起することになった。マンション居住者のサンプリングという発想は，「西宮市のマンションを網羅的に捉える」という視点を暗黙裡に前提とさせたのである。その前提から，既存研究や既存データを見直してみることによって，都市政策の盲点ともいえる「市内にマンションが何棟あるかわからない」という現実に気づくことができたのである。本節では，そうした観点から，マンション居住の課題や都市政策の問題点について整理していきたい。

1　「市内にマンションが何棟あるかわからない」という現実

①バラバラなデータ管理とバラバラな住宅政策

「市内にマンションが何棟存在するかということを市役所が把握していない」という事実は，多くの市民にとっては，とても「奇妙」で「驚くべき」事実なのではないだろうか。それは，市役所が「住宅マスタープラン」をはじめ

とする居住政策を立案しているのだから、その基本となるマンションに関するデータを持っているのは当たり前だと考えているからであろう。しかし実際のところは、西宮市に存在するマンションを網羅的に把握できるデータは、市役所には存在しないのが現実なのである。

　第1章で整理したように、市役所にはマンションに関するデータとして、「課税のためのデータ」「建築申請のためのデータ」「市営住宅についてのデータ」が存在する。しかし、それらのデータはあくまで日常業務データとして存在するものなのである。たとえば「課税のためのデータ」では、固定資産税を徴収するために「課税台帳」が作成されているのである。そのデータは納税単位で作成されるため、分譲マンションであれば区分所有者が、賃貸であれば建物所有者が整理されることになるのである。「建築申請のたのめデータ」についても、1971（昭和46）年以降に申請されたものが対象となる「建築計画概要書」であったり、6階以上100平米以上の共同住宅が報告対象となっている「特殊建築物定期報告」であったりと報告義務がある書類を整理しているだけなのである。「市営住宅についてのデータ」も基本的に「入居手続き」「建物の改修・改築」といった管理運営にかかわる業務データが市役所に保管されているのである。このように基本的に「日常業務のためのデータ」が永続的に何の工夫もされないまま作成され続けているという実態が、平均的な市役所業務といえるだろう。本来であれは「住宅マスタープラン」を定期的に作成しているわけなのだから、西宮市のマンションの実態を網羅的に把握しうるデータを作成していかなければならないはずである。そうしたことができないことが現在の市役所の大きな問題であると考えられる。

　都道府県庁に至っては、もっと深刻な状況である。県庁ではほとんど住宅政策立案という仕事は存在せず、住宅土地統計等の市町村データの取りまとめや県営住宅の管理等の日常業務をこなすことが主要な仕事になっているのが現状である。かつて県がニュータウン建設にかかわったこともあったが、それらが十分なデータに基づいた住宅政策だったのかについては検証が必要であろう。

　こうした問題は市役所や県庁といった地方レベルに限ったことではなく、国

終章　「西宮マンション調査」が提起している実践的課題

レベルでも同様に深刻である。国レベルの住宅政策は，「1950年代に体系化され，住宅金融公庫法（1950年），公営住宅法（1951年）および日本住宅公団法（1955年）の「三本柱」を中心手段とした」といわれるように，金融政策と「住宅ストックを増やす」ための住宅建設として進められてきた。そこでは，地方自治体が公営住宅を，公団がニュータウンや集合住宅を，民間企業が分譲マンションを，全体的な調整がとられることもなく，バラバラに（勝手に）住宅建設が進められてきたのである。その結果，今日では「住宅余剰」の一方で「住宅不足」が存在するというアンバランスな住宅事情を招いてきたのである。本来の住宅政策は，「市民（大都市圏住民）が，実際どのような住宅に暮しているのか」「どのような住宅を求めているのか」「市内（大都市圏内）にどのような住宅に関する問題が存在するのか」を，データに基づいて考察していくことから始まるといえる。こうしたデータに基づく住宅政策が皆無だったことが，「市内にマンションが何棟あるかわからない」という現実の背景に存在しているのである。

②マンションデータベースの圧倒的な説明力

「調査名簿」として利用しようとした「西宮マンションデータベース」は，当初の目的にとどまらず，マンション実態把握において圧倒的な説明力をもつデータであることが，のちに判明してきた。「住宅地図」の別記情報を入力することによって，西宮市には7178棟のマンションが存在するという「建物ベース」の数字を明らかできたことは，これまでの国勢調査や住宅土地統計調査のデータが「世帯ベース」だったことを考えると，それだけでも貴重な情報であった。しかし，このデータベースはさらに工夫を加えて利用すると，いろいろな実態を解明できることがわかってきた。第3章で分析したように，このデータベースに「最寄駅」「駅からの距離」「道路」「用途地域」といった情報を新たに加えることによって，「どの駅にどんなマンションが建てられているか」「用途地域制とマンション立地」といったマンションの空間立地に関する分析ができるようになるのである。

さらに第4章では，震災前の1994年，2000年，2007年の3つの住宅地図を使って新たに「社宅データベース」を作成することによって，「1994年に570棟あった西宮市内の社宅が，2000年に429棟，2007年には302棟へと激減している」という経年変化を数字として示すことができたのである。さらに業種別の分析では，「民間企業特に都市銀行・鉄鋼業で社宅が激減しているのに対して，公務員宿舎や旧公社系ではあまり減少していない」という事実を実証的に問題提起することも可能となったのである。

　マンションデータベースにも，もちろん問題点は存在している。それは住宅地図の欠点にも通じるが，別記情報だけでは「分譲」と「賃貸」の違いを判別できないという問題である。また，基本的に公開情報をもとに作成されている「住宅地図」では，空欄が「空き家」なのか「情報が得られなかった世帯」なのかが正確には決定できないという難点もつきまとっている。この欠点は，今後「空家の問題」が深刻になっていくことを考えると重大な問題といえるだろう。

　ただ，そのような問題が存在するとはいえ，誰でもが入手可能な住宅地図で，数多くの実態分析が可能であるという点はとても魅力的である。こうしたデータ化作業は，本来であれば行政が恒常的に担うべき仕事である。市役所であれば，民間の住宅地図を用いなくても，より正確で，かつ「分譲」-「賃貸」も判別でき，「マンション内の空き家情報」も把握できるデータが作成可能になるはずである。今後は，そうしたデータが市役所の基礎的データとして作成され，本来の住宅政策に活用されることを期待したいと思う。

2　西宮市のマンションの実態と今後の課題

①西宮マンション居住者の特徴と今後の研究課題

　本書では，西宮市内に存在するマンションとその居住者の実態を，住宅地図から作成した「西宮マンションデータベース」とそれを活用して実施した「西宮マンション調査」によって明らかにしてきた。本書のファインディングスは，

終章　「西宮マンション調査」が提起している実践的課題

2008年時点の西宮のマンションの実態を示したものである。今後は，これらの知見をより相対化，普遍化し，「都市に人が〈住まう〉こと」の実態を解明する研究へと進めていく必要があるだろう。ここでは，その方向性について考えてみたい。

　まず指摘できるのは，相対化という方向性である。それは，西宮マンションの実態が全国の中でどのような位置にあるのかを考え，比較分析を進めていく方向性である。国勢調査データでは，西宮市は人口規模に比べてマンション（共同住宅）比率の高い自治体であった。人口30－50万の全国44自治体の平均共同住宅率が41.7%であるのに対して，人口48万の西宮市は，62.2%という数字であった（表1－14）。関西圏の自治体では，吹田市（71.6%），大阪市（67.3%），芦屋市（66.0%）に次いで第4位であり，全国でも，多摩市（77.1%），浦安市（76.1%），和光市（74.7%）と続く順位のなかで，第22位に位置している。

　関西の上位3市を考えてみると，マンション事情も異なることが想定される。大阪市は「都心型」，吹田市は「ニュータウン型」，芦屋市は西宮市と同じような「中心都市隣接型」といった特徴を仮説的に考えることが可能である。県庁所在都市の国勢調査データの再集計分析でわかったように，マンション（共同住宅）持ち家比率は，中心都市（東京23区＝27.9%，大阪市＝22.6%）で低いのに対して，隣接県庁所在都市（横浜市＝38.6%，千葉市＝35.4%，神戸市＝34.7%，さいたま市＝31.9%，奈良市＝30.5%）で高いという数字が明らかになっている（西宮市は34.8%）（表1－17）。この数字は，大阪市と西宮市ではマンション事情が異なることを象徴的に示す数字である。

　また，表終－1は，関西の8つのニュータウン（須磨・西神・三田・千里・泉北・和泉・平城・洛西）のマンション居住者の平均年齢を西宮マンション居住者と比較したものである。ニュータウンマンションの方が西宮より全体的に若く，平均年齢では5.8歳の差が存在している。ただ「賃貸マンション」では西宮の方が4歳近く若いという結果が示されている。これらの数字も，「ニュータウン型」「隣接都市型」とでもいうべきタイプで，マンション事情が異なる

表終-1　西宮マンション居住者とニュータウンマンション居住者の平均年齢の比較（単位＝歳）

	分譲	賃貸	ＵＲ	公営	社宅	全体
西宮	58.1 (N=479)	48.9 (N=110)	67.4 (N=60)	65.7 (N=95)	41.9 (N=85)	56.8 (N=829)
ニュータウン	48.8 (N=479)	52.8 (N=241)	………	55.8 (N=154)	39.6 (N=25)	51.0 (N=821)

ことを示唆しているといえる。今後はこのような視点から，本書の知見を相対化する作業を進めていくことが重要である。

　もう一つの方向性として指摘できるのは，普遍化という方向性である。それは，第6章の近隣関係で分析したように，過去の知見と複数の調査で普遍的に実証できた命題を積み上げていくという方向性である。「賃貸マンション居住者は「分譲」「公営」「社宅」に比べて近隣関係が希薄である」「「一戸建て」居住者より「分譲マンション」居住者の方が近隣関係は希薄である」「女性，年配者，居住年数が長い人ほど近隣関係は密である」という知見は，既存研究の知見とも，大谷研究室で実施した3つの大規模調査の結果でも，共通した特徴として指摘できた命題である。今後さらなる調査研究が，こうした「普遍化」とともに，先にふれた「相対化」という両方の方向性から進められることによって，「都市に人が〈住まう〉ということ」＝「都市居住の実態」が解明されていくことになるだろう。

② 〈年代〉の説明力と今後の西宮の課題

　マンション調査の解析作業を進めていく過程でとくに注目されたのは，変数としての〈年代〉が，とても説明力を持っていたという事実であった。「西宮マンション居住者の特徴をどのように整理するか」は，ゼミでも長い時間を費やし，試行錯誤した課題であった。〈どのように住まい〉〈どのように暮らし〉〈どのようなライフスタイルをしているのか〉といった説明をしていくなかで，「〈年代〉を加味したまとめ方が最も説得力がある」というのが，試行錯誤の末の結論であった。

　分析で多用した〈年代〉（「30代以下（120）」「40代（160）」「50代（166）」「60代（202）」「70代以上（181）」）という変数について，より詳しく検討して

終章 「西宮マンション調査」が提起している実践的課題

みよう。ここでの調査対象者の年齢は，2008年11月の調査時の年齢のため，「30代以下」は1968年以降生まれ，「40代」は1967-58年，「50代」は1957-48年，「60代」は1947-38年，「70代以上」は1938年以前生まれという目安となる。いわゆる団塊の世代とは，「1947-49年」生まれを指すことが多い（人口ピラミッドで最も人口の多い層は1949年である）。今回の年代構成にあてはめてみると，団塊の世代の中心は「50代」に含まれ，1947生まれが「60代」に入りかけている段階と位置づけられるのである。このような観点から第6章の年代別の数字を眺めていくことによって，西宮市の将来的姿が見えてくる。団塊の世代の動きは，その層の人口が多いため全体に与える影響力はきわめて大きいのである。現段階の調査で明確に示された「50代」「60代」「70代」の特徴的な違いは，今後（団塊の世代の加齢）によって，「変わっていく」パターンと「変わらない」パターンがあることが想定される。

たとえば「自宅にパソコンが有る」という現段階での比率は，「50代」＝93.4%，「60代」＝75.9%，「70代以上」＝44.0%である。この比率は，おそらく団塊の世代が高齢化することによって「変わっていく」ことが想定され，コンピュータがより普及した社会となっていくと考えられる（表6-15）。一方で，年代別世帯構成の現段階の比率は，「50代」:「単身者」＝6.6%，「夫婦のみ」＝19.2%，「夫婦と子ども」＝57.5%，「60代」:10.9%・44.6%・31.2%，「70代」:27.5%・54.9%・9.3%である（表6-7）。こうした数字は，団塊世代の高齢化によっても大きくは「変わらない」と想定するのが常識的であろう。ということは，今後10年間（現在は調査後4年がたっているので6年間）で，西宮マンションで「夫婦のみ世帯」が増加し，10年後（6年後）からは，「単身者」の世帯が増加していくことが想定されるのである。表6-8の単身者の状況（70代以上の単身者の78.8%が女性）を加味すると，今後西宮のマンションでは，「女性高齢者が広いマンションで一人で暮らす」ケースが劇的に増加していくことは確かな事実といえるだろう。今後西宮市がマンション居住に関して直面するであろう課題は，本書の第6・7章で整理した年代別の特徴を，団塊の世代の動向を加味した方法で吟味していくことによって明らかになると考えられ

るのである。

　社会調査における「年代」という変数の説明力の高さは，住宅政策だけでなく，高齢化社会，社会福祉，社会保障，家族問題などあらゆる領域で再評価されるべき視点である。今後，あらゆる政策立案領域で，こうした正確な社会調査データに基づいた分析結果が活用されていくことがきわめて重要であるといえるだろう。

注
(1)　大谷信介編著『危機的調査環境下における新たな社会調査手法の開発』2005～2008年科学研究費基盤研究（A）］研究成果報告書，2009年6月。
(2)　大谷信介「住宅地図を使ったサンプリングの可能性――高松市住宅地図分析」『松山大学論集』21巻4号，2010年，195-208頁。
(3)　大谷信介編『国勢調査の多角的分析――日本最大の全数調査の実態と問題点』関西学院大学社会学部，大谷研究室，2004年。
(4)　大谷信介・吉川徹・篠木幹子・小野寺典子・片山朗・佐藤喜倫・前田忠彦・松田映二「特集 回収率を考える」社会調査協会『社会と調査』第5号，有斐閣，2010年，4-68頁。
(5)　調査研究の概要については，大谷信介編『都市住民の居住特性別パーソナル・ネットワーク――4都市居住類型別調査報告書』関西学院大学社会学部大谷研究室2000年，大谷信介「ボランタリーアソシエーションと居住類型別特性」越智昇編『都市化とボランタリーアソシエーションの実態に関する社会学的研究』平成10・11年度科学研究費補助金（基盤研究B・1）研究成果報告書，2000年，23-39頁。研究成果としては大谷信介「都市ほど近隣関係は希薄なのか？」金子勇・森岡清志編著『都市化とコミュニティの社会学』ミネルヴァ書房，2001年，170-191頁を参照されたい。
(6)　調査研究の概要については，大谷信介編『ニュータウン住民の住居選択行動と生活実態――「関西ニュータウン比較調査」報告書』関西学院大学社会学部大谷研究室，2005年，大谷信介編『ニュータウン住民の生活行動とネットワーク――「関西ニュータウン比較調査」報告書（2）』関西学院大学社会学部大谷研究室，2006年，大谷信介編『ニュータウンにおける自治会形成――町内会は日本の文化なのか』関西学院大学社会学部大谷研究室，2007年。研究成果としては，大谷信介『〈都市的なるもの〉の社会学』ミネルヴァ書房，2007年を参照されたい。
(7)　平山洋介『都市の条件――住まい，人生，社会持続』NTT出版，2011年，19-24頁。

巻末資料

○「西宮マンション調査」単純集計表

○「アパート調査」単純集計表（はがき形式）

○はがき形式調査票に同封した質問表

○コーディングマニュアル

	マンション形態コード			

西宮アパート・マンション調査

2008年11月

日本学術振興会科学研究費基盤研究（A）
〈危機的調査環境下における新たな社会調査手法の開発〉

〔研究代表者〕　関西学院大学　社会学部
教授　大谷 信介

〔ご記入にあたってのお願い〕

1. 原則として<u>世帯主の方</u>がお答えください。
2. 該当する質問には，すべてお答えください。
3. あてはまる選択肢をひとつだけ選んで，1・2・3…の数字に〇をつけてください。
   具体的な数字や文字を記入する場合は，括弧（　）内にご記入ください。
4. SQ（サブクエスション）は，該当する方のみお答えください。

11月25日まで

に同封の封筒に入れてご返送ください（切手は不要です）

＊氏名の記入は不要です＊

巻末資料

「西宮マンション調査」 単純集計表

回答数　843票

Q1．現在，あなたがお住まいの住居は次のどちらですか。
　　1．購入マンション（新築）334（39.8）　2．購入マンション（中古）141（16.8）
　　3．賃貸マンション 105（12.5）　　　　4．アパート 6（0.7）
　　5．公営住宅（県営・市営）99（11.8）
　　6．都市再生機構・公社などの賃貸住宅 62（7.4）
　　7．社宅 81（9.6）　　8．寮 2（0.2）　　9．その他 10（1.2）　　NA 3

Q2．あなたがお住まいの住居は何階建てですか。　　平均　6.85階建て

階数	3	4	5	6	7	8	9	10	11	12
票数(%)	119(14.2)	130(15.5)	186(22.2)	81(9.7)	83(9.9)	25(3.0)	16(1.9)	43(5.1)	52(6.2)	7(0.8)
階数	13	14	15	16	17	18	25	2	NA	合計
票数(%)	20(2.4)	26(3.1)	30(3.6)	6(0.7)	2(0.2)	6(0.7)	5(0.6)	1(0.1)	5	843

Q3．あなたが住んでいるのは何階ですか。　　平均　4.12階

階数	1	2	3	4	5	6	7	8	9	10	11	合計
票数	133	162	165	122	83	42	37	15	19	19	8	
階数	12	13	14	15	16	17	18	20	23	25	NA	843
票数	3	6	5	8	4	1	2	1	1	2	5	

Q4．あなたがお住まいの住居の間取りは次のどちらですか。
　　1．ワンルーム・1K 9（1.1）　2．1DK 4（0.5）　3．1LDK 8（1.0）
　　4．2K・2DK 43（5.1）　5．2LDK 63（7.5）　6．3K・3DK 142（16.9）
　　7．3LDK 419（49.9）　8．4DK 以上 140（16.7）　9．その他 12（1.4）　NA 3

Q5．あなたの住居に最も近い鉄道の駅まで徒歩何分ですか。
　　　徒歩圏内　815（97.6）　平均　12.24分程度・徒歩圏外　20（2.4）

時間	5分以内	6～10分	11～15分	16～20分	21～30分	30分以上	徒歩圏外	NA	合計
票数（%）	165（20.2）	294（36.1）	189（23.2）	105（12.9）	50（6.1）	44（5.5）	20（2.4）	8	843

Q6．現在の住居にお住まいになって何年何ヶ月になりますか。　平均13年5ヶ月

年数	5年未満	5～10年未満	10～15年未満	15～20年未満	20年以上	NA	合計
票数（%）	196（23.4）	186（22.2）	188（22.5）	49（5.9）	217（26.0）	7	843

Q7．あなたは，現在の住居を選定するにあたって，次の①～⑥の要因をどの程度考慮されましたか。それぞれについてあてはまる番号に○をつけてください。

	非常に考慮した	やや考慮した	あまり考慮せず	全く考慮せず	NA
①実家との距離	78（10.6）	178（24.1）	113（15.3）	370（50.1）	104
②通勤の便	326（42.0）	289（37.2）	79（10.2）	83（10.7）	66
③子どもの教育関連（学区・校区など）	196（26.6）	233（31.6）	124（16.8）	184（25.0）	106
④住居の間取り，設備（セキュリティーなど）	261（33.8）	332（42.9）	103（13.3）	77（10.0）	70
⑤住居周辺の生活環境（商業・医療施設など）	264（33.4）	360（45.6）	102（12.9）	64（8.1）	53
⑥住居の価格や家賃	379（47.9）	291（36.8）	60（7.6）	61（7.7）	52

Q8．上記の①～⑥の中で，住居選定に際して最も重要であったものと，2番目に重要であったものを選び，番号をご記入ください。
　1番目（　　　）
　　　実家との距離 56（7.1）　通勤の便 189（23.8）　子どもの教育環境 109（13.7）
　　　間取り・設備 91（11.5）　周辺の生活環境 132（16.6）
　　　住居の価格・家賃 216（27.2）　NA 49　非該当 1

巻末資料

2番目（　　　　）
　　実家との距離 40（5.1）　通勤の便 152（19.5）　子どもの教育環境 85（10.9）
　　間取り・設備 162（20.8）　周辺の生活環境 164（21.1）
　　住居の価格・家賃 176（22.6）　NA 63　非該当 1

Q9．あなたが現在の住居に住むきっかけとなった出来事は次のどちらですか。
　　最も当てはまる番号一つに○をつけてください。
　　1．入学 16（1.9）　　2．就職 18（2.2）　　3．転勤 145（17.4）
　　4．結婚 103（12.4）　5．離婚 12（1.4）　　6．子供の成長 188（22.6）
　　7．退職後の状況変化 60（7.2）　8．その他 233（28.0）　9．地震 57（6.9）
　　NA 11

Q10．現在の住居に入居される直前のことについてお聞きします。
　①　現在の住居の直前に住んでいた住居はどちらにありましたか。近畿圏内にお住まいだった場合は鉄道の最寄り駅を，近畿圏外の場合は都道府県名をお答えください。
　　（ここでは近畿圏を，大阪府・京都府・滋賀県・奈良県・兵庫県・三重県・和歌山県の二府五県とお考えください。）
　　（例）鉄道会社名（阪急）（神戸）線（梅田）駅
　　1．近畿圏内　702（87.4）　鉄道会社名（　　　　）（　　　　）線（　　　　）駅
　　2．近畿圏外　101（12.6）　（　　　　　　　　　　　　）都道府県・外国
　　　NA 40
　②　前に住んでいた住居は次のどちらですか。
　　1．一戸建て 150（18.0）　2．購入マンション（新築）63（7.6）
　　3．購入マンション（中古）30（3.6）　4．賃貸マンション 188（22.6）
　　5．アパート 89（10.7）　6．公営住宅（県営・市営）49（5.9）
　　7．都市再生機構（旧公団）・公社などの賃貸住宅 57（6.8）　8．社宅 150（18.0）
　　9．寮 16（1.9）　10．その他 41（4.9）　NA 10

Q11．阪神・淡路大震災が起こった（1995年1月17日）時点でのあなたの居住地はどこでしたか。
　　1．現住居であった 303（36.0）　2．前住居であった 305（36.2）
　　3．それ以外であった 234（27.8）　NA 1

SQ1．（3．それ以外であったと答えた方にお聞きします）それはどちらでしたか。
1．近畿圏内 153（65.4）鉄道会社名（　　　　）（　　　　）線（　　　　）駅
2．近畿圏外 81（34.6）（　　　　　　　　　）都道府県・外国

居住地	西宮市	東京	尼崎市	神戸市東灘区	宝塚市	その他	NA	合計
票数（％）	56（24.5）	16（7.0）	11（4.8）	8（3.5）	7（3.1）	131（56.0）	5	234

Q12．現在の住居に一緒にお住まいになっているのはあなたを含めて何人ですか。
　　　平均2.72人

人数	1	2	3	4	5	6	合計
票数（％）	108（12.8）	311（36.9）	182（21.6）	197（23.4）	42（5.0）	3（0.4）	843

SQ1．（2人以上の方にお聞きします）一緒にお住まいになっている方を次の中から，当てはまる番号すべてに○をつけてください。
1．親　2．配偶者　3．子　4．兄弟姉妹　5．祖父母　6．孫　7．他の親族
8．友人　9．その他（　　　　　）

単身者 12.9%（108）　夫婦 31.5%（265）　夫婦と子供 44.9%（377）　夫婦と親 0.5%（4）
3世代 2.4%（20）　親か子 6.7%（56）　兄弟 0.1%（1）　その他 1.1%（9）　NA（1）　非該当（2）

SQ2．（お子さんがいる方にお聞きします）同居しているお子さんは何人いらっしゃいますか。それぞれについてお答えください。　　平均0.88人
1．就学前（　　）人　2．小学生（　　）人
3．中学生（　　）人　4．高校生以上（　　）人

　第一子　就学前 76（17.4）　小学生 74（16.9）
　　　　　中学生 40（9.2）　高校生以上 247（56.5）　NA 8　非該当 398
　末子　　就学前 67（27.8）　小学生 57（23.7）
　　　　　中学生 23（9.5）　高校生以上 94（39.0）　NA 9　非該当 593

人数	0	1	2	3	4	非該当	合計
票数（％）	382（46.2）	201（24.3）	201（24.3）	40（4.8）	2（0.2）	17	843

巻末資料

Q13. あなたの職業は次のどれにあてはまりますか。
　　　配偶者がおられる場合は，配偶者についてもお答えください。

【あなた】【q13a】	【配偶者】【q13b】
1. 自営　70（8.4）	1. 自営　24（3.7）
2. 勤め　427（51.0）	2. 勤め　111（17.0）
3. パート・アルバイト　51（6.1）	3. パート・アルバイト　146（22.3）
4. 専業主婦・（夫）　47（5.6）	4. 専業主婦・（夫）　189（28.9）
5. 学生　1（0.1）	5. 学生　1（0.2）
6. 無職　236（28.2）	6. 無職　178（27.2）
7. その他　5（0.6）	7. その他　5（0.8）
NA 6　非該当 0	NA 21　非該当 168

あなたと配偶者の職業パターン
　　自営・勤め×自営・勤め　96（14.6）　　自営・勤め×専業主婦・無職　236（35.9）
　　勤め・自営×パート　130（19.8）　　専業主婦・無職×パート　24（3.6）
　　専業主婦・無職×専業主婦・無職　146（22.2）　その他　26（4.0）
　　NA 13　非該当 172

以下の質問は勤務先（もしくは通学先）がある方にのみにお聞きします。
Q14. ①あなたの勤務先（もしくは通学先）の最寄り駅はどちらですか。
　　　（配偶者がおられる場合は，配偶者の勤務先についてもお答えください。）
　　　あなた：鉄道会社名（　　　　）（　　　　）線（　　　　）駅
　　　配偶者：鉄道会社名（　　　　）（　　　　）線（　　　　）駅

　　②普段利用している交通手段で自宅を出発してから勤務先（通学先）に到着するまでの所要時間は何分ですか。
　　　平均　43.22分　486（88.4）　通勤（通学）をしていない　303（35.9）　NA 54

時間	15分以内	16〜30分	31〜45分	46〜60分	61分以上	通勤せず	NA	合計
票数（%）	83（17.1）	74（15.2）	113（23.3）	153（31.5）	63（13.0）	303（35.9）	54	843

　　③あなたは普段（月曜日から金曜日の間），だいたい何時ごろ現住居に帰宅されますか。おおよその帰宅時刻をお答えください。（午後8時にご帰宅の場合は20時とお答えください）

平均 19.23時　492（58.4）　通勤（通学）をしていない　302（35.8）　NA 49

帰宅時間	18	19	20	21	22	23	その他	通勤せず	NA	合計
票数（%）	50（10.2）	80（16.3）	114（23.2）	79（16.1）	64（13.0）	33（6.7）	72（14.6）	302（35.8）	49	843

④（勤めの方のみにお聞きします）転居を伴う転勤の可能性はどの程度ありますか。
　　1．可能性は全くない　231（45.3）　　2．可能性はあまりない　104（20.6）
　　3．可能性は少しある　80（15.9）　　4．可能性は非常に高い　89（17.7）
　　NA 37　非該当 302

Q15．あなたの隣人づきあいに関する質問です。お宅の右隣の家に住んでいる人を思い浮かべてください。右隣がいない場合は左隣，上の部屋，下の部屋の順でお考え下さい。
①入居時にあいさつに行きましたか
　　1．行った　701（86.0）　　2．行っていない　114（14.0）　NA 28
②その家の家族構成を知っていますか
　　1．知っている　686（83.0）　　2．知らない　141（17.0）　NA 16
③世帯主の職業を知っていますか
　　1．知っている　403（49.2）　　2．知らない　416（50.8）　NA 24
④その家の人とあいさつ以外の会話をしたことがありますか
　　1．ある　607（73.8）　　2．ない　216（26.2）　NA 20
⑤その家の人におすそわけ（土産を含む）をしたりもらったりしたことがありますか
　　1．ある　460（55.7）　　2．ない　366（44.3）　NA 17

Q16．同じマンション内に顔と名前が一致する人は何人いますか。
　　（姓だけ，名前だけでもかまいません。）　　　　平均　12.14人　NA 75

Q17．同じマンション内に，3か月以内にあいさつ以外の会話をしたことがある人は何人いますか。　　　　平均　5.71人　NA 24

Q18．同じマンション内に，3か月以内におすそわけ（土産を含む）をしたりもらったりしたことがある人は何人いますか。　　　　平均　1.40人　NA 19

巻末資料

Q19. 同居家族以外で，あなたが現在最も親しくつきあっている人は次のうちどの間柄の人ですか。当てはまる番号一つに○をつけてください。
　　1. 同居家族以外の家族・親戚 244（31.8）　　2. 学校が同じだった人 65（8.5）
　　3. 仕事を通じて（職場が同じなど）知り合った人 203（26.4）
　　4. 地域（近隣・地域活動・子供の学校関連など）で知り合った人 108（14.1）
　　5. 趣味・サークルを通じて知り合った人 89（11.6）　6. 上記以外の人 59（7.7）
　　NA 75

Q20. あなたは現在の住居に移り住んできた際，地域の行事や活動に対して，しいていえば次のどちらの考えに近かったですか。
　　1. 積極的にかかわっていきたいと思っていた 371（45.6）
　　2. できる限りかかわりたくないと思っていた 443（54.4）　NA 29

Q21. 普段の休日の過ごし方は，しいていえば次のどちらに近いですか。
　　1. できるだけのんびり過ごし，休養するようにしている 353（43.2）
　　2. 趣味などをし，できるだけ余暇を楽しむようにしている 465（56.8）　NA 25

Q22. あなたが理想とする夫婦のあり方についてお聞きします。しいていえば次のどちらの考えに近いですか。
　　1. 夫婦であっても，一人一人の生活を大切にすることが望ましい 524（64.5）
　　2. 夫婦なのだから，できるだけ一緒に行動することが望ましい 289（35.5）
　　NA 30

Q23. あなたは現在，習い事とは別に何らかのグループ活動やサークル活動（草野球の会・ボランティアサークルなど，趣味や共通の目的のために仲間が集まって行っている活動）に参加されていますか。
　　1. 参加している 348（41.4）　2. 参加していない 492（58.6）　NA 3

Q24. あなたは条件が許せば最終的に住みたい住居はどちらですか。
　　1. なんといってもマンション 147（17.6）　2. どちらかといえばマンション 295（35.4）
　　3. どちらかといえば一戸建て 292（35.0）
　　4. なんといっても一戸建て 100（12.0）　NA 9

Q25. あなたは条件が許せば西宮市に住み続けたいですか。
　　1. 西宮市に住み続けたい 519（61.8）
　　2. 西宮市にこだわりはない 321（38.2）　NA 3

Q26. あなたの5年後のお住まいの予定について，しいていえば次のどちらに近いですか。
    1．5年後も現在の住居に住み続けているだろう 619（74.7）
    2．5年後には別の住居に転居しているだろう 210（25.3）　NA 14

Q27. あなたのお宅では，自動車をお持ちですか。
    1．持っている 594（70.6）　　2．持っていない 247（29.4）　NA 2

Q28. 現在お住まいの住居に固定電話を引いていますか。
    1．引いている 800（95.1）　　2．引いていない 41（4.9）　NA 2

Q29. 現在お住まいの住居にパソコンはありますか。
    1．ある 662（78.7）　　2．ない 179（21.3）　NA 2

Q30. あなたは普段どのくらいパソコンを使ったインターネットを利用されていますか。
    1．非常によく利用する 238（29.9）　　2．よく利用する 218（27.4）
    3．たまに利用する 154（19.3）　　4．利用しない 187（23.5）　NA 46

（利用すると答えた方にお聞きします）
SQ1．あなたは普段どこでパソコンを使ったインターネットを利用されていますか。
    1．職場（学校）でのみ利用している 43（7.0）
    2．自宅だけで利用している 242（39.5）
    3．職場（学校）と自宅両方で利用している 319（52.1）　4．その他 8（1.3）
    NA 39　非該当 192

Q31. あなたは麻生内閣を支持しますか。
    1．支持する 85（10.4）　　2．どちらかといえば支持する 242（29.6）
    3．どちらかといえば支持しない 267（32.6）　4．支持しない 224（27.4）　NA 25

Q32. あなたは次の総選挙で，しいていえばどちらの内閣を望みますか。
    1．自民党を中心とした内閣 359（46.9）　2．民主党を中心とした内閣 406（53.1）
    NA 78

Q33. 次期，衆議院選挙で投票するつもりですか。
    1．絶対する 444（53.8）　2．するだろう 306（37.0）　3．しないだろう 64（7.7）
    4．絶対しない 9（1.1）　5．非該当（選挙権がないなど）3（0.4）　NA 17

巻末資料

Q34. 11月16日に行なわれる西宮市長選挙についてお聞きします。既に投票に行かれた方は投票されたかについて、まだ投票に行かれていない方は投票の予定についてお答えください。
1. 投票した 238（29.1） 2. 投票していない 117（14.3）
3. 絶対する 175（21.4） 4. するだろう 187（22.9）
5. しないだろう 84（10.3） 6. 絶対しない 7（0.9） 7. 非該当 10（1.2） NA 25

Q35. あなたの支持する政党はどれですか。
1. 自由民主党 221（27.6） 2. 民主党 170（21.2） 3. 公明党 19（2.4）
4. 共産党 24（3.0） 5. 社民党 14（1.7） 6. 国民新党 1（0.1）
7. その他の党 3（0.4） 8. 支持政党なし 350（43.6） NA 41

フェイスシート

Q36. あなたは世帯主ですか。
1. 世帯主である 757（90.3） 2. 世帯主の配偶者である 79（9.4）
3. その他 2（0.2） NA 5

Q37. あなたの性別をお答えください。
1. 男 631（75.1） 2. 女 209（24.9） NA 3

Q38. あなたの年齢をお答えください。　　　　　　　　　　　　　　平均 56.77歳

年齢	20代	30代	40代	50代	60代	70代以上	NA	合計
票数（％）	19（2.3）	101（12.2）	160（19.3）	168（20.2）	98（11.8）	34（4.1）	12	843

Q39. あなたの出身地をお答えください。出身地とは15歳までに主に過ごされた地域とお考えください。（配偶者がおられる場合は配偶者についてもお答えください。）
あなた
1. 近畿圏内 478（62.4）
2. 近畿圏外 288（37.6） NA 77
配偶者
1. 近畿圏内 396（61.8）
2. 近畿圏外 245（38.2） NA 30 非該当 172

Q40. あなたの住民票は現住所にありますか。
1. 現住所にある 799（95.2） 2. 現住所にない 40（4.8） NA 4

Q41. あなたのご両親はどちらにお住まいですか。
（配偶者がおられる場合は配偶者のご両親についてもお答えください。）
なおご両親が離婚なさっている場合は，お付き合いのより深い親についてお答えください。

あなたの親
1. 近畿圏内 326（65.6）　2. 近畿圏外 171（34.4）　3. 外国 0（0.0）
NA 181　非該当 165

配偶者の親
1. 近畿圏内 257（61.8）　2. 近畿圏外 158（38.0）　3. 外国 1（0.2）
NA 147　非該当 280

Q42. あなたの最終学歴（在学中を含む）はどちらですか。
（配偶者がおられる場合は，配偶者についてもお答えください。）
あなた　1. 中学 54（6.6）　　　　2. 高校 265（32.2）
　　　　3. 高専・短大 88（10.7）　4. 大学 417（50.6）　NA 19
配偶者　1. 中学 51（7.9）　　　　2. 高校 239（36.9）
　　　　3. 高専・短大 186（28.7）　4. 大学 172（26.5）　NA 26　非該当 169

Q43. この一年間の世帯収入（ボーナス・税込み）はどれくらいですか。
1. 200万円未満 88（10.9）　　　　2. 200万〜400万円未満 217（26.9）
3. 400万〜600万円未満 157（19.5）　4. 600万〜800万円未満 136（16.9）
5. 800万〜1000万円未満 85（10.5）　6. 1000万円以上 123（15.3）　NA 37

Q44. （持ち家の場合）購入時の住居の価格はおいくらでしたか。
1. 1000万円未満 17（3.6）　2. 1000万〜2000万円未満 54（11.3）
3. 2000万〜3000万円未満 110（14.5）　4. 3000万〜4000万円未満 162（21.4）
5. 4000万円以上 135（17.8）　NA 84　非該当 1
（借家の280票は除く）

（借家の場合）1ヶ月の家賃はおいくらですか。　　　　平均　6万2850円

家賃	2万未満	2〜4万未満	4〜6万未満	6〜8万未満	8〜10万未満	10万以上	持ち家	NA	合計
票数（%）	39（14.4）	50（18.5）	53（19.6）	40（14.8）	28（10.3）	61（22.5）	479	93	843

質問は以上です。ご協力いただきありがとうございました。

巻末資料

「アパート調査」単純集計表（はがき形式）

（受取人）

●●県●●市●●一番町　1-●●

関西学院大学

研究推進社会連携機構

大谷信介研究室　行

性別	男　・　女 (52.8%　47.2%)	出身地	県　　　　市

近畿圏内…59.8%
近畿圏外…40.2%

職業	自営業　　勤め　　パートアルバイト (3.1%)　(47.7%)　　　(6.9%) 専業主婦　学生　無職　その他 (6.2%)　(22.7%)　(12.5%)　(1.6%)	年齢	（平均）39.0歳

(はがき裏)

選択肢の質問には○をつけ，その他の質問は空欄をお埋めください。

家賃	(平均) 6万.735千円	前住居	(もしくは)　　　　線　　　　駅 　　　　　　　　　県　　　　　市

居住年数	(平均) 6.38年	入居契機	入学　就職　転勤　結婚　離婚 (22.8% 8.7% 11.0% 25.2% 1.6%) 子どもの成長　退職後の状況変化　その他　地震 (3.1%)　　　　(2.4%)　　　　(23.6% 1.6%)

職場・学校	線　　　　　駅

帰宅時間	(平均) 18:42	住民票	現住所にある／現住所にない (76.2%)　　　(23.8%)

同居人数	(平均) 1.84人 (自分を含め)	同居人	親　配偶者　子　兄弟　孫 祖父母　他の親族　友人　その他

固定電話	引いている／引いていない (58.5%)　　　(41.5%)	パソコン	持っている／持っていない (76.0%)　　　(24.0%)

麻生内閣	支持する／支持しない (32.8%)　　　(67.2%)	総選挙	絶対に投票する／するだろう (43.4%)　　　　(31.0%) しないだろう／絶対にしない (14.7%)　　　　(2.3%)

内閣	自民党中心の 内閣が望ましい (52.3%) ／ 民主党中心の 内閣が望ましい (47.7%)

ご協力いただきありがとうございました。

近畿圏内…71.9%
近畿圏外…28.1%

単身者…49.2%
夫婦…21.5%
夫婦と子供…17.7%
3世代…0.8%
親か子…5.4%
兄弟…0.8%
その他…2.3%

巻末資料

はがき形式調査票に同封した質問票

[回答にあたってのお願い]
●以下の質問にお答えいただき，回答を同封されたはがきにご記入ください。
●選択肢のある質問は，はがきの該当する選択肢に〇をつけてください。
●選択肢のない質問は，はがきの回答欄に回答をご記入ください。
●はがきは，11月25日までにご返送ください。（切手・氏名の記入は不要です。）

〈性別〉　あなたの性別をお答えください。　　　男・女

〈出身地〉　あなたの出身地をお答えください。出身地とは15歳までに主に過ごされた地域とお考えください。近畿圏内にお住まいだった場合は鉄道の最寄り駅（鉄道会社名・線名・駅名）を，近畿圏外の場合は都道府県名をお答えください。（ここでは近畿圏を，大阪府・京都府・滋賀県・奈良県・兵庫県・三重県・和歌山県の二府五県とお考えください。）
　　　　　（例）近畿圏内の場合…鉄道会社（阪急）（神戸）線（梅田）駅
　　　　　　　　近畿圏外の場合…（　　　）県（　　　）市

〈職業〉　あなたの職業はどれに当てはまりますか。当てはまる選択肢に〇をつけてください。
　　　　　自営業　　勤め　　パート・アルバイト　　専業主婦　　学生　　無職　　その他

〈年齢〉　あなたの年齢をお答えください。　　（　　　）歳

〈家賃〉　現在お住まいの住居の1ヶ月の家賃をお答えください。（　　）万（　　）千円

〈前住居〉　現在の住居の直前に住んでいた住居はどちらにありましたか。近畿圏内にお住まいだった場合は鉄道の最寄り駅を，近畿圏外の場合は都道府県名をお答えください。
　　　　　（例）近畿圏内の場合…鉄道会社（阪急）(神戸）線（梅田）駅
　　　　　　　　近畿圏外の場合…（　　　）県（　　　）市

〈居住年数〉　現在の住居にお住まいになって何年になりますか。ヶ月は小数点でお答えください。
　　　　　（例）2年11ヶ月の場合…（2.11）年　　10ヶ月の場合…（0.10）年

〈入居契機〉　あなたが現在の住居に住むきっかけとなった出来事は次のどちらですか。
　　　　　　最も当てはまる選択肢一つに○をつけてください。
　　　　入学　　就職　　転勤　　結婚　　離婚　　子供の成長　　退職後の状況変化　　その他

〈職場・学校〉　あなたの勤務先（もしくは通学先）の最寄り駅はどちらですか。鉄道
　　　　　　　の最寄り駅をお答えください。（例）鉄道会社（阪急）（神戸）線（梅
　　　　　　　田）駅

〈帰宅時間〉　あなたは普段（月曜から金曜の間），だいたい何時ごろ現住居に帰宅され
　　　　　　ますか。おおよその帰宅時刻をお答えください。（例）午後8時の場合…
　　　　　　（20）：（00）

〈住民票〉　あなたの住民票が現在の住居にあるかどうかをお答えください。
　　　　　　　　現住所にある　　　　現住所にない

〈同居人数〉　現在の住居に一緒にお住まいになっているのはあなたを含めて何人です
　　　　　　か。　　（　　　）人

〈同居人〉　同居人数が2人以上の方にお聞きします。1人でお住まいの方は次の〈固
　　　　　　定電話〉にお進みください。一緒にお住まいになっている方を選び，当て
　　　　　　はまるものすべてに○をつけてください。
　　　　　　　　親　　配偶者　　子　　兄弟　　孫　　祖父母　　他の親族　　友人　　その他

〈固定電話〉　現在お住まいの住居に固定電話を引いていますか。
　　　　　　　　引いている　　　　引いていない

〈パソコン〉　現在お住まいの住居にパソコンをお持ちですか。
　　　　　　　　持っている　　　　持っていない

〈麻生内閣〉　内閣支持についてお聞きします。麻生内閣を支持しますか。
　　　　　　　　支持する　　　　支持しない

〈総選挙〉　次期，衆議院選挙で投票するつもりですか。投票権がない場合は非該当を
　　　　　　お選びください。
　　　　　　　　絶対に投票する　　するだろう　　しないだろう　　絶対しない　　非該当

〈内閣〉　あなたは次の総選挙で，しいていえばどちらの内閣を望みますか。
　　　　　自民党中心の内閣が望ましい　　民主党中心の内閣が望ましい

　　　　質問は以上です。ご協力いただきありがとうございました。

コーディングマニュアル
〈2008年西宮アパート・マンション調査〉

1. 基本的な注意点

- コーディングシートに記入する際，1回目の記入は黒字で，2回目の記入（チェック）は赤字で，3回目の記入（チェック）は青字で行う。

- 無回答（空白），関係のない答えを書いている場合
- 選択肢を1つだけ選ぶところで，2つ以上選んでいる場合
    → NA (No Answer) の扱いにする。
    ・選択肢の番号をそのまま記入すればよい場合（カテゴリーデータの場合）
      ⇒「0」「00」を記入
    ・具体的な数量（人数・回数など）を記入する場合（数量データの場合）
      ⇒「98」「998」を記入

- SQ（サブクエスチョン）などであてはまらない場合や，答える必要のない場合
    → 非該当の扱いにする。
    ・選択肢の番号をそのまま記入すればよい場合（カテゴリーデータの場合）
      ⇒「9」「99」を記入
    ・具体的な数量（人数・回数など）を記入する場合（数量データの場合）
      ⇒「9」「99」「999」を記入

（数字に関する注意点）
- 特別な指示がない限りは，そのままの数字を記入する。
    例）1. 参加している　2. 参加していない
      の質問で，「参加していない」と回答した場合，「2」と記入する。
    2桁で記入するところで回答が1桁の場合は，前に「0」をつけて2桁に統一する。
    例）5 →「05」と記入する。
    3桁記入のときも同じように，前に「0」もしくは「00」をつけて3桁に統一する。
    例）9 →「009」，60 →「060」など。

- "4人〜5人" "4，5人" など範囲で書いてある場合は，**大きい数値をとる**。
    →この場合，「5」と記入する。

- "約5人"，"およそ5人" などと書いてある場合は，「約」や「およそ」といった言葉をとる。
    →この場合，「5」と記入する。

- 小数点以下は**切り捨て**とする。ただし，切り捨てて0になる場合のみ切り上げる。
    例：2.5回 → 2回　　0.5回 → 1回

2. 具体的なコーディング（実際のコーディング作業の順序に従い，注意すべき点を抜粋）

調査対象マンションの基本情報を入力
1. 調査表紙に記載されたマンション形態コードを記入する。
2. 到着日を入力。11月中に到着したものはその日付を記入。例）11月19日ならば「19」
   ただし，12月1日以降に到着したものは全て「40」と記入する。
3. 調査日を入力する。　例）11月7日ならば「07」，15日ならば「15」
4. 調査時間を入力する。例）10時から10時59分までなら「10」と記入し，11時から11時59分までなら「11」と記入。13時から13時59分までなら「13」と記入する。
5. 以下，「地図番号」〜「形態分類」までの項目をすべて入力する。
   ※「最寄り駅」に関しては，<u>3. 駅・市区町村データについて</u>を参照。

〈上記2〜5の項目に関しては，『マンション原簿』を参照して記入する。〉

質問項目の記入

Q1．マンションコードの一桁目が2（社宅の意味）以外であり，「その他」の欄に借り上げ社宅とあった場合，調査票に赤字で7の社宅に○をする。コーディングも「7」で記入。

Q5．徒歩圏内であればaに「1」，bに時間（分）を記入。圏外であればaに「2」，bに「99」を記入。空白はaに「0」，bに「98」と記入。
　　aに「1」と回答しているにもかかわらず，「60」などといったおよそ徒歩圏内と考えられない場合でも，徒歩圏内と扱ってbに時間を記入する。

Q6．調査票にある「何年何ヶ月」の表記をすべて「何ヶ月」に直す。
　　例）3年5ヶ月→41ヶ月　「041」と記入。

Q8．1番目に重要であったもの・2番目に重要であったものをそれぞれ記入する。
　　（　）内に番号ではなく具体的な記述があり，かつそれが回答項目と同じ内容の記述である場合は，それに準じて記入する。
　　例）（　広さ　）と記入　→「④住居の間取り，設備（セキュリティーなど）の充実」と同じ内容であると考えられるため，「4」と記入。

Q9．8. その他の項目に「震災」もしくは「地震」と記入されていた場合は「9」と記入。

Q12. 0の場合は，1とする。それ以外はその数字のまま記入。

SQ1. 以下のように，家族形態ごとにパターンを分けその数字を記入する。

どこにも○がない場合...1	配偶者に○がある場合...2
配偶者と子供に○がある場合...3	配偶者と親に○がある場合...4
配偶者と親と子と孫 OR 祖父母...5	配偶者と親戚と兄弟姉妹...6
配偶者と親戚と子供と兄弟姉妹...7	その他（4世代以上，友人とのルームシェア）...8

SQ2. 子どもが複数いる場合は末子・第一子の欄にそれぞれ1～4のいずれかを記入する。1人の場合は第一子の項目のみ記入し，末子は非該当。子どもがいない場合は「9」を記入し，子供の数も同様に「9」とする。

Q13. 「あなた」と「配偶者」で区別をせず，以下のパターンに準じて数字を記入する。

自営×自営...1　　自営×勤め・パート（勤め・パート×自営）...2　　勤め×勤め...3
勤め×パート（パート×勤め）...4
専業主婦×自営・勤め・パート（自営・勤め・パート×専業主婦）...5
専業主婦×無職×無職（無職×専業主婦・無職）...6
学生...7　　独身...8　　その他...9　　No Answer...0

例）回答者が女性
　　【あなた】4　　　　【配偶者】2　　　の場合，「5」を記入

Q14. ①駅コードについては<u>3. 駅・市区町村データについて</u>を参照。
　　②③　Q5と同様に記入する。ただし，③は24時間表記で対応する。
　　　「午後」「午前」と表記されていた場合はそれに従う。
　　　　例）「7時」→「午前7時」として「19」ではなく「7」と記入。
　　　　　　「午後7時」→24時間表記にして「19」と記入。
　　※ここでQ13の回答に注意すること。本人が「無職」などで<u>勤務先が存在しない</u>にもかかわらず，Q14の項目を回答している場合は，全てNAとして記入する。

Q16～18. 97人以上の場合はすべて「97」と記入する。

Q38. 97歳以上の場合は全て「97」と記入する。

Q39. 「死亡」などと書かれていている場合は「非該当」として記入する。

Q44. 借家の場合，aは「6」と記入する。bは家賃を記入（千円単位で）。

例）10万5千円　→「105」と記入。

3．駅・市区町村データについて

「現住居の最寄り駅」「前住居」「阪神・淡路大震災時点での居住地」「本人勤務先」「配偶者勤務先」「本人出身地」「配偶者出身地」「本人親住居」「配偶者親住居」に関する質問文では，5個の質問文（Q10，Q11，Q14，Q39，Q41）から計9箇所の最寄り駅情報を把握した。

例）Q10より
①現在の住居の<u>直前に住んでいた</u>住居はどちらにありましたか。近畿圏内にお住まいだった場合は鉄道の最寄り駅を，近畿圏外の場合は都道府県名をお答えください。（ここでは近畿圏を，大阪府・京都府・滋賀県・奈良県・兵庫県・三重県・和歌山県の二府五県とお考えください。）

1. 近畿圏内　　鉄道会社名（　　　　　）（　　　　　）線（　　　　　）駅
2. 近畿圏外　　（　　　　　　　　　　）都道府県・外国
3. 前住地なし

　上記の駅情報を処理するために，2004年「関西ニュータウン比較調査」の際に作成された，近畿圏内の約1800駅とその所在市区町村をコード化し，それらを網羅したコードブック（駅コード）を参照した。駅コードは以下の構造となっている。

例）01470077	・・・	01	470	077
		鉄道会社（JR）	駅名（相生）	所在市区町村（兵庫・相生市）

* JR相生駅のように，複数路線がまたがっている場合（山陽本線・赤穂線），その路線数分の駅コードが設定されている。また，同一路線は連番でコード化されている。
* JRさくら夙川駅のように，データが作成された2004年以降に開設された駅については，隣接する最も距離の近い駅の駅コードを採用した（この場合は阪急夙川駅）。
* 「現住居の最寄り駅」に関しては，該当する質問項目が存在しない。そのため，調査原簿に記載された住所からゼンリン住宅地図と照合し，地図上で最短距離上にある駅を「現住居最寄り駅」とした。

近畿圏外を選択した場合は，駅コードを使用することができないため都道府県コードを利用する。この場合，bの右詰め2マスに都道府県コードもしくは外国コードを記入する。
　例）福岡県→以下の都道府県コードから，「00000040」と記入。

都道府県コードは以下の通り。

〈北海道地方〉	〈関東地方〉	〈中部地方〉	〈近畿地方〉	〈中国地方〉	〈九州地方〉
1 北海道	8 茨城	15 山梨	24 三重	31 鳥取	40 福岡
	9 群馬	16 長野	25 滋賀	32 島根	41 佐賀
〈東北地方〉	10 栃木	17 新潟	26 京都	33 岡山	42 長崎
2 青森	11 埼玉	18 富山	27 大阪	34 広島	43 熊本
3 秋田	12 千葉	19 石川	28 奈良	35 山口	44 大分
4 岩手	13 神奈川	20 福井	29 和歌山		45 宮崎
5 山形	14 東京	21 静岡	30 兵庫	〈四国地方〉	46 鹿児島
6 宮城		22 岐阜		36 徳島	47 沖縄
7 福島		23 愛知		37 香川	50 外国
				38 愛媛	
				39 高知	

これをふまえ，駅コードの入力は以下の手順で行う。

Q10　aが「3」の場合，bは非該当「99999999」を入力する。

Q11「1. 現住居であった」場合，SQ1の駅コードは「最寄り駅」と同じものを記入。

「2. 前住居であった」場合，SQ1の駅コードはQ10①と同じものを記入。

「3. それ以外であった」場合，SQ1の駅コードは調査票に記入された駅名で記入。

4. アパート調査のコーディングについて

1・2階建てを対象としたアパート調査は，ハガキによる調査を実施したため，調査票の形式が大きく異なる。したがって，アパート調査で記載できなかった質問項目はすべて「非該当」の扱いとする。

アパート調査で，マンション調査に対応する質問項目は以下の通り。

ハガキの質問項目

```
性    別……Q37    出身地……Q39    職業……Q13
年    齢……Q38    家賃……Q44（aは「6」で固定）
前 住 居……Q10①（aは 1. 近畿圏内 2. 近畿圏外
                   bは aが1の場合駅コード 2の場合都道府県コード）
居住年数……Q6（月で計算 マンション調査と同様）
入居契機……Q9（「9」震災 を追加）
職場・学校……Q19
帰宅時間……Q14③（aは 1. 通勤通学している 2. は通勤通学していない
                    bは時間入力 マンション共通
住 民 票……Q40    同居人数……Q12    同居人……Q13
固定電話……Q28    パソコン……Q29
麻生内閣……Q31（1. 支持する 4. 支持しない）
総 選 挙……Q33    内閣……Q32
```

※Q1の住居は，共通で「4」（アパート）と記入。

《編著者紹介》

大谷信介（おおたに・しんすけ）

1955年	神奈川県生まれ
	筑波大学大学院社会科学研究科博士課程単位取得退学，社会学博士
現　在	関西学院大学社会学部教授
専　攻	都市社会学・社会調査論
主　著	『〈都市的なるもの〉の社会学』ミネルヴァ書房，2007年
	『社会調査へのアプローチ（第2版）』（編著）ミネルヴァ書房，2005年
	『問題意識と社会学研究』（編著）ミネルヴァ書房，2004年
	『これでいいのか市民意識調査』（編著）ミネルヴァ書房，2002年
	Networks in the Global Village（共著）Westview Press, 1999
	『現代都市住民のパーソナル・ネットワーク』ミネルヴァ書房，1995年，他

　　　　　　　　　マンションの社会学
　　　　　　　──住宅地図を活用した社会調査の試み──

2012年4月10日　初版第1刷発行　　　　　〈検印省略〉

　　　　　　　　　　　　　　　　　定価はカバーに
　　　　　　　　　　　　　　　　　表示しています

　　　　　編著者　　大　谷　信　介
　　　　　発行者　　杉　田　啓　三
　　　　　印刷者　　坂　本　喜　杏

　　　発行所　株式会社　ミネルヴァ書房
　　　　　　607-8494 京都市山科区日ノ岡堤谷町1
　　　　　　　　　電話代表　(075)581-5191番
　　　　　　　　　振替口座　01020-0-8076番

　　　©大谷信介，2012　　冨山房インターナショナル・清水製本

　　　　　　　ISBN 978-4-623-06349-9
　　　　　　　　Printed in Japan

社会調査へのアプローチ（第2版）——論理と方法
大谷信介／木下栄二／後藤範章／小松洋／永野武 編著
A5判 388頁 本体2500円

社会調査の基本的な理論と方法を紹介し，そのノウハウをわかりやすく解説。興味ある題材を具体的な事例として解説，読む者に，社会調査のおもしろさ・奥の深さを発見させ，「やってみよう」と思わせる一冊。

新しい世紀の社会学中辞典〔新版〕
N. アバークロンビー／S. ヒル／B. S. ターナー 著　丸山哲央 監訳・編著
4-6判 600頁 本体2800円

ペンギン・ブックス『社会学辞典』の日本語版。伝統的なヨーロッパ社会学を基礎として，現代社会における様々な現象や徴候を分析，21世紀にむけた欧米社会学の全容を紹介する。

調査研究法ガイドブック
——教育における調査のデザインと実施・報告
S. B. メリアム／E. L. シンプソン 著　堀薫夫 監訳
A5判 292頁 本体3500円

質的調査法だけでなく，実験法や歴史的調査法なども取り込み，調査の企画・デザインから論文執筆までの理論と方法をわかりやすく示す。

〈都市的なるもの〉の社会学
大谷信介 著　A5判 248頁 本体2500円

日米の都市社会学の系譜をたどることから，「都市の定義」を吟味し，新たな〈都市的なるもの〉の社会学を構築する試みである。

問題意識と社会学研究
大谷信介 編著　A5判 288頁 本体2800円

「問題意識と実証研究」をテーマに，研究者の問題意識がどのように構築され変容するのかについて考察する。さらに執筆者全員が社会学研究を進めるなかで，常に自分の問題意識を自問し続けているという事実を提起。

これでいいのか市民意識調査
——大阪府44市町村の実態が語る課題と展望
大谷信介 編著　A5判 272頁 本体2600円

本書は，実態調査を踏まえて，的確な調査設計で丹念な調査をすれば，社会調査によって多くの問題発見や政策立案が可能になることを提起している。今後の社会調査のあり方を提示した，新たな視点を拓く研究の成果。

——— ミネルヴァ書房 ———
http://www.minervashobo.co.jp/